Verlag Bibliothek der Provinz

Andreas J. Obrecht
ANNEMARIE IMHOF
Meine Großmutter, die Baronin
herausgegeben von Richard Pils
lektoriert von Axel Ruoff

ISBN 978-3-99028-637-1

© *Verlag* Bibliothek der Provinz
A-3970 WEITRA 02856/3794
www.bibliothekderprovinz.at

Umschlagfoto: Annemarie Imhof, 1926

Andreas J. Obrecht

ANNEMARIE IMHOF

Meine Großmutter, die Baronin

TEIL I
Die Ahnengalerie

Kein Anfang. Sonntägliche Festmähler. Kreuzritter, Heerführer und ein wundersames Geschehen im Kampf gegen die Türken. Raschelnde Zeitungen. Beichtväter, Friedensstifter und früher Reichtum. Der Schuppenbaron. Weg frei nach Indien. Die Tochter des Fleischhauers. Marian, die verleugnete Geliebte. Elevinnen aus dem Ballett der Wiener Staatsoper. Die verkaufte Braut. Neuer Wein in alten Schläuchen. Die Roten, die Blauen, die Unsrigen.

TEIL II
Es wandelt niemand ungestraft unter Palmen

Das Scheitern des Künstlers, oder: Herr von Goethe mischt sich ein. Woodstock in Wien. Aufstieg, Fall und Rehabilitierung von Lord und Lady Hastings. Die Welt ist überall die Welt. Tausende Bücher. Mäzenatentum, florierende Geschäfte und ein Hase, der bedauerlicherweise den Stall verlässt. Knopf im Schwanz. Die Imhofs kommen nach Österreich und Gustav Wilhelm reformiert Ceylon. Wie Columbus in Ketten – und dann siegreich zurück. Hard Rock in der Beletage.

TEIL III
Die Insel am Ende der bekannten Welt

Es ist still – der Indische Ozean ist über alle Ufer getreten. Das mediale Chaos und die humanitäre Maschine. Bandu Rathnas Weg nach Hause. Tote zählen. April 1737. Von der Sklavin zur Herrscherin. Das legendäre Königreich Conde Uda: Gefangenschaft, Flucht und ein Bestseller. Rituelle Demütigung, Friedensschluss und die Reise des Generalgouverneurs vor die Füße des Königs. Dharma und balinesischer Suizid.

TEIL IV
Die Waffen nieder

Die Bücher der Unsrigen, die Familiengruft. Rauschende Feste, Bankiersfamilien und überall Kunst und Wissenschaft. Zwei reiche Jüdinnen werden zwei reiche Katholikinnen, Traumhochzeit und Dokumentenschwindel. Offiziere, Freunde des Kaisers und die Flucht der roten Bertha. Literarische Anfänge und der Hochmut der österreichischen Aristokratie. Jagd, Wein, Waffen; wieder ein Bestseller und offener Antisemitismus in Wien. Ménage à trois, rechtzeitiges Ende und Schießen beim Onkel hinter dem Haus. Charity – und Besuch aus dem Jenseits.

Annemarie Imhof, 1988

Der Familiensitz in Salmannsdorf in den 1920er Jahren

Den Enkeln, Urenkeln und Ururenkeln
von Annemarie Imhof gewidmet

Für meine Töchter Clara und Amba Sophie,
meine in Ägypten lebende Schwester Christa,
meine in Kanada lebende Schwester Angela,
meine in Holland lebende Schwester Gabriela und
meine Wiener Schwester Theresa.
Für meine Nichten Raffaela und Ricarda, deren Sohn Emil Josef,
für meinen Neffen Robert
– sowie dessen Söhne Erik Alexander, Aaron Henrik und David Lorenz –,
für meine kanadische Nichte Kathi
und ihre Töchter Lina Mona und Isa,
für meine holländischen Neffen Alexander und Floris Christiaan
– sowie dessen Sohn Lucas Christiaan –,
sowie für meine Wiener Nichte Amelie
und deren Brüder Albert, Arnold, Arthur und Adrian.
Für meinen amerikanischen Cousin Peter und dessen Kinder
Sophia Leonora, Sebastian Alexander und Gabriel Tobias,
für meine amerikanischen Cousinen Katharina,
Elisabeth, Dorothy und Margaret – sowie für deren Kinder Alexander
Johannes, Benedict Daniel, Dylan Matthew,
Morgan Anne, Theodore William und Audrey Madeleine.
Und natürlich für all jene, die da noch kommen mögen …

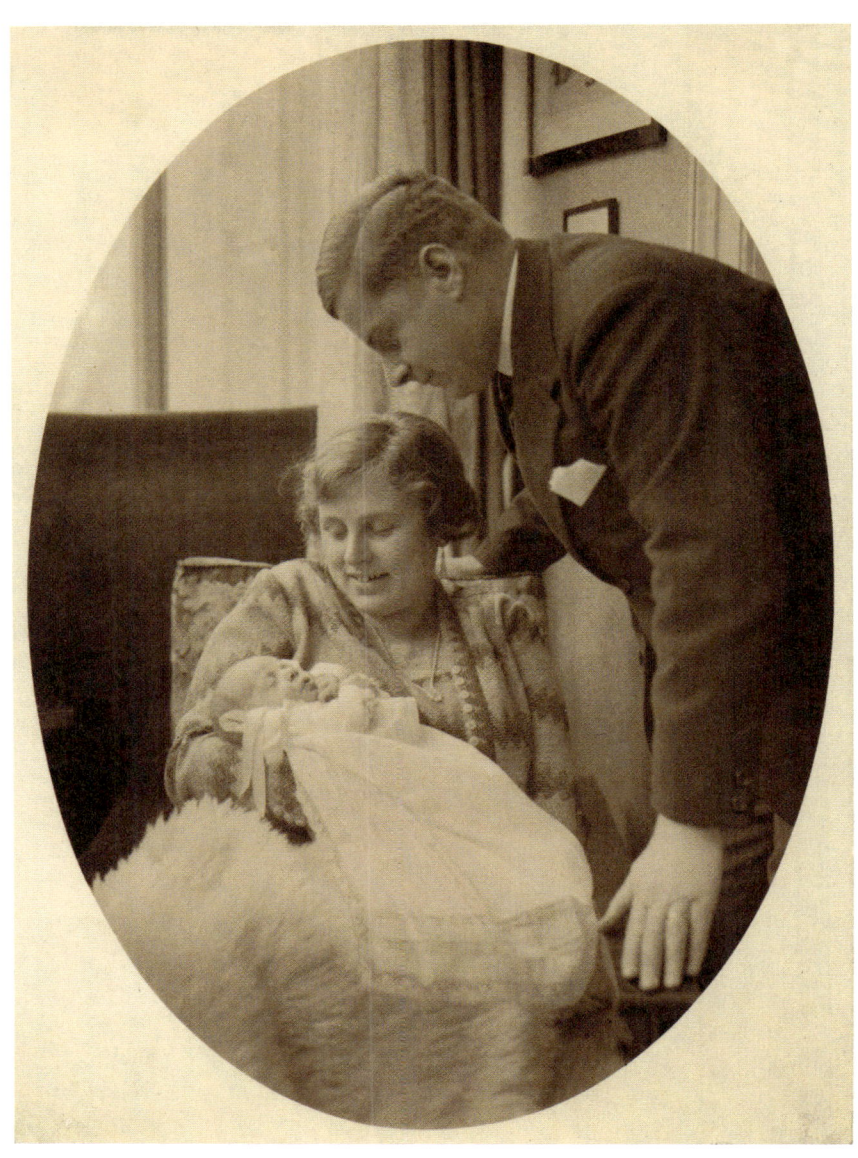

Annemarie Imhof mit ihrem Gatten D^r. Paul Imhof und der Mutter des Autors Helga Imhof im Jänner 1929

TEIL I
Die Ahnengalerie

Kein Anfang

Die Sonntage waren vertraut und schön. Natürlich mussten wir zur Kirche gehen, aber wenigstens brauchte ich nicht unten beim katholischen Fußvolk zu sitzen, sondern stand in strahlendem, weißem Gewand direkt neben dem erhabenen Altar. Stand da, wo das Opferlamm auf die Schlachtbank geführt werden sollte – Sonntag für Sonntag –, war ganz nah dem großen Mysterium der Eucharistie, dem Wunder aller Wunder, das ich kniend mit einer schrillen Handglocke einläuten durfte. Ich fühlte mich als großer Magier, dem durchaus auch subversive Gedanken ins Hirn schossen. Vielleicht würde ich noch mächtiger werden, vielleicht ließe sich meine magische Wirkkraft potenzieren, wenn ich mich nur getraute, das Eintreten des Wunders – einmal wenigstens – zu verhindern! Wenn ich nämlich nicht läutete, würden sich Wein und Brot nicht in den Herrgott verwandeln können, und die religiösen Begierden des Fußvolkes blieben ganz und gar unbefriedigt. Das Wunder würde sich nicht ereignen, Brot und Wein blieben sie selbst und wahrscheinlich würden auch die Toten nicht mehr auferstehen.

Eine kleine Verweigerung mit großen, vielleicht unabsehbaren Folgen. Das Manna würde nicht den Weg in die aufgesperrten Münder der Gläubigen finden, ihren dürstenden und sündigen Seelen kein Labsal, keine Stärkung bescheren. Ein herrliches Gefühl der Macht. Jedes Mal – und das über Jahre hinweg – bevor ich zum Bimmeln ansetzte, überlegte ich mir, ob ich nicht diesmal den verwegenen Plan umsetzen sollte. Ganz und gar unheilig. Aber dann griff ich doch zu den Glocken, die neben dem Altar ja nur darauf warteten, von mir zum Erklingen gebracht zu werden. So läutete ich – wieder und wieder – die heiligste Handlung ein. Dass ich kein einziges Mal die Wiederkehr des Rituals verunmöglicht habe, war wahrscheinlich ein Fehler. Denn so blieben die Wunder immer sie selbst und es gab keinen Bruch in der Kontinuität der Ereignisse, in dem Selbstverständnis einer katholischen Familie. Jedes Mal, wenn ich die Glocke ertönen ließ, war nicht nur dieses Sakrament, sondern auch die Ordnung der Welt neu eingesetzt. Und diese Ordnung hatte für mich – den Buben – ebenso viel mit meiner Großmutter, der Baronin, zu tun, wie mit den sonntäglichen Kirchgängen und meiner unzweifelhaft wichtigen mystischen Rolle dabei.

Meine Großmutter Annemarie wurde am 4. April 1904 als Tochter des jüdischen Bankiers Alfred Heinsheimer und seiner Gattin Hildegard in Wien geboren und heiratete im Juni 1925 meinen Großvater Paul Imhof. Dieser stand in der neunzehnten Generation nach der ersten urkundlichen Erwähnung unseres Stammvaters im Jahr 1246. Die »Stammtafel der Familie Imhof, beziehungsweise Imhof Ritter von Geisslinghof, zusammengestellt aufgrund von Lehensakten, Matrikeneinträgen und anderen urkundlichen Nachrichten durch Karl Friedrich von Frank zu Döstering auf dem Schloss Genstenegg« beginnt mit dem urkundlich nachweisbaren Ahnherrn meiner Familie mütterlicherseits, der den klingenden Namen Eckardus de Curia, bzw. Eckardus Imen Hofe trug. Er war Lehensherr zu Rheinfelden, Besitzer des Gutes Karsau und verheiratet mit Heilgge von Kienberg. Seine Nachkommen, unsere Vorfahren waren Jahrhunderte lang Lehensherren in Walen – Waldshut – und der angrenzenden Umgebung. Etwa eine Stunde entfernt von der im Süden Baden-Württembergs, nahe der Schweizer Grenze gelegenen Stadt Waldshut, befindet sich die kleine Ortschaft Geißlingen, wo ein zum Gutsbesitz der Imhof gehörendes Herrenhaus stand. Nach diesem Sitz nennt sich unser Familienzweig: Imhof von Geisslinghof.[1]

Hartmann im Hof, genannt Salzmann, hatte dieses Gut und anderen Besitz in und um Waldshut im Jahr 1412 von den Habsburgern, namentlich von Herzog Friedrich IV. »mit den leeren Taschen« zugesprochen bekommen – zu einer Zeit also, als die glorreiche Geschichte des Hauses Habsburg keinesfalls gesichert war. Sein Sohn Hans im Hof war Schultheiß, Richter der niederen Gerichtsbarkeit, Urteilsvollstrecker, oberstes Steuerorgan und Befehlshaber der örtlichen Bürgerwehren. Er hat wesentlich dazu beigetragen, die in dieser Gegend noch übrig gebliebenen Habsburger Stammländer während der Belagerung der Stadt im Jahre 1468 gegen die Schweizer Eidgenossenschaft zu verteidigen. Noch heute wird dieser Sieg in Waldshut alljährlich gefeiert. Mit dieser erfolgreichen Verteidigung baute die Stadt ihre politisch, strategisch und ökonomisch bedeutsame Position als wichtiger Stützpunkt der Habsburger Macht weiter aus.

Blickt man auf die Stammtafel, so fällt gleich ins Auge, dass die Imhofs zumeist kinderreiche Familien waren, wobei die jüngeren Söhne, die nicht die Güter übernahmen, oft die Karrieren von Offizieren und Ordensgeistlichen einschlugen oder hohe staatliche Ämter, oft auch in ausländischen Diensten, bekleideten. Doch schon vor der ersten urkundlich nachweisbaren Erwähnung der Imhofs gibt es eine Reihe von historischen Quellen, welche die abwechslungsreiche Geschichte der Familien belegen – oder zu belegen versuchen. Der – teilweise verschriftlichten – Überlieferung nach führt die Familie Imhof ihren Ursprung bis in die Zeit vor der Völkerwanderung zurück und zwar auf das albanische Geschlecht der Curatores, Curii oder Curatier. Laut dem »Gothaischen genealogischen Taschenhandbuch der freiherrlichen Häuser auf das Jahr 1860« geht aus alten Handschriften hervor, dass das in den Reichsfreiherrnstand erhobene Geschlecht von Imhof verschiedene Namen führte, je nach den Ländern, in denen die weit verzweigten Familien lebten. In Italien nannte sich die Familie »in Curia« oder »di Curia«, im südöstlichen Frankreich »Barones des Villa« oder »Comites de Hof«, im südwestlichen Deutschland »av Heuwe«, »de Heuwe«, »im Houe«, »von Houe«, »im Howe«, »in dem Hof«, »Im Hof«, »von Imhof« oder »von Imhoff«.

Sonntägliche Festmähler

Trotz der subversiven Gedanken des Ministranten am heiligen Altar war der Sonntag ein Fest, denn da versammelte sich die ganze Familie um den großen, runden Tisch im »Esszimmer« und ... wartete einmal. Kein sonntägliches Mittagessen ohne vorausgehendes Warten, denn wie jeden Sonntag hatte sich meine Großmutter Annemarie, die Baronin, angekündigt, würde aber, wie jeden Sonntag, zumindest zwanzig Minuten zu spät kommen. Dieses Zuspätkommen brachte dann meine Eltern ebenso zur Raserei wie uns Kinder – meine vier Schwestern und mich – zum Lachen. Denn es entbehrte nicht einer gewissen Absurdität, dass wir – einer um den anderen – nach draußen auf die Straße geschickt wurden, um Ausschau zu halten, ob denn die Großmutter endlich um die Ecke biegen würde. Der rituelle Aspekt dieser perfekt inszenierten Auftritte war nicht zu übersehen. Immerhin hatte sich der gute Herrgott am Kreuz geopfert, damit meine Großmutter nicht in die Hölle fahren musste, auch wenn sie meine Eltern regelmäßig erzürnte. Der Braten, das Rindfleisch, die Knödel brannten an oder wurden kalt … – allein von meiner Großmutter war nichts zu sehen. Aber dann: Was für ein grandioser Moment, ein mondäner, roter, englischer Rover bog quietschend in unsere kleine Gasse ein.

Trotz gesetzlich geregelten Rechtsverkehrs pflegte Großmutter stets inmitten der Straße zu fahren, oder besser ihre automobilen Schlangenlinien zu ziehen. Sie sah – weil sie ziemlich klein war – kaum zur Windschutzscheibe hinaus und drehte mit ihren zierlichen Händen das Lenkrad unentwegt von einer Seite auf die andere, sodass ihren Beifahrern ziemlich mulmig werden konnte. Ansprechen durfte man sie – hatte man Mut genug sich an ihren Ausfahrten zu beteiligen – grundsätzlich nicht. Tat man es doch, weil man sie etwa auf einen die Straße querenden Passanten aufmerksam machen wollte, dann zischelte sie mit spitzer Stimme: »Gscht, gscht … sei doch endlich einmal still – ich muss mich konzentrieren!«

Am Sonntag gab es jede Menge Parkraum in unserer Gasse, weil viele der hier ansässigen Bewohner, die »besseren Leute«, wie meine Mutter gerne zu sagen pflegte, das Wochenende in ihren Häusern »am Land« verbrachten. Aber nur der größte Parkplatz war für den Rover meiner Großmutter groß und gut genug. Er musste so beschaffen sein, dass sie ohne »zu reversieren« in ihn einfahren konnte, und selbst dann bestand keine Garantie, dass sie nicht zu spät abbremste und die hintere Stoßstange des vorderen Wagens rammte. Dieses dumpfe, oder blecherne Geräusch – je nach Aufprallgeschwindigkeit und dadurch verursachten Schaden – ist mir noch gut im Ohr: Großmutter war angekommen und wir Kinder rannten quietschend nach draußen, um die allfälligen Schäden zu begutachten. Es kam aber auch vor, dass meine Großmutter an guten Sonntagen einparkte, ohne die Automobile von Anrainern in Mitleidenschaft zu ziehen. Dann war nur die gewaltige Hupe des Rover zu hören. Drei-, vier-, fünfmal ließ meine Großmutter das Horn erklingen, bis wir um ihr Gefährt versammelt waren, um ihr zu helfen, die vielen schwarzen Taschen, prall gefüllt mit Zeitungen unterschiedlichster Provenienz ins Haus zu tragen.

Der Ärger meiner Eltern war rasch verflogen, nachdem sie meiner Großmutter die Stirn geküsst hatten, die die kleingewachsene, äußerst hagere Baronin immer als Begrüßungsritual zum Kuss darbot, als hätte die Hand nicht gereicht. Die verbrannten oder kalt gewordenen Gerichte wurden von meiner Mutter und meinen Schwestern aufgetragen, und mein Vater füllte unsere schönen gläsernen Krüge mit herrlich frischem, sprudelndem Bier. Das war für mich, den Ministranten, besonders wichtig, weil das sonntägliche Bier und der nachher kredenzte Wein zumindest so heilsam wie die Mysterien der Eucharistie waren – und für mich damals auch irgendwie in einer unerklärlichen Verbindung standen. Denn dem »letzten Abendmahl« folgte stets das »sonntägliche Trinken« mit meinem Vater. Seit meinem vierzehnten Lebensjahr trank ich sonntags stets Alkohol mit meinem Vater – ein für die heutige Verbotsgesellschaft geradezu strafrechtlich inkriminiertes Verhalten. Aber es hatte etwas Herrliches an sich, dass wir eben die beiden »Männer« waren und mir dieser Status durch das wöchentliche Trinkritual regelmäßig gaumenfreudig bestätigt wurde. Meine Mutter und meine Großmutter hatten zwar auch ein Weinglas vor sich stehen, doch nippten sie »bloß zum Anstoßen« daran.

Bis zu meines Vaters neunzigstem Lebensjahr wurde beim gemeinsamen Speisen immer herzhaft getrunken – und wenn es auch in meinem erwachsenen Dasein nicht mehr jede Woche war, so blieben die familiären Essen und gegenseitigen Besuche zumeist ein Fest. Meine Mutter, die in ihrem ganzen Leben nur »zum Anstoßen« Alkohol trank, pflegte stets lächelnd mit sonderbarer Ironie zu sagen: »Es ist schrecklich, mit einem Säufer verheiratet zu sein.« Und wenn mein Vater nach Aperitif, Champagner, reichlich Bier dann noch die zweite Weinflasche entkorken wollte, rief sie oft erzürnt aus: »Lass ihn doch endlich, er ist mit dem Auto da!« Vater und Sohn schmeckte die zweite Flasche dann besonders gut. Und als ich endlich zu Hause angekommen war, musste ich mich vorerst einmal Schlafen legen, um abends noch irgendwie etwas arbeiten zu können. Gut, dass Jesus Christus Wasser in Wein verwandelt und uns die reinigende Heilkraft der Eucharistie ebenfalls in Form des zu seinem Blute gewandelten Rebensaftes hinterlassen hat. Um dieses wohltuende Mysterium wussten schon meine Vorfahren mütterlicherseits und sie waren nicht heikel, dieses edle Wissen zuweilen mit roher Gewalt gegenüber den von ihnen so titulierten Heiden durchzusetzen.

Kreuzritter, Heerführer und ein wundersames Geschehen im Kampf gegen die Türken

Schriftliche historische Quellen über die Ursprünge der weitverzweigten Familien finden sich ab dem Ende des 9. Jahrhunderts – Ritter Wiguleus von Imhoff wurde von Rom mit einer Gottesgabe zum Heiligen Grab zu Jerusalem gesandt. Sein Sohn Ritter Otto von Imhof brach von seinem Herrensitz auf, um dem Aufruf von Papst Urban II. zu folgen und in Konstantinopel den christlichen Heeren des Ersten Kreuzzuges (1096–1099) beizutreten, die nicht nur in einer siebenmonatigen Belagerung Antiochia einnahmen – und alle nicht-christlichen Bewohner umbrachten – sondern schließlich Jerusalem aus den Händen der Mauren »befreiten«. Schon damals war die Beziehung zwischen christlicher und muslimischer Welt nicht nur durch Missverständnis, sondern vor allem durch viel Gewalt geprägt. Otto, der große Tapferkeit bewiesen haben soll, kehrte entgegen der überwiegenden Mehrzahl der Kreuzritter in die Heimat zurück.

Der Überlieferung nach kamen die Vasallen de Hof neben anderen Edlen aus Italien und aus dem Land zwischen Rhein und Westfranken im Jahre 839 mit dem Kaiser Lothar I. nach Deutschland, namentlich nach Alemannien und sollen dort von demselben mit »Land und Leuten« belohnt worden sein. So erhielt auch Hugo Gladius de Hof (etwa 1115–1175), Enkel von Wiguleus de Hof, die Stadt Kaufbeuern – heute Kaufbeuren, südlich von Augsburg – als kaiserliches Lehen. Sein Nachfolger Hieronymus von Im-Hof erwies dort einigen Kunstsinn, indem er im nahen, zu seinem Besitz gehörenden Lauingen die schöne Häuserreihe um das Rathaus und den großen Stadtturm erbauen ließ. In einem dieser prachtvollen Bauwerke, die »Hof-Markt«, »Hof-Haus« oder »Hof-Turm« hießen, wohnte im Spätmittelalter Albertus Magnus (1200–1280), der katholischer Bischof in Lauingen und ein bedeutender aristotelischer Gelehrter war.

Männliche Imhofs, sofern nicht im Dienste des Klerus, der Diplomatie und Staatsgeschäfte, oder des Handels, vergossen ihr Blut auf den unzähligen Schlachtfeldern Europas – und das Jahrhunderte lang. So etwa Wolfgang Seybold von Imhof (1476–1524), der als Hauptmann des deutsch-spanischen Heeres bei der versuchten Erstürmung Roms an der Seite des Herzogs Karl Franz von Bourbon fiel. Dieses Heer wurde von Georg von Frundsberg zur Unterstützung des im Dienste Kaiser Karl V. in Italien kämpfenden Herzogs aufgebracht. Auch Wolfgang Seybolds Bruder Christoph von Imhof (1477–1526) hatte bei Frundsberg als Hauptmann gedient, er wurde bei der Belagerung der Citadelle von Mailand durch eine Kanonenkugel getötet. Es galt eine Geisel zu befreien: Herzog Franz Sforza von Mailand wurde nämlich von Karl Franz von Bourbon in eben dieser Citadelle gefangen gehalten.

Johann Christoph von Imhof (1596–1619) kämpfte unter Wallenstein und fiel bei Budweis in Mähren. Leonhard von Imhof (1583–1631) war Heerführer und leitete in Diensten des Herzogs von Florenz, Cosimo I., einen Feldzug gegen Tripolis – den, wie es nicht nur damals hieß, Piraten- und Raubstaat. Christoph Gabriel von Imhof (1601–1629) trat in die kaiserlichen Kriegsdienste und fand – wie es damals, bis in die jüngste Vergangenheit und jetzt wieder heißt – den »Heldentod« in der Schlacht bei Alessandria im Mantuaschen Erbfolgekrieg. Michael von Imhoff (1656–1696) zog gegen die Türken und starb im Gefecht bei Großwardein. Eine seltsame, ja wundersame Geschichte rankt sich um Andreas von Imhoff (1653–1715). Dieser kämpfte unter Herzog Karl V. von Lothringen und soll bei der Belagerung von Ofen durch eine von den Türken gesprengte Mine in die Luft geschleudert worden sein, wobei er »eine weite Strecke davon ganz unversehrt wieder auf den Boden kam, direkt neben dem erstaunten Herzog gerade und wohlgesund auf beiden Beinen stehend«.

Wappen der Familie Imhof von Geisslinghof: „Mit Gott für Kaiser und Vaterland …" Verbundenheit mit dem Hause Habsburg seit 1412

Raschelnde Zeitungen

Verglichen mit den Erfahrungen der kampferprobten Imhofs ging es bei den sonntäglichen Festmählern doch recht beschaulich zu. Meine Großmutter, die Baronin, hatte die Angewohnheit eigentlich fortwährend zu reden. Ihre Monologe waren von erstaunlicher Lebendigkeit, hatte sie doch immer eine Menge zu berichten aus Politik und Wirtschaft und von gesellschaftlichen Ereignissen – eben von »Dings« und »Dangs«. Versuchte ihr Gegenüber höflich zu sein und zustimmende Bemerkungen einzustreuen, fuchtelte Großmutter genervt mit den knöchrigen Fingern ihrer rechten Hand in der Luft herum und zischelte: »Gscht …, gscht … – so lass mich doch endlich einmal ausreden!« Derart zur Räson gerufen, versank ihr Gegenüber dann wieder in ihrem Redeschwall, und begnügte sich mit zustimmendem Kopfnicken.

Wenn sie das Interesse am Monologisieren verloren hatte, schwieg sie. Aber auch ihr Schweigen war beredt. Mit einem theatralischen Griff in eine ihrer vielen schwarzen Taschen, die sie immer mit sich herumtrug und die sie »Zöcher« nannte, beförderte sie ganze Stapel von Zeitungen zutage und versank ostentativ in der Lektüre, wobei das energische Umblättern der raschelnden Seiten ihr wohl größte Genugtuung bescherte.

Meine Großmutter verstand sich aber auch in der Kunst, die Lektüre politischer Kommentare mit dem gleichzeitigen Abhalten von Monologen zu verbinden, also auch während des Zeitungslesens fortwährend zu reden. Es bedurfte einer großen Konzentration ihres Auditoriums jeweils von Neuem herauszufinden, worüber sie eigentlich gerade nachdachte und sprach: War das jetzt ein Kommentar zum Kommentar vom X oder eine kurze Geschichte über die unattraktive Begleitung der Y beim letzten Cocktailempfang? Bei den sonntäglichen Mittagessen exerzierte sie alle Varianten ihres Mitteilungsbedürfnisses: das Schweigen samt Zeitungspapierrascheln, den geradlinigen Monolog oder die zuweilen undurchschaubaren Metadiskurse samt Rascheln des Zeitungspapiers.

All das fand mit und ohne Anteilnahme der sie umgebenden Familienmitglieder statt. Ich glaube, Großmutter war es letztlich gleichgültig, ob sie gehört wurde oder nicht. Wichtig war, dass sie reden konnte. So schien sich jeder um sein Eigenes zu kümmern. Wir Kinder »hauten« bei diesem Essen erstmals »ordentlich rein«, mein bei diesen Festmahlen stets gut gelaunter Vater lobte die Güte des kalten und/oder verbrannten Essens, die Güte des Weines und erzählte obendrein Episoden aus seinem beruflichen Alltag. Und meine Mutter bemühte sich dann doch durch Zwischenfragen an meine Großmutter darum, irgendwie eine Verbindung zwischen ihr und dem Rest der Familie herzustellen. Das misslang meistens, denn kaum hatte meine Mutter ihr Wort an Großmutter gerichtet, zischelte diese: »Pscht, jetzt lass mich doch endlich einmal ausreden!«

War die Nachspeise verzehrt, so durften wir Kinder den Tisch verlassen, nicht ohne vorher – jeder einzelne von uns – gefragt zu haben, ob wir den Tisch verlassen dürfen. Ich war der Einzige unter den Geschwistern, der regelmäßig länger sitzen blieb – denn so wurde mir von meinem Vater Wein nachgeschenkt, und das war Labsal für meine Ministrantenseele. Mit dem Rascheln der Zeitungspapierseiten im Ohr schlürfte ich bedächtig den köstlichen Rebensaft. Irgendwann später würde ich in den Park gehen, um mich dort herumzuprügeln oder Fußball zu spielen, was mich schnell den Alkohol aus meinem jugendlichen Körper herausschwitzen ließ.

Die Kategorisierung der Männerwelt nach Kriterien von Sympathie und Antipathie äußerte meine Großmutter mir gegenüber in einer einfachen, effektiven Formel: »Mit dem würde ich ins Bett gehen!« Aha – supertoller Typ; interessant, gebildet, eloquent, reich, was immer. Oder aber: »Mit dem würde ich niemals ins Bett gehen wollen!« Aha – ein Verlierer, Dummkopf, armer Schlucker, verunglückter Geschäftsmann oder erfolgloser Politiker. Sie sprach dieses Diktum jeweils mit so großem Selbstverständnis und so großer Sicherheit aus, dass ich kein einziges Mal an der Richtigkeit ihrer Bewertung Zweifel hegte.

Erst viel später kam ich drauf, dass sie von ihrer die Männerwelt strukturierenden Formel nur männlichen Wesen erzählte – mir, meinem Vater, ihren »Busenfreunden« und anderen wahrscheinlich auch. Meine Mutter war entsetzt, als sie davon hörte, und war nicht die einzige Tochter, die sich ob des Verhaltens ihrer eigenen Mutter schämte. Für mich und wahrscheinlich andere männliche Beobachter auch waren diese Aussprüche freilich eine skurrile, durchaus liebenswerte Marotte, die meine Großmutter, die Baronin, aus der Abgehobenheit aristokratischer Noblesse auf den Boden einer von Phantasien

und Sehnsüchten durchwirkten Realität brachte. Ich glaube, Großmutter hat sich auch gefreut, auf diese Weise schockieren zu können.

Von Reisen oder anderen Kulturen habe ich Großmutter niemals
erzählen gehört. Zwar war sie damals zumindest mit der Hälfte des in
Österreich akkreditierten diplomatischen Korps befreundet, jettete
von einer Botschaftsparty zur nächsten und berichtete zuweilen von
»wahnsinnig interessanten« Erlebnissen, die der Dings oder die
Dangs im Ausland gehabt hätten. Ich glaube, sie hat in ihrem Leben
nur eine einzige Reise in das entferntere Ausland unternommen – und
zwar in die Vereinigten Staaten zur Hochzeit ihres Sohnes Eckard
Paul. Sie hatte sich in ihrer Welt gut eingerichtet, die sie auch in
vollen Zügen genoss. Und warum hätte sie aufbrechen sollen um
woanders etwas zu finden, was sie ohnehin in ihrem Leben verwirklicht sah? Es konnten ja die Geschehnisse in fremden Ländern aus der
Zeitung in Erfahrung gebracht werden. Und zudem reichte ein einziger Blick auf die Stiche und Gemälde der Ahnengalerie in ihrer Etage
aus, um sich zu vergewissern, dass die stattlichen Männer der Familie
in den letzten Jahrhunderten überall auf der Welt herumgekommen
waren.

Beichtväter, Friedensstifter und früher Reichtum

Die wundersame Geschichte von Andreas von Imhoff, der von einer
Mine versprengt worden und dennoch bei bester Gesundheit neben
dem Herzog Karl V. gelandet war, ereignete sich unweit jenes Ortes,
an dem sich rund zweihundert Jahre zuvor Georg von Imhoff
(1480–1527) angesiedelt hatte. Bei Ofen war dieser Proviantmeister
des Königs Ferdinand I. von Ungarn geworden, und natürlich blieb
die fromme Interpretation nicht aus, dass der gütige Ahne Georg,
längst im Paradies verweilend, seine schützende Hand über Andreas
gehalten habe.

Bei Weitem nicht alle männlichen Imhoffs waren harsche Krieger
– mit den weltlich und geistig Mächtigen verbunden blieben sie alle-
mal. Hieronymus von Imhoff (1572–1643) beispielsweise trat in den

Jesuitenorden ein und wurde Beichtvater des Großherzogs Cosimo II. von Toscana. Lorenzo in Curia (1596–1662) war Kardinal in Rom. Hieronymus von Imhoff (1606–1668), nach seinem 1643 verstorbenen Onkel benannt, war Delegationsleiter einer Gesandtschaft, die der Herzog Friedrich von Schleswig-Holstein-Gottorp an den Schah von Persien schickte. Er konnte auch in späteren Jahren die Position eines Geheimen Hof- und Kabinettsrates im Dienste des damals regierenden Herzogs August von Braunschweig-Wolfenbüttl zu aller Zufriedenheit wahrnehmen.

In den heraldischen Chronologien gesellen sich zu den kämpfenden Imhofs die Frieden schließenden. Anton Albrecht von Imhof (1653–1715) beispielsweise war kursächsischer Kammerpräsident und verhandelte im Namen des Kurfürsten von Sachsen, August II., mit den Unterhändlern des schwedischen Königs Karl XII. – und schloss mit ihnen im September 1706 den Frieden von Alt-Ranstädt.

Auch Rudolf Christian von Imhof (1660–1717) war Diplomat und begleitete als kaiserlicher Bevollmächtigter die Königin Elisabeth Christiane – Gemahlin des Königs Karl III. von Spanien – von der Residenzhauptstadt Wien bis nach Barcelona, wo damals der Hof residierte. Der französische Gegenkönig Philipp V. von Spanien hatte Madrid erobert und dort Logis bezogen – in Opposition zu Karl III. Rudolf Christian leitete den Hofstaat in Barcelona bis zum Frieden von Utrecht, respektive von Rastatt und Baden (17. März 1714). Ein Jahr darauf wurde er als außerordentlicher Bevollmächtigter nach London und Versailles entsandt. Am 14. August 1715 war er der letzte nicht-französische Abgesandte, dem von dem schwerkranken König Ludwig XIV. – kurz vor dessen Ableben am 1. September – eine Audienz gewährt wurde.

Auch Gustav Wilhelm von Imhoff (1705–1750) hat einen bemerkenswerten Frieden geschlossen. Und zwar als Generalgouverneur der Holländisch-Ostindischen Kompanie mit dem König des sagenumwobenen Reiches Conde Uda, Sri Wijaya Raja – inmitten der Insel Ceylon im Indischen Ozean. Hatten vorerst die Portugiesen und später die Holländer versucht, das Königreich mit Waffengewalt zu erobern und waren sie daran kläglich gescheitert, so sicherte ein riskanter Besuch des Gouverneurs Gustav Wilhelm von Imhoff bei dem König Sri Wijaya Raja jedenfalls den Frieden auf der tropischen Insel viele Jahre lang. Der Gouverneur, ein aufrechter Protestant, ließ als erster die Bibel – und zwar den alten und den neuen Bund – ins Singhalesische übersetzen, ließ an der West- und Südküste der Insel Millionen Kokospalmen pflanzen, deren Nachkommen noch heute die sonnenhungrigen Touristen erfreuen, und verlegte schließlich den Hauptsitz der Holländisch-Ostindischen Kompanie von Batavia auf der Insel Java an die Südspitze der Insel Ceylon – die während des 18. Jahrhunderts eine steigende strategische und auch ökonomische Bedeutung im Süden des indischen Subkontinents erlangt hatte. Der Ausbau der Festung Galle, den Gustav Wilhelm beherzt und ohne Kosten zu scheuen in Angriff nahm, zeugt noch heute von der imposanten Präsenz eines Mannes, der koloniale Expansion mit kultureller Mission zu verbinden verstand.

War Gustav Wilhelm von Imhoff der politisch bedeutendste Vertreter der heute noch existierenden Linien, so ranken sich um seinen Neffen, den Offizier, Maler und Indienreisenden Cristoph Carl Adam von Imhoff (1734–1788) wohl die abenteuerlichsten und wohl auch skurrilsten Geschichten. Die Karriere seines Onkels Gustav Wilhelm und seine eigene Hochnäsigkeit fußten wohl auch auf der immensen Reputation, auf die das Haus Imhoff zu dieser Zeit schon zurückblicken konnte. Die Mörlacher Imhoff, denen Cristoph Carl Adam entstammte, waren direkt verwandt mit dem Nürnberger Patriziergeschlecht, das auf die freie Reichsstadt Nürnberg wirtschaftspolitisch und kulturell einen wichtigen Einfluss nahm, und deren Genealogie sich auf Hans im Hof (1260–1341) zurückführen lässt.

Der Reichtum der Nürnberger Imhoff[2] kam aus dem Fernhandel – gemeinsam mit den Fuggern und den Welsern war das Haus Imhoff das erfolgreichste frühkapitalistische Handelsunternehmen auf deutschem Boden. Begonnen hatte alles in Lauingen, heute eine Stadt im schwäbischen Landkreis Dillingen an der Donau – von dort aus wurden die Märkte und Messen in Frankfurt, Köln, Straßburg, in der Oberpfalz und in Böhmen mit begehrten Waren beliefert. Erstmals urkundlich erwähnt wird die Nürnberger »Imhoffsche Handelsgesellschaft« 1381 – zwischen Venedig, Nürnberg und Osteuropa, so das Dokument, verdichteten sich die Handelsbeziehungen. Zwischen 1441 und 1448 erwarben die Imhoff den Anteil der Handelskammer der Mendel im »Fondaco dei Tedeschi« in Venedig, womit die Imhoff-sche Handelsgesellschaft zu einer der größten Handelsfirmen Europas aufstieg. Das Sortiment war umfangreich, begehrt und exotisch, es speiste sich aus den mittlerweile zahlreichen Handelsbeziehungen der Gesellschaft, die bis an das Ende der damals bekannten Welt reichten: Seide und exotische Häute, Diamanten und Edelmetalle, eine große Palette auch bislang unbekannter Gewürze, Tücher, Stoffe und Leinwand, Weine aus aller Herren Länder, Leder und Waffen, aber auch Nürnberger Handwerksprodukte, die sich stetig steigernder Beliebtheit erfreuten.

Zudem begann die Handelsgesellschaft ab der zweiten Hälfte des 15. Jahrhunderts in Geldgeschäfte, in den schlesischen Goldbergbau und den sächsischen Silberbergbau zu investieren. Zu den alten Handelsniederlassungen in Venedig, Salzburg, Linz, Prag, Brünn und Olmütz kamen neue Filialen hinzu: Antwerpen und Amsterdam, Neapel, Aquila und Messina, Lyon, Saragossa und – natürlich Lissabon. Der Handel mit Safran hatte begonnen den Gewürzmarkt zu dominieren und überhaupt war Indien zu Beginn des 16. Jahrhunderts von einer unendlich entfernt gelegenen Peripherie in das Zentrum der Wahrnehmung, der Spekulation, der Geldgier Europas gerückt. Aber all das sollte nur der Anfang einer beispiellosen Inbesitznahme der bis dato kaum bekannten Welt vom nahen bis zum ferneren Osten sein.

Der Schuppenbaron

Ein Baron, der über ein ansehnliches Vermögen verfügte, oder einer, der sich im vorgerückten Alter doch an Großmutters wohlhabendem Lebensstil erfreute, weil er sich ihn selbst nicht hätte leisten können? Ein Baron zwar, aber einer, der nicht auf einen 800 Jahre alten Stammbaum zurückblicken konnte! Also vielleicht eine Beamtenbaronie, wie sie in der Zeit der langen Regentschaft von Kaiser Franz Josef I. massenhaft vergeben wurden? Oder womöglich doch ein echter Baron, dessen genealogischen Wurzeln angeblich tief im Osten des alten Kaiserreiches gelegen hatten ...? Wir wussten nicht viel über den »Onkel Gerd«, wie wir Kinder den Neuankömmling auf Wunsch unserer Großmutter Annemarie nennen mussten. Und wir würden auch nie mehr über ihn erfahren, denn das, was diesen kleinen Herrn mit Halbglatze in stets dunklen Anzügen auszeichnete, war die Lösung des Rätsels, warum ihn meine Großmutter zum Gefährten erwählt hatte: Er schwieg – und das mit erstaunlicher Konsequenz.

Ab und an kam Onkel Gerd ein hervorgepresstes »Bitteschön« oder »Dankeschön« über die Lippen oder ein völlig teilnahmslos klingendes »Geht's euch eh gut?«, aber in der Regel saß er stumm neben meiner fortwährend redenden Großmutter und blickte entrückt in die Weite. Meine Großmutter übernahm seinen Part der Konversation: Gerd sei in diesem oder jenen Kaffeehaus gewesen, habe mit X und Y tarockiert und hatte die Dangs, die er vom Dings in Baden kenne, mit einem auffallend jungen Begleiter in einem Konzert im Musikverein gesehen. Er nickte stumm und bejahend und sogleich löste sich aus seinem schütteren, um die Glatze gelegten, weißen Haarkranz eine Fontäne von Schuppen, die sich auf den Schultern und der oberen Rückenpartie seines dunklen Anzugs verteilten. Uns Kindern war das immer ein großes Rätsel: Wie konnte jemand, der so wenig Haare hatte, so viele Schuppen produzieren? Dieser mysteriöse Umstand führte vom ersten Tag seines Eintretens in unser Familienleben zur wenig schmeichelhaften Bezeichnung: »Schuppenbaron!«

Da der Schuppenbaron kaum jemals mit uns redete, blieb er für uns ein eigentümlich undefinierbares »Dingsda« – stumm an der Seite unserer fortwährend plaudernden Großmutter. Begann nach den festlichen Mahlzeiten das großmütterliche Zeitungspapierrascheln, sackte Onkel Gerd schnell in sich zusammen und fiel in erholsamen Tiefschlaf. Ich habe ihn niemals selbst Zeitung lesen sehen. Großmutter hat auch das für ihn erledigt.

Natürlich führte das Auftauchen des schweigsamen Barons bei meinen Eltern zu einiger Beunruhigung, denn man konnte ja nie wissen, zu welchen Torheiten eine – damals noch vermögende – Großmutter fähig sein würde. Der Schuppenbaron war zwar vor seiner Pensionierung »Direktor bei Anker« gewesen – was immer dies bedeuten mochte –, aber es ging das Gerücht um, dass er jetzt tragischer Weise verarmt wäre und meine Großmutter nicht die erste Witwe sei, bei der er nicht nur Beischlaf, sondern vor allem finanziellen Beistand suche. Natürlich konnten wir dieses Gerücht nicht überprüfen, aber meine Eltern fürchteten wohl um ein Erbe, das beim Ableben meiner Großmutter – und Jahre nach Onkel Gerds Tod – ohnedies zusammengeschmolzen war.

Damals öffnete meine Großmutter dem schweigenden Baron nicht nur ihr Herz und andere weibliche Geheimnisse, sondern ließ auch ihr Stockwerk – eine herrschaftliche Wohnung in der Jaurèsgasse, im dritten Wiener Gemeindebezirk – so umbauen, dass Onkel Gerd seinen eigenen Wohnbereich, samt eigenem Zutritt und Schlüssel erhielt. Meine Großmutter war stets der Meinung gewesen, dass »ein Mann ein Büro braucht, um sich zu entspannen …«, aber Onkel Gerd war nun einmal in Pension und musste andere Orte aufsuchen, um das mit der Entspannung hinzubekommen. Das war Großmutter nicht wirklich recht. Da Onkel Gerd seine Tage von zehn Uhr vormittags bis achtzehn Uhr abends in diversen Wiener Kaffeehäusern zubrachte, wo er vor dem Redeschwall meiner Großmutter sicher war und in Ruhe tarockieren konnte, ließ meine Großmutter in einem Salon in ihrem Teil der Etage ein originalgetreues Wiener Kaffeehaus-Ambiente nachbauen – mit Garderobe, Marmortischen, Zeitungsständern, Kuchenvitrine und Billardtisch. Hatte sie gehofft, dass ihr Gerd nun seine täglichen Ausflüge einschränken oder gar aufgeben würde, um mehr Zeit mit ihr im heimatlichen Café zu verbringen, so hatte sie sich bitter getäuscht. Die Verzweiflung war groß – und die hat sie auch uns gegenüber immer wieder zum Ausdruck gebracht –, denn der »gute Gerd« verschwand nach wie vor um zehn Uhr vormittags, um erst nach achtzehn Uhr zum gemeinsamen Dinner zu erscheinen. »Die Männer sind so eigenartig«, pflegte meine Großmutter zu sagen,

»ich verstehe wirklich nicht, warum ihnen das ganze Dings immer so wichtig ist …« Dabei verdrehte sie die Augen, schüttelte die auch in hohem Alter noch großteils naturblonden Haare und vertiefte sich ostentativ in die Zeitungsseiten.

Die Lage war schwierig, aber nicht hoffnungslos. Schwierig deshalb, weil Onkel Gerd nach einer überstandenen Gelbsucht »kein Verlangen nach fraulich-körperlicher Nähe« mehr verspürte, wie meine Großmutter sich ausdrückte. Hoffnungsfroh deshalb, weil sie, die Baronin, auch in reiferen Jahren, von einem selbstbewussten Optimismus erfüllt war: »Sehe ich für mein Alter nicht hervorragend aus?«, hatte sie mich, der ich damals vierzehn Jahre alt war, in ihrem Umkleidekabinett vor dem Spiegel posierend herausfordernd gefragt. Als sie mich zu ihr vor den Spiegel rief, dachte ich, ihr beim Anlegen einer Kette oder beim Schließen eines Reißverschlusses behilflich sein zu müssen. Nicht zu meinem Entsetzen, aber zu meinem großen Erstaunen entledigte sich Großmutter kurzerhand ihrer weißen Bluse und ihres cremefarbenen Büstenhalters. Ich stand hinter ihr und starrte betreten in den Spiegel, der die gereiften Reize der Baronin schamlos zum Besten gab. Ich war dermaßen verwirrt, dass ich kein Wort herausbringen konnte. »Habe ich nicht herrliche Brüste für mein Alter?« Meine Großmutter ließ nicht locker und erst als ich ein unverbindliches »natürlich« und »sicher doch« herauspresste, beendete sie die Inszenierung und schlüpfte – ohne Büstenhalter – in ein nobles Kleid, dessen Reißverschluss ich dann mit zittrigen Fingern zumachen durfte. Das war 1975 und meine Großmutter war gerade erst einmal jugendliche 71 Jahre alt.

Die sterblichen Überreste von Baron Gerd Obst von Tarrawehr ruhen heute in der Familiengruft in der jüdischen Sektion, oder genauer – wie es heißt – in der Israelitischen Abteilung des Döblinger Friedhofs. Ein wunderschönes Grabmal, über das noch berichtet wird. Dass er vier Jahre vor meiner Großmutter starb, sorgte für allgemeine Erleichterung. Zumal meine Familie kurz nach Onkel Gerds Ableben im Jahr 1985 aus einer imposanten halbseitigen Todesanzeige in der Zeitschrift »Die Presse« Folgendes erfuhr: »Mein geliebter Herr Gemahl, Dr. Gerd Obst-Tarrawehr ist nach kurzer, gottesfürchtig ertragener Krankheit … von mir gegangen. Die liebende Gattin.« Na bitte, hatte man das nicht befürchtet? Hier stand es schwarz auf weiß und eingerahmt in Schwarz! Meine Großmutter hatte tatsächlich den Schuppenbaron geheim und ohne irgendjemandem in der Familie davon zu erzählen, geehelicht und damit einen Teil des ohnedies nicht mehr vorhandenen Erbes aufs Spiel gesetzt. Diese unrühmliche Geschichte war also doch noch gut ausgegangen, und meine Groß- mutter überlebte den Schuppenbaron – vital, wie sie einmal war und doch um fünf Jahre älter als er. Erst 1989 sollte die Baronin ihren zwei Ehemännern in jene Gruft nachfolgen, deren hochragender Carrara-Marmor den Eingang in einen altägyptischen Tempel symbo- lisiert. Bis zum Tod meiner Großmutter blieb also noch viel Zeit.

Ein einziges Mal habe ich – meiner Erinnerung nach – von Onkel Gerd ein Geschenk erhalten. Ich glaube, es war zu meiner Firmung, als ich etwa zwölf Jahre alt war. Es handelte sich um ein dickes, groß- formatiges Buch in einem harten Umschlag samt Hochglanzcover und enthielt weit mehr Illustrationen und Abbildungen alter Gemälde als Text. »Rund um die Welt« ist der Titel dieses Buches, das die Geschichten der waghalsigen Seefahrer und Abenteurer nachzeichnet, die zu einer Zeit aufbrachen, in der Europa wenig über die Welt außerhalb wusste. Ich mochte dieses Buch sehr und blätterte wieder und wieder staunend darin. Ich wollte auch mit Onkel Gerd darüber reden, aber außer »Bitte schön, schön, dass es gefällt« und »Geht's dir eh gut?« wusste er nichts dazu zu sagen. Ich glaube er hatte keine Ahnung, was er mir da geschenkt hatte. Ein langes Kapitel in diesem Buch war einem portugiesischen Seefahrer gewidmet, der die Geschichte der Welt und auch die Geschichte meiner Familie mütter- licherseits nachhaltig bestimmt hatte. Natürlich wusste ich davon damals nichts, aber mir gefielen die abenteuerliche Entdeckung der Süd-Ostpassage und vor allem der Name »Kap der guten Hoffnung« besonders gut. Ja, dachte ich damals, irgendwann würde ich dort stehen und auf die wilden schäumenden Wellen blicken, die den Atlantischen mit dem Indischen Ozean vereinen.

Weg frei nach Indien

Mit seinem Flaggschiff, der Nau São Gabriel, verließ Vasco da Gama am 8. Juli 1497 den Hafen Restelo in Lissabon, um nach Umsegelung des Kaps der Guten Hoffnung am 20. Mai 1498 nahe Calicut an der Malabarküste in Indien vor Anker zu gehen. Zum ersten Mal hatte ein europäisches Schiff Indien erreicht – und diese Großtat christlicher Seefahrt sollte die Karten des Osthandels und der kolonialen Vereinnahmung grundsätzlich neu mischen. Dem Genuesen, Cristobal Colon, besser bekannt unter Christoph Kolumbus, der – wie sich später herausstellen sollte – unter der Patronage von Ferdinand von Aragón und Isabella von Kastilien die »neue Welt« entdeckt hatte, schlug damals gehöriges Misstrauen entgegen, tatsächlich in Indien angekommen zu sein. Die Fahrt Vasco da Gamas freilich eröffnete völlig neue Perspektiven für den europäischen Fernhandel.

Und die Imhoffs waren in vorderster Front mit von der Partie. Natürlich trieb sie der direkte Zugang zu den Gewürzmärkten Indiens an, was zu der Eröffnung der Faktorei in Lissabon führte. Vertreter der Handelsgesellschaft hatten schon bei der ersten europäischen – prominent in die Geschichtsbücher eingegangenen – Handelsexpedition nach Indien (1505 bis 1506) unter Francisco de Almeida teilgenommen. Neben drei Mitgliedern der Familie Imhoff, waren auch die Hirschvogel und die Welser an dieser ersten groß organisierten Handelsfahrt europäischer Kaufleute nach Indien beteiligt. Unter Andreas (Endres) I. Imhoff (1491–1579) vollzog sich eine grundsätzliche Umorientierung vom reinen Ost- und Orienthandel zum überwiegenden Überseehandel. Ab 1540 engagierten sich die Imhoff dann auch noch verstärkt in Geldgeschäften, vor allem mit Krediten an die französische, portugiesische und spanische Krone sowie an die Herzöge von Bayern. Georg Imhoff (geb. 1498) reiste 1526 als Edelsteinhändler nach Vijayanagar und kehrte niemals zurück. Das hatte wohl seine guten Gründe. Er beendete sein wohlbestelltes Leben als erfolgreicher Kaufmann ebendort in einem ausladenden Palast umgeben von schönen Kurtisanen im Jahre 1540.

Die Stärke der Imhoff im europäischen Fernhandel wie im Überseehandel lag in ihrer Präsenz an den Handelsorten und an einer genauen Kenntnis der jeweiligen Handelsgepflogenheiten – konstatiert die zeitgenössische Geschichtsschreibung.[3] Für die historische Betrachtung der Nürnberger Linie ist die »Entdeckung« Indiens als nunmehr erreichbarer Ort des Handels, der Sehnsucht und der Verwirklichung eigener Herrschaftsphantasien von zentraler Bedeutung. Und nicht nur das: In Indien, in der kolonialen Vereinnahmung dieses divergenten, reichen und spirituellen Imperiums – zu dem im damaligen Verständnis auch das heutige Pakistan und Indonesien gehörten – wurde der entscheidende Schritt der europäischen Weltvereinnahmung vollzogen. Es hat der Präsenz Indiens auf der europäischen Weltkarte bedurft um Europa zu der dominanten Macht über den »Rest der Welt« zu machen. Am Ende des 19. Jahrhunderts werden sich 80% des Weltterritoriums in kolonialer Verfügungsgewalt von nicht mehr als sieben europäischen Nationalstaaten befinden, rechnet man die »unabhängigen« Territorien der Amerikas, Australien und die Binnenkolonialisierung des zaristischen Russlands hinzu. Indien stand nicht am Anfang der kolonialen Weltherrschaft aber setzte dieser bis zur Unabhängigkeit 1947 die Krone auf.

Für den Generalgouverneur Gustav Wilhelm von Imhoff und seinen gewieften Neffen Cristoph Carl Adam von Imhoff war Indien im 18. Jahrhundert also keine Terra Incognita, sondern bewegter Teil der eigenen Familiengeschichte. War der eine einer gewissen Strenge und dem Kalkül der Macht und Herrschaftsausübung verpflichtet, so war dem anderen als Künstler und Lebemann an Pracht, Freiheit, Luxus und einem ausschweifenden Hedonismus gelegen. Beiden gemeinsam freilich war eine für die damalige Zeit doch unübliche Bereitschaft, sich als Europäer mit der Kultur und den Menschen Indiens einigermaßen vorurteilsfrei auseinanderzusetzen. Das überliefern zumindest die reichhaltige historische Forschung zu der Amtszeit des Generalgouverneurs und auch jede Menge Briefe und Zeichnungen, die der Neffe aus seiner Zeit in Indien der Nachwelt überlieferte. Da gibt es eine Vielzahl minutiöser Skizzen und Abhandlungen, literarische und zeichnerische Miniaturen, ethnographisch anmutende Beschrei-

Gustav Wilhelm Baron von Imhoff, Generalgouverneur von Niederländisch-Ostindien von 1741 bis 1750

bungen und mit Distanz und Kenntnis geschriebene Darstellungen des kulturellen Lebens. Weniger distanziert verhielten sich die Herren gegenüber den ihnen in den exotischen Landen begegnenden Damen. War Cristoph Carl Adam stets auf kurzweiliges Vergnügen aus, so hinterließ der in erster Ehe verwitwete Generalgouverneur Gustav Wilhelm zwei Kinder aus einer Verbindung mit einer lutherisch getauften ehemaligen Sklavin aus Celebes namens Helena Pieters, die er beide in den Niederlanden erziehen und auch legitimieren ließ.

Seinem Neffen Cristoph Carl Adam von Imhoff verdanken die weitverzweigten Familien – wie oben bereits angedeutet – die abenteuerlichste und wohl auch sonderbarste Geschichte der Chronik. Am 28. Dezember 1766 quittierte der damals 32-jährige Hauptmann mit Obristwachtmeisterpatent bei der herzoglichen Leibgarde zu Fuß den Dienst in der Württembergischen Armee. Nach Jahren des Zweifels stand für ihn fest: Er war zum Künstler, nicht zum Offizier geboren! Und er wollte nach London, denn von einem künstlerischen Standpunkt aus war London in der zweiten Hälfte des 18. Jahrhunderts die beste Wahl. Der kunstbeflissene und sich als großzügiger Mäzen generierende König Georg III. war nicht nur der am häufigsten porträtierte Monarch seiner Zeit, sondern gründete auch 1768 die Royal Academy of Arts um dem kunstfreundlichen Klima der Metropole einen institutionellen Rahmen zu geben und noch mehr Künstler aus aller Herren Länder hierher zu holen. Dennoch musste das Ansinnen Christoph Carl Adams für seine Umgebung höchst befremdlich erscheinen. Denn für einen adeligen Offizier konnte die Malerei bestenfalls eine Liebhaberei, keinesfalls aber eine ernstzunehmende Profession darstellen. Der eigenwillige Offizier hatte zweifellos die Grenzen der Konvention überschritten – und nicht das letzte Mal würde er der Gesellschaft beweisen, dass es noch viel Freudvolleres gibt als einfach Dienst im Namen von Fürsten und im vorherbestimmten Auftrag der eigenen sozialen und damit familiären Rolle zu verrichten.

Die Tochter des Fleischhauers

Die Episode mit meiner optimistisch gestimmten, barbusigen Großmutter vor dem Spiegel ereignete sich zu einer Zeit, als ich schon
begonnen hatte, ein gewisses Interesse am anderen Geschlecht zu entwickeln. Ich ging – wie damals üblich – in eine reine Bubenklasse im
Realgymnasium Krottenbachstraße in Döbling, hatte begonnen
Schlagzeug zu spielen und der Bart spross mir auch schon im Gesicht.
Zu dieser Zeit, mit vierzehn Jahren, hatte ich mich entschlossen,
Künstler, Wissenschaftler oder Abenteurer zu werden. Und am aller-
besten wäre es wohl, wenn ich alle drei Berufe in einem einzigen
Beruf ausüben könnte – das würde den Mädchen sicher gefallen und
in meinen Träumen sah ich mich so mit allerlei Lustbarkeiten umgeben. Aber von den Mädchen – außer den Schwestern daheim – war in
der sogenannten Wirklichkeit weit und breit keine Spur. Im Park
balgten sich die Buben herum, und auch beim Fußballspielen auf der
Wiese zeigte sich kein weibliches Geschöpf, und in der Kirche saßen
Buben und Mädchen getrennt voneinander – die Buben und Männer
im linken, die Mädchen und Frauen im rechten Kirchenschiff. Ohnedies versah ich meinen Dienst am Altar und dieser Ort war für das
andere Geschlecht damals tabu. Gott war ein Mann, der Papst war ein
Mann, der Kardinal war ein Mann, der Priester, der die Messe las, war
ein Mann und ich sekundierte dabei. Überall Männer, wohin Mann
auch blickte.

Da traf es sich gut, dass einige Schulfreunde bei einem privaten
Schikurs Mädchen aus der Sacré Coeur-Schule im dritten Wiener
Gemeindebezirk kennengelernt und sich mit ihnen sogar verabredet
hatten. Ich, der ich groß, bärtig und obendrein Schlagzeuger war,
durfte – gleichsam als künstlerische Verstärkung – mitgehen. Und
bei dieser Party in einem noblen Diplomatenhaus mit großem Garten, wo wir sittsam herumsaßen und Uriah Heep, Deep Purple und
Jethro Tull hörten, begegnete ich einem brünetten Lockenmädchen
im Schottenrock. Gitti war ihr Name und sie – ebenfalls vierzehn
Jahre – sollte meine erste Liebe werden. Wir trafen uns vorerst heim-
lich, dann stellte ich sie meinen Eltern vor. Meine Eltern hatten nichts

einzuwenden, hatten die beiden sich doch kennengelernt, als mein Vater fünfzehn und meine Mutter dreizehn Jahre alt gewesen waren.

Ich weiß gar nicht, ob ich damals das berufliche Umfeld von Gittis Eltern wahrnahm. Ich glaube, ich war zu verliebt, um überhaupt irgendetwas anderes als Gitti wahrzunehmen. Aber als meine Großmutter von der Liaison erfuhr, war der Teufel los: Denn Gitti war nicht nur die Tochter eines Fleischhauers, was an und für sich schon einen Skandal bedeutete, sondern noch dazu die Tochter jenes Fleischhauers, bei dem meine Großmutter, die Baronin, einkaufen ließ. Ausgerechnet das erste Mädchen, das ich erwählt hatte, musste aus dem »niederen Milieu« der Fleischzerstückler stammen. Es folgten verschiedene Überredungsversuche von Seiten meiner Großmutter, auch wurde erwogen, den Fleischlieferant zu wechseln, aber dagegen sprach sich vehement Frau Pal aus, die die Oberaufsicht über Großmutters Haushalt innehatte, denn besagter Fleischhauer lieferte die köstlichsten Leckerbissen von ganz Wien.

Ich blieb natürlich stur, erfreute mich an Gitti und meine Eltern waren damit mehr als nur einverstanden. Immerhin hatte sich meine Mutter in ihrer Jugend wiederkehrenden Versuchen meiner Großmutter, sie mit diversen Grafen zu verehelichen, erfolgreich widersetzen können – auch wenn diese heroische Tat, wie später zu berichten sein wird, nur durch einen Erbschaftsverzicht hatte erkauft werden können. Meine Mutter hatte sich meinen – aus bürgerlichen Verhältnissen stammenden – Vater einfach eingebildet und umgekehrt er sich auch sie, und nichts konnte sie von ihm abhalten, was für meine Großmutter inakzeptabel, weil in ihrem Weltbild mit einem immensen Statusverlust verbunden war. Also ermunterten mich meine Eltern, das Gerede meiner Großmutter nicht ernst zu nehmen, und in Liebesangelegenheiten allein meinem Herzen zu folgen – so wie sie es eben auch getan hatten. Doch meine Großmutter war einmal hartnäckig und im darauffolgenden Sommer – ich war mit Gitti gerade fünf Monate zusammen – startete sie eine weitere Aktion, um mich von der Sinnesverwirrung, die mich ergriffen hatte, ein für alle Mal zu befreien.

Es war Juli und wir hatten gerade den Austauschschüler Anthony aus Brighton in England zu Gast, bei dem ich einen Monat im

Sommer zuvor verbracht hatte. Ein kleines, hageres, dunkelhaariges Bürschchen, das mindestens drei Jahre jünger aussah als ich, obwohl es ein Jahr älter war und recht umgänglich sein konnte, vor allem dann, wenn es bei den sonntäglichen Festmählern viel Bier und Wein zu trinken bekam. Danach gingen Anthony und ich, wie es eben Gewohnheit war, immer in den Park; aber der Junge aus dem Königinnenland war weder für Raufereien, noch für Fußballspielen zu gebrauchen. Schon unser erster Parkbesuch endete für Anthony mit einer blutigen Nase und einem schmerzhaft angeschwollenen Schienbein. Also verkrochen wir uns lieber in die Büsche des Linné-Parks, aus denen bald verräterisch blau-weißer Rauch aufstieg. Anstatt sich die Manneskraft durch sportliche oder kämpferische Aktivitäten zu beweisen, mussten die verbotenen Glimmstängel herhalten. Ich habe mein ganzes Leben genossen, Verbotenes zu tun, aber damals, war es am allerschönsten.

Einander gegenseitig anstarrend inhalierten wir die roten, filterlosen Pall Mall und konnten nicht widerstehen, uns eine zweite anzuzünden, nachdem wir uns die Seele aus dem schwitzenden Bubenleib gehustet hatten. All das blieb natürlich nicht unentdeckt. Eine Horde vorerst noch kickender Buben stürmte schließlich unser Indianerversteck – und das Päckchen Pall Mall, das wir als Schatz gehütet hatten, war schneller aufgebraucht als Anthony und ich uns von der Nikotin-Attacke erholen konnten. Natürlich hatten wir nicht teilen wollen, aber hätten wir nicht geteilt, wäre es uns ziemlich übel ergangen! Irgendwann später taumelten wir dann nach Hause. Anthony brabbelte vor sich hin, ich hatte ohnedies immer Schwierigkeiten ihn zu verstehen, auf diesem Heimweg verstand ich ihn überhaupt nicht mehr. Aber das machte nichts, immerhin hatten wir gemeinsam etwas wirklich Verbotenes getan und das machte uns auf seltsame Weise froh. Ich habe keine Ahnung, was aus Anthony geworden ist, aber noch heute findet sich ein Foto von ihm in meiner Fotokiste: Ein grinsender britischer Junge mit einem bunten Sombrero auf dem Kopf, unter dem pechschwarze Haare wirr hervorlugen, lässig sitzend auf einem uralten Fauteuil in dem Zimmer, das ich mir damals noch mit einer meiner Schwestern teilte. Die in einer schlaksigen schottischen

Hose steckenden Beine überkreuzt, in der linken Hand eine Flasche Stroh-Rum und in der rechten Hand eine glosende Zigarette.

Aber zurück zu Gitti und den Sorgen meiner Großmutter, der Baronin. Die Sache mit der verbotenen Tschickerei im Park sollte nicht die einzige Bewährungsprobe bleiben, vor die Anthony und ich in diesem Sommer gestellt waren. Das sich bald darauf ereignende Szenario würde uns noch ratloser zurücklassen, als der Verlust des geheiligten Päckchens Pall Mall im Park. Großmutter, tief beunruhigt über meine Liaison mit der Fleischhauerstochter aus dem dritten Wiener Gemeindebezirk, lud Anthony und mich kurz nach der Misere im Park zu einem »Lunch« in ihre herrschaftliche Etage. Dabei sollte es eine Art Überraschung geben – ließ meine Großmutter gegenüber meinen Eltern verlauten, die diese ein wenig geheimnisvoll klingende Einladung mit einigem Unbehagen an mich und meinen Freund weitergaben. Also wappneten Anthony und ich uns eines schönen Juli Vormittags mit guter Laune und einigen in wohl gebügelten Anzügen versteckten Zigaretten. Als sonderbare, kurzzeitig füreinander bestellte Brüder fuhren wir mit der 71er-Straßenbahn Richtung Jaurèsgasse, in der uns etwas erwarten sollte, worauf wir wirklich nicht vorbereitet waren.

Marian, die verleugnete Geliebte

Chistoph Carl Adam Baron von Imhoff quartierte sich im Londoner Künstlerviertel Golden Square ein und kam aufgrund eines Empfehlungsschreibens von Fürstin Caroline zu Hohenlohe-Oehringen schon bald zu Porträtaufträgen erster Güte. Den zweifellos berühmtesten Auftrag stellte ein Porträt der englischen Königin dar, das im April 1768 in der jährlichen Ausstellung der Londoner Society of Artists präsentiert wurde und höchsten Anklang fand. Obgleich ständig in Geldnot hatte es der renitente deutsche Offizier in kurzer Zeit zu einem durchaus respektablen und geschätzten Künstler gebracht. So sehr sich die Außenauftritte sehen lassen konnten, so sehr herrschte Chaos im Inneren des Imhoff'schen Kosmos. Denn Kutsche, Diener,

Soirées und edle Weine wollten bezahlt sein, aber die Preise in der riesigen Metropole – über die er in Briefen häufig klagte – waren einfach exorbitant hoch und überstiegen selbst für einen Hofmaler regelmäßig die gar nicht kärglichen Einnahmen. 600.000 Menschenleben zählte damals London, eine unvorstellbare Größe für einen, der aus der deutschen Provinz aufgebrochen war um hier sein Glück zu versuchen.

Dazu kam die Geschichte mit Anna Maria Apollonia Chapuset de St. Valentin, diese Geschichte mit Marian also, wie sie zeitlebens gerufen wurde – selbst als sie reicher geworden war als die Königin von England. Sie entstammte väterlicherseits einer Hugenottenfamilie, die nach dem 1685 erfolgten Widerruf des Toleranzedikts aus Frankreich nach Nürnberg migrierte. Wahrscheinlich war es in Stuttgart, dass Marian und Cristoph Carl Adam einander zum ersten Mal begegneten, denn dort verrichtete der Offizier seit 1759 Dienst für die württembergische Herrschaft, und die Familie Chapuset de St. Valentin war ein Jahr zuvor – nach dem Tod von Marians Vater – in die Stadt gezogen. Jedenfalls entspann sich eine romantische und eine all den Briefen nach äußerst leidenschaftliche Affäre. Dieser entstammte der Sohn Carl, der – als die beiden gemeinsam nach London aufbrachen – bei seiner Großmutter in Stuttgart zurückgelassen wurde.

Aber London war nicht Württemberg – London war das große Parkett. Und Cristoph Carl Adam war seiner Bestimmung endlich nähergekommen, schwelgte im Glanz des Empire als durchaus nicht ungebetener Gast – hatte er doch einflussreiche Fürsprecher beiderlei Geschlechts. Er lebte mit Marian in einer – gar nicht zu kleinen – Atelierwohnung, versuchte aber die Liaison mit Marian, die ja auch Mutter seines Sohnes Carl war, vor allen – selbst vor den Lieferanten, die das Brot und die Milch am Morgen brachten – zu verbergen. Fräulein Anna Maria Apollonia Chapuset de St. Valentin war eben nicht ebenbürtig, hatte keinen tauglichen Adelsnachweis im Handgepäck, konnte auf keine erfolgreichen Offiziere, Eroberer, Diplomaten, Bischöfe, Kaufmänner und Generalgouverneure verweisen, ja hatte nicht einmal Geld von ihrer Familie übertragen bekommen. Sie war bettelarm in Christoph Carl Adam's Leben getreten und das in einer

Zeit, wo auch »Bürgerliche« es schon verstanden hatten, es zu ansehnlichem Vermögen zu bringen, und feudale Titel nicht mehr Garant für ein sorgenfreies Leben waren. Marian hatte nichts an sich, was man der Welt vorführen konnte.

Christoph Carl Adam hing an Marian – sehr. Zwar ging er niemals mit ihr öffentlich aus, zwar verleugnete er ihr gemeinsames Leben und ihren gemeinsamen Sohn, aber wenn er von seinen Geschäften in das Atelier am Golden Square zurückkehrte und Marian ihn erwartete, dann glaubte er wieder zu wissen, warum er genau sie erwählt hatte: Marian war seine Frau! Seine verborgene, seine den gesellschaftlichen Konventionen widersprechende Frau!

Obgleich er viele Frauen in seinem Leben gehabt hatte, würde ihn nur Marian begreifen lassen, wozu sein Leben auserkoren war, jetzt und zukünftig – so dachte der Baron oft. Marian war wunderschön – ihr blondes, gelocktes Haar rahmte ein ebenmäßiges blasses Gesicht, ihre dunkelblauen Augen und ihre zierliche Figur verbargen alle Reize des Himmels. Die ungestüme Leidenschaft, die sie in zeitlosen Momenten der Entäußerung ihm schenkte, weckte in ihm ein Verlangen, das niemals zuvor geweckt und niemals zuvor gestillt worden war. Er war süchtig nach Marian, und – er liebte sie vielleicht auch, auf seine, auf die ihm eigentümliche Weise. Aber zugleich ahnte er, dass er diese zierliche Frau aus Frankreich keinesfalls mehr als sich selbst, mehr als den Rest der Welt liebte, und er wusste wohl auch, dass ihm all der Ruhm und das Geld, das diese Welt womöglich für ihn bereithalten würde, letztlich wichtiger waren als seine vor aller Augen verborgenen Leidenschaft zu ihr.

Vielleicht war es dieser Vorbehalt, der – trotz dieser unvernünftig gelebten Begierde – sein Leben in London an ihrer Seite immer schwieriger machte. Marian war anwesend und abwesend zugleich, sein Leben bestimmend und dennoch unendlich weit entfernt, wenn er sich regelmäßig in betuchter, feudaler, hochnäsiger und unvorstellbar reicher Gesellschaft bis tief in die Nacht aufhielt. Er ging bei Hof ein und aus, edelste Damen warfen sich an seinen Hals, Mäzene wollten seine Karriere befördern und Fürsten schmiedeten eitle Pläne, sich selbst durch von Imhoffs Kunst nicht nur in Szene zu setzen, sondern unsterblich zu machen. Und obgleich all der Glanz und der Reichtum Cristoph Carl Adam sehr gefielen, sehnte er sich dennoch, gerade in den Momenten der Siege, leidenschaftlich zurück in sein Atelier, dorthin, wo niemand mehr an seiner Herkunft gemessen war, dort wo einzig die Wirklichkeit auf ihn wartete: Marian! Er kam zu ihr, um sie wieder zu verlassen, und ging er von ihr, so sehnte er sich zu ihr zurück. Lange konnte das nicht mehr so weiter gehen.

Anna Maria Apollonia Chapuset de St. Valentin alias Mrs. Imhoff mit Sohn Carl

Die Lösung des Problems bestand in einer Flucht nach vorne, hin zu einer Weltgegend, die schon für andere Imhoffs zwei Jahrhunderte zuvor schicksalsbestimmend gewesen war: Die Lösung lag, oder besser hätte liegen sollen – in Indien! Ende März des Jahres 1769 begaben sich Marian Chapuset, Cristoph Carl Adam von Imhoff und ihr zweieinhalbjähriger Sohn Carl – den Marians Mutter zuvor nach London gebracht hatte – auf den Viermaster *Duke of Grafton*, der sie von London nach Madras bringen sollte. In Indien, so glaubte diese seltsame Familie, würde ihnen nicht nur die koloniale Welt zu Füßen liegen und sich porträtieren lassen. Christoph Carl Adam und Marian hofften auch, dass ihnen mehr gesellschaftliche und individuelle Freiheit zu teil werden würde als in der imperialen Metropole des British Empire. Das ganze Projekt hatte freilich einen Haken, den keiner der Beteiligten vorausahnen konnte. Das ganze Projekt scheiterte in seiner ursprünglichen Intention, wobei dieses Scheitern auch die Chancen und weltlichen Positionen aller Familienmitglieder neu verteilen würde. Das Projekt wurde rigoros durchkreuzt – durch einen Mann, der auf der *Duke of Grafton* fraglos der prominenteste Reisende war und die Weltherrschaft des British Empire für die folgenden 150 Jahre besiegeln sollte. Sein Name war Warren Hastings.

Elevinnen aus dem Ballett der Wiener Staatsoper

Anthony und ich standen vor dem schönen Patrizierhaus, in dem meine Großmutter die letzte Etage bezogen hatte, nachdem mein Großvater Paul gestorben war und sie den Familiensitz in Salmannsdorf an die »Amerikanische Schule« verkauft hatte. Dass meine Großmutter zwar im »Botschaftsviertel«, aber ausgerechnet in jener Gasse ihr nobles Domizil bis zu ihrem Tod bewohnte, die bis heute nach dem französischen Sozialisten Jean Jaurès benannt ist, entbehrt nicht einer gewissen Ironie. Jean Jaurès war zwar ein durch und durch gebildeter Mann, aber trotzdem ein »Roter« gewesen, und insgesamt gab es in der Welt meiner Großmutter – wenn überhaupt – nur wenige »Rote«, mit denen sie sich vorstellen hätte können »ins Bett zu gehen«.

Ihr Stand und dessen angebliche Geschichte verboten ihr die Sympathie mit sozialistischen, auch sozialdemokratischen Ideen und Ideenträgern. Es war die Vorstellung einer feudalen Welt, die sie bis tief in die zweite Hälfte des 20. Jahrhunderts hineintrug. Dabei hatte ich – so paradox dies erscheinen mag – niemals das Gefühl, dass meine Großmutter »von gestern« war, ganz im Gegenteil. Sie schien mir liberaler als meine Eltern zu sein, die auf ein streng katholisch geprägtes, christlich-soziales Weltbild großen Wert legten. Meine Großmutter trat mir gegenüber sicherlich auch deshalb liberal auf, weil ich in ihren Augen als Bub schon ein »angehender Mann« war. Der einzige in Europa lebende Enkel noch dazu, und diesem musste offenbar eine gewisse Freiheit des Denkens und Handelns zugestanden oder zumindest suggeriert werden, damit aus ihm etwas Ordentliches werden konnte. Und obendrein konnte einem Mann, war er außerdem noch so jung, viel mehr verziehen werden als einer Frau.

Anthony und ich hatten beschlossen vor dem Eintritt in die heiligen Hallen noch je eine Zigarette zu rauchen. Aus der je einen wurden dann je drei. Eine Verzögerung, vielleicht eine gewisse Vorahnung, dass da oben nicht alles mit rechten Dingen zugehen würde. Und tatsächlich war da ein sonderbares Komplott geschmiedet worden. Grundsätzlich war meine Großmutter ja bereit, mir meine Liebschaft mit der Fleischhauerstochter Gitti zu verzeihen. Um verzeihen zu können, musste mich meine Großmutter freilich vom falschen Weg abbringen. Also ersann sie eine – in ihren Augen – geradezu grandiose Strategie, derer wir nach und nach gewahr werden sollten. Diese Strategie war übrigens – wie meine Eltern im Nachhinein erfuhren – mit Großmutters »Busenfreundin« Gräfin Christl Schönfeldt abgesprochen worden, was die ganze Sache nicht wirklich erfreulicher machte.

Nachdem uns »das Personal« in der Garderobe empfangen hatte, standen Anthony und ich in dem langen Korridor, der zur Bibliothek führte, und dessen Wände vollgehängt waren mit Gemälden und Stichen unserer Ahnen aus 800 Jahren – was immer ein wenig düster und sonderbar außerweltlich anmutete. Dann erschien meine wohlgelaunte Großmutter und verkündete nach reichlich höflicher Begrüßung unsererseits – ich hatte Anthony vorgewarnt, dass ihm die noble Stirn zum Kuss dargeboten werden würde –, dass zu diesem Lunch besondere Gäste geladen seien. Anthony und ich schauten einander kurz an und hoben die Augenbrauen. Sekunden später wurde eine Tür geöffnet und Frau Pal schob zwei spindeldürre, hochgeschossene, zugegebenermaßen nicht wenig apart aussehende, junge Damen herein – blonde, zierliche Geschöpfe aus einer offenbar anderen Welt.

Meine Großmutter strahlte und beeilte sich die Runde bekanntzumachen: »Silvi und Trixi sind Elevinnen aus dem Staatsopernballett, sollen die besten ihres Jahrgangs sein …, sehen sie nicht bezaubernd aus?« Jetzt sah ich, wie Anthony der Mund offen stehen blieb, als Trixi und Silvi erhobenen Hauptes und schrittfest auf uns – die beiden im Park tschickenden Buben – zusteuerten. Ich gab beiden die Hand, aber Anthony beugte sich linkisch vornüber und küsste mit einer theatralischen Geste die Handrücken der beiden jungen Damen. Einmal nobel, immer nobel! Meine Großmutter war voll Freude und wohl auch Hoffnung, dass ihre Therapie Erfolg haben würde. Sie rief nach dem Aperitif, und »das Personal« brachte Champagner in langstieligen Flöten. Wir prosteten einander ziemlich unbeholfen zu. Nach dem ersten Schluck bemerkte ich, wie Anthonys Lippen langsam wieder auseinanderdrifteten. Dieser Anblick aber war weniger nobel: Anthony schien wie versteinert, abermals mit offenem Mund und dem Champagnerglas in der Hand, gaffte er die beiden Mädchen unverschämt an.

Noch immer standen wir in dem weitläufigen Korridor – der auch »Ahnengalerie« genannt wurde. Die Vorfahren glotzten uns aus teils üppigen Bilderrahmen teilnahmslos an, was den beiden Mädchen zu gefallen schien. Ihre Blicke wanderten zu den Gestalten mit den gepuderten Perücken, die vor Schlössern, auf Pferden oder vor französischen Gärten posierten. Ein etwas dümmliches Grinsen legte sich um die Mundwinkel einer der beiden, dann deutete Trixi – oder war es Silvi? – auf ein mittelgroßes Porträt eines hässlichen Mannes mit steifem Zopf: »Der da sieht aber gruselig aus!« Meine Großmutter machte eine abwehrende Handbewegung und mahnte die »Jugend«, wie sie uns jetzt nannte, dazu, doch rasch auszutrinken, damit das

Cristoph Carl Adam von Imhoff: Ausschnitt »Selbstbildnis mit Wahlspruch in Reimen«

Essen nicht kalt werde. Tatsächlich hatte Cristoph Carl Adam eine riesige Schnapsnase und lebhafte Schweinsäuglein. Er sah auf diesem Selbstbildnis in üppigem Goldrahmen wirklich ziemlich komisch aus. Er, der doch so gut Karikaturen zeichnen konnte, war selbst zu einer seiner Karikaturen geworden. »Das ist Cristoph Carl Adam von Imhoff«, raunte ich tonlos zu den beiden Elevinnen hinüber, »Künstler und Abenteurer in Indien. Hat übrigens seine Frau verkauft!« Silvi – oder war es Trixi – lachte grell auf und Trixi, oder vielleicht war es doch Silvi, meinte lakonisch, dass sie sich hier doch in Acht nehmen müssten – bei solchen Familienbräuchen.

»Schluss jetzt, aus mit diesen Geschichten!« zischelte meine Großmutter mit gespieltem Vorwurf in der Stimme. Noch zwei, drei Schluck, dann stellten wir unsere Gläser auf die Mahagoniablage. Großmutter klatschte in die Hände und rief mit übertriebener Leichtigkeit: »Nun gut Kinder, ihr mögt euch, Lunch ist serviert ... Amüsiert euch prächtig!« Wie von Geisterhand öffnete sich die Tür zum Speisesalon und angewiesen von meiner Großmutter trotteten die blonden Geschöpfe in Richtung des in der Mitte des hellen Raumes stehenden runden Eichentisches, auf dem schon diverse Vorspeisen aufgetragen waren. Als braver Enkel folgte auch ich gehorsam, nicht ohne noch einmal einen kurzen Blick auf jenes Gesicht zu werfen, dessen eigentümliche Komik mir bis jetzt noch nie aufgefallen war. Und da erschrak ich. Cristoph Carl Adam kniff das linke Auge gleich zweimal ziemlich schelmisch zu um sich sofort wieder in seine skurrile Jahrhunderte alte Erstarrung einzufinden.

»Mister Anthony, Sir Anthony, please be so kind and take your seat!« Anthony hatte rein gar nichts von dem blinzelnden Christoph Carl Adam mitbekommen, er hatte nur Augen für die beiden Elevinnen. Noch immer stand er wie angewurzelt und dümmlich grinsend im Korridor herum und schaute geistesabwesend in Richtung des Tisches. Erst der strenge Ordnungsruf meiner Großmutter brachte ihn auf Trab und wir konnten gemäß der von meiner Großmutter in Absprache mit der Gräfin erarbeiteten Sitzordnung endlich Platz nehmen. Und dann geschah das Unvermeidbare, das, was ich von Anfang an befürchtet hatte. Meine Großmutter empfahl sich mit knappen Worten und darauf verweisend, dass sie heute noch einer Menge Geschäfte nachzugehen habe.

Die verkaufte Braut

Warren Hastings war zuerst Dritter, dann Zweiter im Rat von Madras gewesen und wurde im Jahr 1772 zum Generalgouverneur von Bengalen ernannt. Dieser mittelgroße drahtige Mann mit den markanten, fast asketischen Gesichtszügen hatte von Beginn seiner Karriere an großes Interesse, seine Verfügungsgewalt und Macht zu erweitern. Als kluger, belesener und polyglotter Mensch – ursprünglich aus recht einfachen Verhältnissen von der Südwestküste Englands stammend –, hatte er diesen Drang strategisch versiert und immer äußerst loyal in den Dienst seines Unternehmens gestellt. Die East India Company versprach nicht nur ihren Investoren gigantische Profite, sondern auch ihren Mitarbeitern interessante Karrieren, vorausgesetzt sie verfügten über Wagemut, Mobilität, Investitionsbereitschaft und detaillierte Kenntnis der kolonialisierten oder zu kolonialisierenden Gebiete. Und Warren Hastings hatte schon früh bewiesen, dass er diesen Anforderungen gerecht werden konnte. Er stieg kometenhaft zu einer Symbolfigur des Weltreiches auf und besiegelte nicht durch Gewalt, sondern durch Kooperationsverträge mit den indischen Fürsten, den Maharadschas, die Dominanz des British Empires. Dass er aus heutiger Sicht ein wesentlicher Akteur der kulturellen und ökonomischen Globalisierung werden würde, konnte Warren Hastings bei seiner Überfahrt auf der *Duke of Grafton* von London nach Madras im Jahre 1769 jedoch nicht erahnen. Und dass er bei all dem noch dazu unsagbar reich werden würde – schon gar nicht.
Marian war gerade 22 Jahre alt geworden als sie sich mit ihrem Sohn auf den Viermaster nach Indien begab. Christoph Carl Adam war 35 Jahre alt. Und der Shooting-Star der East India Company, Warren Hastings, war gerade einmal 37 Jahre alt. Aus heutiger Sicht – eine ehe junge Reisegesellschaft. Christoph Carl Adam, der ehrgeizige Porträtmaler und ehemalige Offizier, und Marian, die schöne hellblonde Französin, waren in der Passagierliste der *Duke of Grafton* als Mr. und Mrs. Imhoff eingetragen. Hastings, damals schon zweithöchster Beamte der British East India Company, hatte die auserlesenen Passagieren vorbehaltene Kajüte neben der Kapitänsmesse

bezogen und vertiefte sich in jene administrativen Pläne und auch militärische Strategien, die umzusetzen er eisern entschlossen war. Es würde sein zweiter Aufenthalt in Indien werden, und es würde ein langer sein.

Warren Hastings, Generalgouverneur von British East India von 1773 bis 1784

Vier Jahre später wurde Hastings Generalgouverneur von British East India und schaffte das von seinem Vorgänger eingeführte »duale System« – die Teilung der Macht mit dem Nawab von Bengalen – mit Unterstützung des Direktoriums in London sofort ab. Waren zuvor Strafjustiz und Militär noch in Händen des lokalen Herrschers gewesen, so stellte Hastings neben der Zivilgerichtsbarkeit und dem Steuereinzug auch alle anderen Finanz- und Justizinstitutionen und die Exekutive unter die Autorität der Company, somit unter seine eigene Verfügungsgewalt. Eine kostspielige Aufrüstung hatte diesen Schachzug möglich gemacht. Beliefen sich die Truppen der »Indian Army« – unter Befehlsgewalt der British East India Company – im Jahre 1749 gerade einmal auf 3000 Mann, so waren es 1763 schon 26.000 und 1778 übertraf die Armee der Handelskompanie unter Warren Hastings mit 67.000 Mann jene der »British Army« in Friedenszeiten. Zusätzlich verlegte Warren Hastings die Hauptstadt Bengalens von Murshidabad nach Calcutta, womit der Grundstein für das Zentrum britischer Machtentfaltung in Asien gelegt war.

Dass er in die Literatur und die Geschichtsbücher als »Empire Builder« eingehen würde und ihm bei der Durchführung all dieser ambitiösen Vorhaben eine junge, zusehends selbstbewusster werdende Frau zur Seite stehen würde, das wusste Warren Hastings freilich nicht, als er – einige Tage nachdem die *Duke of Grafton* im Jahre 1769 Fahrt nach Indien aufgenommen hatte – am Vordeck des Viermasters einer außerordentlich schönen Dame begegnete, die sich ihm, nachdem er sie nach einigem Zögern angesprochen hatte, als Anna Maria Baronin von Imhoff vorstellte. Um diese Angelegenheit nicht unnötig in die Länge zu ziehen – Warren Hastings verliebte sich Hals über Kopf in Marian und Marian dürfte seine Gefühle, ungeachtet des mit ihr reisenden vermeintlichen Ehemannes, schon bald erwidert haben. Was sich hier, während der langen Überfahrt, vorerst im Geheimen zugetragen hatte, sollte schon bald eine kleine »Staatsaffäre« werden. In Madras angekommen, gingen Marian und ihr Sohn Carl mit Warren Hastings von Bord der *Duke of Grafton*. Christoph Carl Adam soll der Trennung zugestimmt haben, nicht ohne freilich dem prominenten Rivalen, der ihm Hörner aufgesetzt hatte, eine enorme Summe – gleichsam als »Ablöse« für seine vermeintliche Frau – abgerungen zu haben. Denn wie sich erst viel später offiziell herausstellen sollte, waren die beiden ja niemals verheiratet gewesen. Mit der gleichsam erschlichenen ehelichen »Ablöse« konnte das Imhoff'sche Schloss Mörlach von Grund auf renoviert und modernisiert werden und viele Jahre unbeschwerten Lebens in Saus und Braus wurden dadurch ermöglicht.

Marian, so viel dürfte feststehen, machte mit ihrem ehemaligen Geliebten in dieser Angelegenheit jedenfalls gemeinsame Sache, sehr wahrscheinlich deckte sie den Schwindel, der sie als Mrs. Imhoff ausgewiesen hatte, gegenüber Hastings niemals auf. Vielleicht weil Christoph Carl Adam der Vater ihres Sohnes war, vielleicht auch, weil sie von seinen ständigen Geldnöten nicht nur wusste, sondern auch selbst immer wieder darunter gelitten hatte. Hastings jedenfalls berappte unverzüglich die vereinbarte »Ablöse« und begann mit Marian ein neues Leben. Die Vermählung sollte aufgrund administrativer Hürden freilich noch eine Zeitlang auf sich warten lassen. Denn geheiratet konnte natürlich erst nach offizieller Scheidung werden. Und geschieden sollte eine Ehe werden, die niemals geschlossen wurde – was damals freilich, außer den beiden vermeintlichen Eheleuten, niemand wusste.

Cristoph Carl Adam von Imhoff hatte – in Indien angekommen – vorerst einmal alle Hände voll zu tun, einen Dokumentenschwindel einzufädeln, der seinen neuen Status als reicher Mann im Nachhinein legitimierte. Das war von Indien aus mehr als nur kompliziert. Schließlich gelang es gültige Papiere aus London zu organisieren, die Marian und ihn als traute Eheleute auswiesen. Der Trauschein war mit 1. Juni 1768 rückdatiert. Marian erlebte in den ersten Jahren an Warren Hastings Seite dessen Aufstieg zum mächtigsten Mann des British Empire und ihr Sohn Carl wuchs in einem Palast mit Dienern und ausladenden Empfängen zu einem hübschen Buben heran. Christoph Carl Adam wiederum bereiste schließlich die indischen Lande, zeichnete Tempel, exotische Tiere, porträtierte Maharadschas und Elefantentreiber, und schickte erstaunliche Reiseberichte in Briefform an Freunde und Gönner nach Europa, die noch heute großes Interesse erwecken und publiziert werden. Dann wurde ihm die Herumtreiberei zu viel und schließlich musste er noch den letzten Akt jenes Stückes zu Ende spielen, das Marian in ihrer Liebe zu Hastings für ihn inszeniert hatte. Er verfügte sich in deutsche Lande und ließ sich daselbst – aufgrund seiner guten Beziehungen – von jener Frau offiziell scheiden, mit der er niemals verheiratet gewesen war. Die Scheidungsurkunde wurde am 1. Juni 1776 von Carl August, Herzog von Sachsen-Weimar-Eisenach gezeichnet, und befindet sich heute in der British Library in London.

Entgegen dem liberalen, weltoffenen England, sorgte eine Scheidung damals in Deutschland doch für moralische Empörung. Viel größer freilich wurden die Irritationen noch, als sich herausstellte, dass Christoph Carl Adam schon mehr als ein Jahr zuvor, nämlich am 2. Februar 1775, Louise von Schardt, die Schwester von Charlotte von Stein, geehelicht hatte. Zwar konnten Marian und Warren – ein Jahr nach erfolgter Scheidung – einander das Ja-Wort geben, aber Indien war weit weg, und in der Weimarer Gesellschaft wurde unter vorgehaltener Hand über diesen ruchlosen Adeligen allerlei Übles verbreitet, was nicht unbedingt zu seiner Reputation beitrug. Johann Wolfgang von Goethe, gelassen in diesen Dingen, verabscheute Christoph Carl Adam, den nunmehrigen Mann der Schwester seiner Lebensbegleiterin, freilich aus anderen Gründen. Aber dazu später. All dies war Christoph Carl Adam herzlich gleichgültig; er war – noch – reich, genoss ein luxuriöses Leben mit seiner neuen Frau Louise auf dem herrlich herausgeputzten Familienstammsitz Schloss Mörlach und scherte sich nicht um die Gesellschaft, die ohnedies nicht verstehen konnte, was einen wahren Künstler so antrieb.

Wie bereits angedeutet, waren die Reaktionen in England auf den »Imhoff-Hastings-Skandal« weitaus entspannter. Lassen wir einmal mehr die Geschichtsschreibung zu Wort kommen: »Die vergleichsweise unaufgeregte Betrachtungsweise der Engländer in diesem Punkt dürfte mit einer Besonderheit des englischen Scheidungsrechts im 18. Jahrhundert zusammenhängen, die sich »criminal conversation action« nannte. Damit war eine Form der Ehescheidung gemeint, die es innerhalb von Europa nur in England gab, wo sie sich in der zweiten Hälfte des 18. Jahrhunderts wachsender Popularität erfreute. Die Bezeichnung *criminal conversation action* wird verständlicher, wenn man »conversation« mit »Umgang«, bzw. mit »Verkehr« übersetzt. War die Ehefrau in einen Ehebruch verwickelt, so konnte sich der Gatte vor Gericht einen finanziellen Schadenersatz erstreiten, den der Liebhaber der Gattin zu leisten hatte. Bei der Gerichtsverhandlung ging es in erster Linie um die Festsetzung der Schadensersatzsumme. Die Scheidung selbst, die im Rahmen des Prozesses auch vorgenommen wurde, hatte dabei eher den Stellenwert einer »Dreingabe« und war nur von sekundärem Interesse.«[4] Imhoff und Hastings waren klug gewesen, brauchten kein aufwändiges Gerichtsverfahren und kamen schnell und unkompliziert überein. Dazu hatte es nicht mehr gebraucht als ein »Geständnis« von Marian und ein paar Glas schweren Ports in einer sternenhellen Nacht auf einem stolzen Schiff inmitten des Indischen Ozeans.

Die Angelegenheit war insgesamt langwierig, denn es sollte – wie schon erwähnt – ein ganzes weiteres Jahr dauern, bis Reverend William Johnson am 8. August 1777 in der St. John's Church von Calcutta den Generalgouverneur Hastings mit Anna Maria Apollonia Chapuset – Marian war durch die vermeintliche Scheidung wieder jener Mädchenname zugesprochen worden, den sie ohnedies immer getragen hatte – vermählen konnte. Das Scheidungsurteil hatte Calcutta nämlich erst am 30. Mai 1777 erreicht und mit der amtlich beglaubigten Übersetzung vom Deutschen ins Englische wurde der dänisch-hallesche Missionar Johann Zacharias Kiernander betraut, der sein Werk am 12. Juli 1777 beendete. Von dem Zeitpunkt als Marian und Warren einander auf der *Duke of Grafton* den ersten Kuss gaben bis zur endlich erfolgten Eheschließung waren nicht weniger als acht Jahre vergangen. Eine keinesfalls verlorene Zeit. Hastings hatte – durch die Konsolidierung der ostindischen Kolonien – den britischen Zugriff auf ganz Asien gesichert und England zur unangefochtenen hegemonialen Weltmacht gemacht. Und Marian – da gerade einmal 30 Jahre – würden noch 60 weitere Jahre verbleiben.

Neuer Wein in alten Schläuchen

Meine Großmutter hatte die Tafelrunde verlassen und würde an diesem Tag auch nicht mehr in Erscheinung treten. Und es kam wie es kommen musste. Kaum war meine Großmutter hinter der Flügeltür zu ihrem »privaten Bereich« verschwunden, begannen Trixi und Silvi zu kichern. Es war ein entsetzliches Gekicher und Gegacker, blonde Elevinnen aus dem Staatsopernballett hin oder her – das war nicht nur peinlich, sondern kaum auszuhalten. Mir kam es jedenfalls so vor. Anthony hatte da sicher andere Wahrnehmungen und Gefühle. Nach einer britisch-distinkten Einfühlungspause begann auch Anthony zu kichern.

Jetzt waren es schon drei Kindsköpfe, die über etwas lachten, worüber keinesfalls zu lachen war – das bevorstehende Mittagessen. Das ganze Kudern mag auch an dem alkoholischen Aperitif gelegen haben, der zumindest den Mädeln in den Kopf gestiegen sein mochte. Anthony war grundsätzlich nicht so leicht umzuhauen und meine alkoholische Abrichtung hatte ja schon Jahre zuvor begonnen. Ich starrte die drei missmutig an, dann ging abermals die Türe auf und eine mit weißem Spitzenhäubchen und weißer Spitzenschürze über dem schwarzem Arbeitskostüm verzierte Frau Pal betrat den Salon – in der Linken ein Tablett mit den Suppen balancierend. Sie verzog keine Miene und verließ einen Knicks andeutend, mit den Worten »wünsche gut zu speisen« den Raum.

Das Löffeln der Suppe ließ die Wohlgelaunten etwas zur Ruhe kommen. Noch immer war kein vernünftiger Satz zwischen uns Burschen und den Elevinnen gefallen. Seriöse Versuche vonseiten Anthonys, sich als gebildeter und wahrer »Gentleman« zu behaupten, und mit seinen zahlreichen Theaterabonnements und vor allem seinen vielen wissenschaftlichen Büchern zuhause in Brighton im Königreich – wie er eindrucksvoll betonte – zu protzen, scheiterten an dem kuhäugigen Staunen der tanzgeschulten Damen, denen so viel Gelehrsamkeit, noch dazu in diesem Alter, schlichtweg unvorstellbar war. So quälten wir uns durch den Hauptgang, der von mäßig schmackhaften Weinen aus angeblich edlen Domänen begleitet war. Die Mädchen und Anthony sprachen den Weinen heftig zu und lobten diese mit opulenten Gesten und Worten; ich hatte da so meine Verhaltungen, kannte ich doch – im Gegensatz zu den anderen Gästen – den hier seit Jahrzehnten praktizierten Hausgebrauch, wusste ich doch um ein Geheimnis, das zu lüften sich bislang niemand getraut hatte.

Wie das Damen der Gesellschaft gerne machen, gab auch meine Großmutter zwei- bis dreimal im Jahr edle Banketts – zu der sie »wichtige Menschen«, wie sie zu sagen pflegte, einlud, wobei natürlich auch jene kamen, die sich für wichtig hielten, obwohl sie keinesfalls wichtig waren. Bei diesen Soirées versammelten sich dann zwischen achtzig und einhundertzwanzig Leute in ihrer Etage. Für diese Anlässe wurden »Spezialisten« angeheuert, die in der großen Küche köstliche Snacks und das Buffet herrichteten, was dann vom »freiwilligen Personal« den Gästen offeriert wurde. Dieses Personal setzte sich zumeist aus jungen Mädchen aus der »besseren Gesellschaft« zusammen, denen, obwohl selbst keine professionellen Serviererinnen, die Gunst erwiesen wurde, bei meiner Großmutter »dienen« zu dürfen. Neben Bankiers, Industriellen, Wirtschaftstreibenden, christlichsozialen Politikern und anderen »wichtigen Menschen«, kamen auch regelmäßig die Bundespräsidenten der Republik zu den noblen Stelldicheins bei meiner Großmutter. Was diese dazu bewog, bei meiner Großmutter zu antichambrieren, fragte ich mich schon damals, denn ebenso wie meine Schwestern hatte auch ich die Ehre, bei diesen Soirées dabei sein und aushelfen zu dürfen, wo es nur ging. Drei Bundespräsidenten habe ich als Gäste bei meiner Großmutter in Erinnerung – Franz Jonas, Rudolf Kirchschläger und später dann, ihr besonderer Freund, Kurt Waldheim. Diese Listung ist deswegen interessant, weil sich offenbar auch »rote« Bundespräsidenten – Jonas und Kirchschläger waren von der Sozialistischen Partei Österreichs zur Kandidatur nominiert worden – dem Charme meiner Großmutter nicht entziehen konnten und brav anrückten, wenn diese zum Halali blies. Jedenfalls verstand ich, dass die Gefährlichkeit der »Roten« direkt proportional mit deren »Wichtigkeit« für Staat und Gesellschaft abnahm.

Alle diese Bilder waren in meinem Kopf, aber dieser Lunch mit Anthony und den beiden Elevinnen vom Staatsopernballett hatte noch immer kein Ende gefunden. Frau Pal hatte gerade das Dessert aufgetragen und mir mit einem aufmunternden Augenzwinkern zu verstehen gegeben, dass ich ja meinen Gästen Wein nachschenken soll. Frau Pal wusste natürlich, dass ich wusste, und dennoch schreckte sie nicht davor zurück, auf die Bedeutung der Lagen und der Jahrgänge dieser Weine zu verweisen, die stolz auf den vergilbten Etiketten prangten. Abermals wiegten die Gäste ehrfurchtsvoll die Häupter und Anthony nahm eine Bouteille Rotwein und begann den Etikettentext in seinem besonders scheußlich klingenden, gebrochenen Deutsch laut vorzulesen: »Lafite Rothschild, Jahrgang 1962«. Jetzt war freilich ich es, der für die anderen scheinbar unmotiviert laut zu lachen begann. Denn die Absurdität der Situation hing mit jenem Geheimnis zusammen, das zu lüften sich bis jetzt niemand getraut hatte.

Dass meine Großmutter ein recht – sagen wir einmal – unkonventionelles Verhältnis zu Geld hatte, ist historische Wahrheit. Einerseits konnte das Teuerste gerade gut genug sein, anderseits fuhr sie »schwarz« – also ohne Fahrschein – in der »Tram« und sammelte in den Restaurants und Cafés die »Zuckersackerln«, um ihre heimischen Ausgaben für den Einkauf von Zucker zu reduzieren, und vielleicht auch, um dem Schuppenbaron das Gefühl zu geben, er befände sich tatsächlich im Kaffeehaus. Tatsache ist, dass nach dem Tod meines Großvaters Paul, im Jahre 1962, also nicht länger als ein halbes Jahr nach meiner eigenen Geburt, die Witwe Annemarie Imhof tatsächlich eine reiche, ja sehr reiche Frau gewesen war. Der Familie war es gelungen, einen gewissen Anteil des rosenthal'schen und heinsheimer'schen Vermögens – über das später noch berichtet wird – durch die Wirtschaftskrise und die Nazizeit in die zweite Hälfte des 20. Jahrhunderts hinüberzuretten.

Als eine der fatalen Folgen des Todes meines Großvaters stellte sich bald heraus, dass meine Großmutter wild entschlossen war, das Vermögen zu mehren und sich als Wirtschaftstreibende und Investorin neu zu erfinden. Hotels, Kurparks, Firmenanteile, Seilbahnbeteiligungen wurden gekauft und wieder verkauft. Jene, die der Baronin schmeichelten, konnten mit einer raschen Erhöhung ihrer Liquidität rechnen, und diese ganze Geschäftemacherei führte dazu, dass in den ihr verbleibenden 27 Jahren – eine lange Zeit für sich ständig perpetuierende Flops – das Vermögen der Imhofs zusammenschmolz. Natürlich waren für meine Großmutter alle anderen »plemm-plemm« und sie hatte natürlich alles richtig gemacht. Wenn nun alles den Bach heruntergegangen war, bat sie die Politik um Hilfe. Dem Vernehmen nach funktionierte das sogar manchmal.

Jedenfalls war damals, als ich als Elf-, Zwölf-, Dreizehn- und Vierzehnjähriger bei den Soirées meiner Großmutter »aushelfen« durfte, die Baronin weder wirklich reich, noch wirklich arm. Sie befand sich gerade in der Mitte ihres Weges in die veritable Pleite. Aber wer wusste das schon, und überhaupt war es doch erstaunlich, dass sich abermals und immer wieder so viele »wichtige Menschen«, ja sogar Präsidenten der Republik, die ich nur von Fotos aus miefigen Klassenzimmern kannte, eingefunden hatten und meiner Großmutter offenbar großen Respekt entgegenbrachten. Das gefiel mir sehr. Weniger gefiel mir, was ich im zum Schankraum umfunktionierten Zimmer neben der Küche mitbekommen musste. Nein, es war nicht nur eine passive Beobachtung, sondern ich selbst musste mich jedes Mal von Neuem aktiv an diesem düsteren Komplott beteiligen, denn den »Spezialisten« und auch dem »freiwilligen Personal« war es keineswegs zumutbar, das zu machen, was für uns zur Routine werden würde.

Während in dem Gesellschaftsteil der Etage Nadelstreif und Abendkleid zueinander fanden und einander bedeutungsvoll zuprosteten, füllten wir Kinder und Jugendliche – unter Anleitung der streng gestikulierenden Frau Pal – Wein aus billigen Doppelliterflaschen in Bouteillen mit edlen Etiketten um. So verwandelten wir – hatte Jesus nicht auch so manches Wunder mit Wein erwirkt? – den »burgenländischen Bürgerstolz« in einen äußerst delikaten »Lafite Rothschild«, und den »Weinviertler Veltliner« in einen edlen »Pinot Grigio«. Dann wurden die Flaschen zum Personal getragen und dieses wiederum stellte sie auf die Tabletts mit den Riedel-Gläsern, die optimalen Weingenuss garantieren würden. So ging das Ganze nach draußen zu den diskutierenden, politisierenden und vielleicht auch so manches Geschäft abschließenden Gästen. Niemand schrie auf, nachdem ein ausgiebiger Schluck genommen war, niemand warf das Glas an die Wand oder spuckte den Schwindel erbost auf den teuren Teppich. Das verstand ich ganz und gar nicht, diese Anklage, dieses Aufdecken unseres frevelhaften Tuns ereignete sich einfach nicht. Das erleichterte einerseits, andererseits hatte ich doch – ganz im Gegensatz zu meiner Großmutter – mit heftigen Gewissensbissen zu kämpfen. Alle tranken, plauderten und waren zufrieden, auch die Bundespräsidenten der Republik Österreich.

Die Roten, die Blauen und die Unsrigen

Der Lunch mit den beiden Elevinnen des Wiener Staatsopernballetts war ein fürchterlicher Flopp. Nicht nur, dass wir einander überhaupt nichts zu sagen hatten, auch das Gekudere und Gekichere ebbte allmählich ab und wich – spätestens bei dem von Frau Pal aufgetragenen Dessert – peinlichem Schweigen. Anthony hatte offenbar all seine Gentleman-look-alike-Geschichten völlig sinnlos, ohne damit den gewünschten Effekt zu erzielen, verschossen, und ich hing ohnedies in den Seilen – war weniger vom Alkohol als von dieser affektierten Dummheit benebelt. Ich dachte nur mehr an Gitti – wie ihr es wohl ergehen und wie sie diese Situation kommentieren würde, wäre sie als unsichtbare Beobachterin dabei. Endlich hatten wir den letzten Bissen heruntergewürgt und mit dem letzten Schluck Wein nachgespült, endlich konnte ich mich im Namen der jugendlichen Gesellschaft bei der sichtlich erleichterten Frau Pal für die Köstlichkeiten bedanken. Im Gänsemarsch schritten wir durch den weitläufigen Korridor zur Garderobe. Uns voran Trixi und Silvi, ich bildete den Abschluss. Natürlich äugte ich wieder zu Cristoph Carl Adam hinüber, aber der bezopfte Komiker würdigte mich keines Blickes. Wieder und wieder hatten mich die beiden Elevinnen gebeten, doch die Geschichte von der verkauften Frau zum Besten zu geben, aber ich hatte mich standhaft geweigert, denn diese beiden da würden ohnedies nur kichern und mir darüber hinaus kein Wort glauben. Neben dem adeligen

Künstler hing ein schöner Stich des Schlosses Mörlach, das Imhoff mit den Geldern Hastings aufwendig umbauen ließ. Die Enzyklopädie weiß heute über dieses Schloss folgendes zu berichten: *Das ortseingesessene Geschlecht der Mörlacher wird seit dem frühen 12. Jahrhundert genannt. Das jetzige Rokokoschloss wurde 1775 von Cristoph Carl Adam von Imhoff anlässlich seiner Rückkehr aus Indien und Vermählung mit Luise Franziska Sophie von Schardt erbaut. Er legte ein dreistöckiges Schloss nach englischer Bauart mit 112 Fenstern an. Die Stuckarbeiten wurden vom Nürnberger Meister Johann Michael Krieger angefertigt, der unter anderem auch die Pfarrkirche in Castell stuckiert hat … Im Schloss befindet sich heute ein Mustergut.*[5]

Die draufgängerische und exzentrische Lebensweise dieses Künstlers hatte mir immer imponiert, zeugte sie doch von einer Vergangenheit, in der »bürgerliche Werte« noch gar nicht erfunden waren. Zwar hatten auch die drei Geschwister meiner Mutter – Eckard, Maria und Georg – ein durch und durch feudales Leben geführt, aber in meiner Familie, die ja durch die Heirat meiner Mutter mit meinem Vater vom »hohen Ross« gefallen war, hörten wir ständig, man solle sein »Kreuz auf sich nehmen« und »im Schweiße seines Angesichtes das Tagwerk verrichten«. Wie unromantisch, wie langweilig. Cristoph Carl Adam hingegen trieben andere Maxime an.

Nach seiner Rückkehr aus Indien lebte er mit seiner 16 Jahre jüngeren Frau Louise in Saus und Braus auf dem großzügig ausgebauten Schloss Mörlach, das ebenso wie die streng symmetrischen Gartenanlagen nach seinen Plänen und teils spektakulären architektonischen Vorstellungen gestaltet war. Zwar hatte sein ältester Bruder Moritz von Imhoff mehrmals nachweislich vor den enormen Kosten gewarnt, aber Cristoph Carl Adam ließ sich nicht beirren – solange noch Geld da war. Seine inszenatorische Phantasie und seine teils maßlose Verschwendungssucht führten zu publikumswirksamen Ausgestaltungen üppiger Festlichkeiten. Dem Wein und auch anderen Damen als der eigenen Ehefrau Louise zugetan, sorgte er für allerlei Irritationen. Diese steigerten sich freilich bis ins Befremdliche als dem Edelmann – nach rund zehn Jahren – das Geld auszugehen begann. Aber dazu später. Vorerst führten die Imhoffs ein prächtiges und – allem Anschein nach – sorgloses Leben auf diesem herrlichen Schloss Mörlach, an dem die Truppe der angetrunkenen Jugendlichen jetzt achtlos im Gänsemarsch vorbeiwankte.

Wir nahmen nicht den alten klapprigen Lift, der einmal samt meiner Großmutter steckengeblieben war. Aus dieser misslichen Lage – es war ein Wochenende in einem der vorangegangenen Sommer gewesen und die »besseren Leute« waren natürlich allesamt in ihre Wochenendhäuser aufgebrochen – konnte sie trotz Rufen, Schreien und Trommeln erst nach 18 Stunden errettet werden. Obwohl einer Baronin ganz und gar unzumutbar, hatte sie die schlimme Situation, das »Unglück« – dem Vernehmen nach – doch mit erstaunlicher Contenance gemeistert. Als sie Montag Früh von der Feuerwehr endlich geborgen wurde, ließ sie es sich trotz größter Erschöpfung nicht nehmen, den Rettern eine Flasche Champagner zu spendieren, um mit ihnen auf die »Erlösung« anzustoßen.

In der Folge nutzten wir niemals wieder den Lift, und auch jetzt stolperten Silvi, Trixi, Anthony und ich die vielen Stufen des Hauses hinunter. Das war zwar nicht sehr nobel aber zumindest sicherer als die Fahrt mit dem Lift. Mit der Noblesse war es so eine Sache in unserer Familie gewesen. Alle anderen Mitglieder der Imhof-Familie konnten, durften, mussten »nobel« sein. Das war allem Augenschein nach das Wichtigste. Wir aber, die wir in der abtrünnigen, nicht-adeligen Familie aufwuchsen, hatten unser Denken und Handeln an Begriffen wie »Gottesfurcht«, »Tugendhaftigkeit«, »Fleiß« und »Ehrlichkeit« auszurichten. Was für eine Ungerechtigkeit!

Meine Mutter hatte meine Großmutter – solange ich mich erinnern kann – immer als schlechte Mutter empfunden. Die nicht standesgemäße Hochzeit mit meinem Vater, die vorenthaltene Aussteuer, der Erbschaftsverzicht, ihre Empörung über die Verheiratung ihrer Schwester Maria mit einem geschiedenen Baron waren die Spitze eines Eisberges der Ablehnung gewesen, die meine Mutter ihrer eigenen Mutter gegenüber empfand. Freilich konnte diese Ablehnung nicht offen zur Schau gestellt werden. Man war ja katholisch und musste »Familie spielen« – wie es oft hieß –, aber meine Mutter ließ durch ihre Erzählungen und Reaktionen ihr familiäres Umfeld wissen, dass eine »gute Mutter« jedenfalls etwas anderes war. Die Ablehnung wurzelte tief. Sie wurde von einem liebevollen Kindermädchen aufgezogen, das sie über weite Strecken ihrer Kindheit für ihre eigene biologische Mutter gehalten hatte. Ihre tatsächliche Mutter hatte sie niemals fürsorglich erlebt. Sie selbst war freilich eine fürsorgliche Mutter, hatte aus Liebe meinen Vater geheiratet und auch der weitere Verlauf ihres Lebens schien durch diese Liebe geprägt zu sein.

Mein Vater Herwig wurde als Einzelkind in einer kleinbürgerlichen, aber doch unkonventionellen Familie im September 1926 geboren. Auf vergilbten Fotografien sieht man ihn als schmales, kachektisch wirkendes Bürschchen zumeist inmitten einer resoluten Damengesellschaft, die von meinem stets streng blickenden Großvater Robert – einem Ingenieur bei den Wiener E-Werken mit tadellos polierter Glatze und buschigem Schnurrbart – in patriarchaler Pose überwacht wird. Robert war das nicht hinterfragbare Zentrum eines doch eigenartig anmutenden Frauenhaushaltes. Nicht nur zwei Schwägerinnen, also Schwestern seiner Frau, lebten nämlich mit der Familie unter einem Dach, sondern auch seine jahrzehntelange Freundin Friedl, die er nach dem Tod seiner Frau Melanie ehelichen sollte, war ständiger Gast und bei den gemeinsamen Urlauben in der österreichischen Bergwelt immer zugegen.

Eine Geschichte, die mir mein Vater oft stolz erzählte: Inmitten des Zweiten Weltkrieges fuhr er als Siebzehnjähriger, kurz bevor er selbst »einrücken« musste, mit seiner geliebten, zwei Jahre jüngeren Helga in der schwarzen Limousine seines angehenden Schwiegervaters – die von einem »eingeweihten« Chauffeur, der sie nicht »verraten« würde, mit weißen Handschuhen gelenkt wurde – zu seiner Großmutter Anna nach Hollabrunn. Anna, die Mutter von Robert, war auch im vorgerückten Alter eine schöne, selbstbewusste Frau geblieben, und sie führte als Schneiderin in Hollabrunn einen Salon, in dem sich auch damals bekannte Varieté-Künstler einkleiden ließen. Anna hatte ein Lebtag noch nie in einem Automobil mit Chauffeur gesessen – wie musste dieser Auftritt ihres Enkels mitsamt seiner jungen, blonden, adeligen Freundin auf sie gewirkt haben?

Anna Obrecht, um 1890

Nach Kaffee und Kuchen unternahmen die drei einen ausgiebigen Spaziergang – dezent folgte ihnen die schwarze Limousine im Schritttempo, denn jemand hätte ja ermüden können. Alles wie im Märchen. Als die Heirat meiner Eltern nicht mehr zu verhindern war, der Erbschaftsverzicht unterzeichnet und der Termin für die Verehelichung festgelegt war, musste Robert staunend feststellen, dass er nun von meiner Großmutter mütterlicherseits zum »Präsidenten« befördert war. Als passionierter Bergsteiger und engagierter Alpinist leitete er die Wiener Sektion des Alpenvereins, was Annemarie zum Anlass nahm, ihm den Titel »Präsident« zu verleihen, mit dem er auch allen Gästen bei der Hochzeit vorgestellt wurde.

Viel gab es für meine Mutter an der Lebenswelt ihrer Mutter und auch ihrer Geschwister auszusetzen. Ihr wöchentlicher und später täglicher Kirchgang, die Betonung bürgerlicher Werte und die Lobpreisung eines bürgerlichen Arbeitsethos – insbesondere auch für Frauen –, die katholische Erziehung ihrer Kinder, die zur Schau gestellte Distanz zu dem »schmocken« arbeitsscheuen Adel und dessen demonstrativen Konsum standen in krassem Gegensatz zu den Selbstverständlichkeiten ihrer Herkunftsfamilie. Und immer schien der aufrechte und fleißig bürgerliche Lebensvollzug besser zu sein als der »müßiggängerische Tand«, mit dem sich die Herrschaften, die um meine Großmutter »herumschwänzelten«, arrogant und hochnäsig umgaben. Meine Mutter hatte studiert und wie mein Vater ein Doktorat der Philosophie erworben. Hernach hatte sie als Journalistin begonnen zu arbeiten.

Erst mit meiner Geburt, also beim vierten Kind, setzte sie die berufliche Tätigkeit für ein paar Jahre aus, um dann noch erfolgreicher als zuvor wieder in ihren Beruf einzusteigen – vorerst für die Tageszeitung Kurier, später für die Kronen Zeitung arbeitend. Sie war ein Lebtag stolz darauf, dass sie streckenweise mehr verdiente als mein Vater und als »moderne Frau« Familie und Beruf unter einen Hut bringen konnte. Sie brach eine Lanze für die »Berufstätigkeit der Frau« und gab ihren eigenen Töchtern mit auf den Weg, durch Ausbildung und adäquaten Beruf immer so viel selbst verdienen zu können, um von keinem »Kerl« abhängig zu sein. Diese Position vertrat sie auch in der Kronen Zeitung, wo sie mit einer »roten Kollegin« die »Frauenseite« gestaltete. Zwar war diese Zeitung eine der »Roten« und damit natürlich ein »Boulevardblatt«, aber sie zahlte besonders gut und zudem war es auch wichtig – wie meine Mutter nicht müde wurde zu betonen – den »Roten« bürgerliche Werte zu vermitteln. Mit den »Roten« war das so eine Sache. Als Kind stellte ich mir jahrelang die »Roten« als grässliche Monstren mit roten Hörnern vor. Alles, was auf der Welt schlecht war oder was in den Abgrund führte, kam von den »Roten«. Die »Roten« bedrohten offenbar unser familiäres Idyll und waren durch nichts aufzuhalten. Die »Roten« hatten sogar in der Nähe unserer Wohnung in Döbling eine Gemeindebausiedlung errichtet, und ich durfte dorthin zu einem Schulfreund nicht spielen gehen, denn den »Roten« gehörte nicht nur dieser schmucklose Bau, sondern sie hatten sich selbst auch dort eingenistet. Die »Roten« mussten sehr grausam sein, denn nichts Gutes gab es, was über sie berichtet wurde. Sie waren »ordinär«, neideten den fleißigen Menschen den Wohlstand und zogen Kinder auf, die im Leben von vornherein zum Scheitern verurteilt waren. Auch durfte ich als Kind keinen Kaugummi kauen und keine Comic-Hefte lesen, denn solche Dinge – so viel stand fest – taten nur die »Roten«. Das Konzept der »Roten« als Antagonismus zu den »Unsrigen« hat jahrelang meine kindliche Vorstellung geprägt und erst nach und nach realisierte ich, dass es bei »Rot« und »Schwarz« um politische Richtungen und Parteien ging, die in Österreich durch eine komplizierte und auch eine blutige Geschichte historisch miteinander verbunden sind, was bis heute Spuren hinterlassen hat.

Die »Unsrigen« waren also die »Schwarzen«. Noch als meine Eltern neunzig Jahre und ich Mitte Fünfzig waren, sprachen sie ständig von den »Unsrigen«. Wer Traditionen liebt, der stellt vermeintlich »Altbewährtes« immer über die sich verändernden sozialen Wirklichkeiten. So blieben die »Roten« bis zuletzt für meine Eltern ein grundsätzlich feindseliges Mysterium, wohingegen den »Schwarzen« fast familiäre Selbstverständlichkeit zugesprochen wurde. Die »Schwarzen«, das waren halt »wir« oder das, was sich meine Eltern unter dem »wir« vorgestellt hatten. »Rot« und »Schwarz« hatten sich in jahrelangen Regierungskoalitionen gegeneinander und wohl auch füreinander aufgerieben, aber es schien mir, als hätten die Generationen an Jungpolitikern und –politikerinnen die alten Feindbilder und die damit verbundenen Vorurteile nie wirklich abgelegt und überwunden, und so spiegelte die Realpolitik in dieser kleinen Alpenrepublik bis zuletzt auch immer wieder die ideologische Dichotomie, die mir meine Eltern versucht hatten zu vermitteln. Ich freilich hatte schon früh beschlossen, diesen ideologischen Ränken keine Macht und Bedeutung einzuräumen.

Die quasi genetisch bedingte Verbundenheit meiner Eltern mit den »Schwarzen« war freilich keine friktionsfreie Beziehung. Ganz im Gegenteil – heftige Enttäuschungen kehrten immer wieder, auf die einzugehen ganze Bände innenpolitischer Exegese beanspruchen würde. Hier sei nur die größte Enttäuschung herausgegriffen, die politische Liaison zwischen Wolfgang Schüssel, dem Chef der »Schwarzen«, und Jörg Haider, dem Chef der »Blauen« im Jahr 2000. Meine Eltern hatten sich – wohl zu Recht – immer als aufrechte Antifaschisten verstanden und hatten gelitten unter den faschistoiden Wurzeln der »Blauen« und deren rassistischen, ausländerfeindlichen und grundsätzlich hetzerischen Wahlkampagnen. Der schwarze Chef Wolfgang Schüssel startete nach der Wahl aus der dritten Reihe heraus, und griff mit Hilfe des blauen Chefs Jörg Haider ziemlich unverschämt nach der Macht. Seine Partei war bei der Nationalratswahl Anfang Oktober 1999 nach Wählerstimmen auf dem dritten Platz gelandet. Den Schulterschluss mit Jörg Haiders »Blauen«, die auf 27% der Stimmen kamen, diesen Schulterschluss, verziehen meine Eltern den »Unsrigen« nur bedingt.

25 Jahre zuvor, als die kleine Gruppe angetrunkener Jugendlicher vor dem Haus der Baronin in der Jaurèsgasse stand, war die Welt diesbezüglich noch in Ordnung. Die »Roten« galt es zu meiden, die »Unsrigen« würden es richten und die »Blauen« waren eine politische Marginalie mit Stimmanteilen von nicht mehr als etwas über 5%. Trixi und Silvi wankten bedrohlich, obwohl es erst drei Uhr nachmittags war, und Anthonys Augen traten glasig und abwesend hervor. Silvi und Trixi gaben Anthony und mir einen flüchtigen Kuss

auf die Wangen und stakten dann – wie beste Freundinnen ineinander eingehängt – Richtung Rennweg davon.

Anthony war viel kleiner als ich, und jetzt legte ich meine Ellbogen auf seine Schultern, stützte mich majestätisch ab und prustete ein befreites »Uff, das haben wir wohl fürs Erste geschafft!« Anthony mochte die Erleichterung meines Herzens doch begriffen haben, denn jetzt lachte er wieder, aber es war ein anderes Lachen als vorhin – ein ehrliches, rückhaltloses, ganz und gar unbritisches Lachen. Wir fanden dann noch zwei verdrückte Zigaretten in unseren Anzugtaschen, und so wie der Mittag begonnen hatte, sollte er auch enden. Lässig rauchend standen wir da unten an die Hausmauer gelehnt. Als wir dann aufbrachen um mit der 71er-Straßenbahn den Heimweg anzutreten, hatte ich mir selbst geschworen meiner geliebten Gitti niemals von diesem verrückten Mittagsessen zu erzählen. Lange habe ich dieses Versprechen gehalten, mit diesen Zeilen freilich habe ich es nach mehr als 40 Jahren gebrochen.

TEIL II
Es wandelt niemand ungestraft unter Palmen

Das Scheitern des Künstlers, oder: Herr von Goethe mischt sich ein

Cristoph Carl Adam von Imhoff und seine junge Frau Louise führten vorerst allem Anschein nach ein sorgloses Leben auf Schloss Mörlach. Dieser Schein freilich trog, wie zumeist alles, was sich imposant und auffällig inszeniert. Christoph Carl Adams Gemütszustand pendelte zwischen unverhohlener Euphorie und schwerer Melancholie. Da gab es auch das Gefühl der Eifersucht, das einem Edelmann nicht gut ansteht, verbunden mit dem Gefühl der Unzulänglichkeit. Schon bald nach der Hochzeit mit Louise fühlte er sich ihr zusehends entfremdet. Einerseits konnte der Baron zärtlich und einfühlsam sein, andererseits litt er unter dem steigenden Interesse, das seiner Ehefrau von Seiten der Gesellschaft und gewisser begabter Männer entgegengebracht wurde.

Louise floh vor der Wankelmütigkeit und auch den zuweilen polternden Gefühlsausbrüchen ihres Mannes immer häufiger nach Weimar, wo sie sich in der Künstlergesellschaft gut aufgehoben wähnte. Imhoff wusste, dass Louise Johann Wolfgang von Goethe hingebungsvoll verehrte, und er wusste auch, dass der Dichterfürst ein Mann war, der den irdischen Genüssen gleichermaßen zugetan war wie der Kunst. Wenn Louise in Weimar weilte, dann krochen dunkle Schatten in das Herz des Barons, der sich auf seinem Schloss wochenlang zurückzog und schweren Gedanken nachhing: Ein Jahr nach ihrer Trauung, im Juli 1776 schrieb Imhoff an Louise:

Heute bin ich in Deine untere blaue Stube gezogen mit Sack und Pack ... auch (habe) ich ... aus Deinen Gebetbüchern »Seilers nützliche Anwendungen des Christenthums« mir als Gesellschaft in mein Schlafzimmer genommen. Leider bin ich noch weit entfernt zu sein, wie dieses Buch es verlangt und Du, mein Engel, es bist. Aber ich erkenne die Lehren darin als ein Mittel an, das

Leben wünschenswerth zu machen und mich vor der Todesfurcht zu schützen. Deine jetzigen Bekannten werden mich mit solchen Gedanken für toll oder schwachsinnig halten, was ich beides nicht bin, ja ich bin vielleicht in richtigerer Direction als sie. Aber ich bin einsam, fühle mich von aller Welt verlassen, ich muß aufmerken, dass mich Gott nicht auch verläßt. Eben erhalte ich Deinen lieben Brief, worin Du mir schreibst, wie wohl Du bist und wie glücklich Du Dich fühlst. Lasse Dich nur nicht zu sehr in das gesellige Treiben von Weimar ein, Deine Gesundheitsverhältnisse gebieten Ruhe … In Zärtlicher Sehnsucht. Dein Imhoff.[6]

Louise war zu diesem Zeitpunkt schwanger – mit ihrer ersten Tochter, Anna Amalie, die später den Weimarer Musentempel als dichtende Künstlerin bereichern sollte. Trotz Schwangerschaft und »Gesundheitsverhältnissen, die Ruhe gebieten«, genoss Louise die anregende und frei disputierende Künstlergesellschaft in Weimar in vollen Zügen. Und sie genoss die Tatsache, dass Herr von Goethe – da lag Imhoff mit seiner Eifersucht durchaus richtig – großen Gefallen an der schönen Frau gefunden hatte, die ja die Schwester seiner Lebensbegleiterin Charlotte war. Am 16. Juli 1776 schrieb Goethe an Charlotte von Stein: *Deine Schwester sah ich nicht. Es ist ein liebes Geschöpf wie ich eins für mich haben mögte, und dann nichts weiter geliebt. Ich bin des Herztheilens überdrüssig.*[7] Schließlich dürfte das Treffen doch geklappt haben, spätestens am 26. August 1776 – wie dem Eintrag in Goethes Tagebuch lapidar zu entnehmen ist: *Abends bey der Imhof.*[8]

Louise hatte bei ihrer Mutter in Weimar Logis bezogen, um sich auf die Ankunft ihrer Tochter vorzubereiten. Es würde nicht der letzte Besuch Goethes bleiben. Und Baron Cristoph Carl Adam saß in seinem prächtigen Schloss Mörlach, das – wegen seiner schweren Melancholie – schon tagsüber von schweren Brokatvorhängen verdunkelt war, und griff zwei Tage danach – am 28. August 1776 – selbst zur Feder, um Louise Folgendes zu schreiben: *Mein Engel Louischen, ich weiß Dich Gott sei Dank geborgen unter der Obhut Deiner würdigen, gnädigen Mutter, aber freilich auch in der Gesellschaft der großen, unruhigen Schöngeister! Warum klage ich? Ist es nicht Glücks genug zu Deinem Wohlbehagen beitragen zu können? Wie ungenügsam der Mensch ist. – Ich kann*

Cristoph Carl Adam von Imhoff: Louise von Imhoff und ihre Schwester Charlotte von Stein. Miniaturbildnisse in verglaster achteckiger Messingmedaillonkapsel am Armband

nicht hoffen, daß meine Briefe, wenn sie so traurig lauten, Dir unterhaltend sind – aber Goethe ist ja da, mag er fröhlich sprechen! Jeder wie er empfindet. Trauern ist besser als Lachen – wenn mein Herz jetzt nicht besser wird, so hat sich Salomo mit seiner Weisheit geirrt. Die Schrift von Goethe habe ich erhalten und ich will sie lesen, wenn ich bei guter Laune bin, sie wird mir schwerlich gefallen. Mir träumte vor ein paar Tagen, daß er Dir den Hof mache und

Du ihm Dein Bild gabst, was ich gemalt. Du verbotest ihm es mir zu sagen, weil ich schon eifersüchtig sei – So ein Traum ist kein Spaß bei meiner Anlage und in meiner Einsamkeit. Ich weiß aber, daß es nur ein Traum war und für Deine Schwester wünsche ich, daß es nur ein Traum gewesen und sie im Wachen steht. Um Deinetwillen möchte ich noch lange leben, aber nicht länger als Du mich liebst. Dein Imhoff.[9]

Auch im September weilt Louise noch in Weimar. Goethe schreibt am 16. des Monats eine Notiz an Charlotte von Stein: *Gestern war ich bei der Imhoff einen stillen Abend, es war doch Ihrer Schwester Hand, die ich küsste.* Aber mit der bald darauf erfolgenden Geburt von Anna Amalie sind Christoph Carl Adams Depressionen wie fortgefegt. Schloss Mörlach erstrahlt in hellstem Glanz, die schweren Brokatgardinen verdunkeln nicht länger die Räume, und viele Gäste berauschen sich an der Schönheit der Architektur, der Gärten, der herrlichen Weine und des vortrefflichen Lebensstils. Immerhin gibt es etwas zu feiern: Die Geburt des Barons ersten, unzweifelhaft legitimen Nachkommen. Tags darauf schreibt Imhoff an Louise:

Gestern hatte ich das Glück einen Brief von Deiner gnädigen Mutter zu erhalten, mit der freudigen Nachricht der Geburt unseres Töchterchens Anna Amalie und gleichzeitig mit der Lobpreisung über Dein verständiges Benehmen in der Wochenstube und Deine Zärtlichkeit für die Kleine, die hoffentlich so klug ist Dir zu gleichen. Ich freue mich, daß Du sie keiner Amme übergiebst, so wird sie auch Dein gutes Temperament erben und einsaugen und Gott wird Deine Aufopferung segnen. Mein Haus ist voller Gästen, mein Kopf ebenso voll von Gedanken an Dich, das verträgt sich schlecht mit den Hausherrnpflichten und ich bin froh wenn sie von Dir sprechen und dann meine Zerstreutheit aufhört ... Schreibe bald Deinem glücklichen Imhoff.[10]

Neun Jahre und zwei weitere eheliche Geburten später hatte Cristoph Carl Adam die Tristesse stärker eingeholt als jemals zuvor. Das Geld ging unwiderruflich zu Ende und alle Bemühungen, sich Einkünfte aus Ländereien oder dubiosen Geschäften zu sichern, waren zum Scheitern verurteilt gewesen. Dieser Umstand führte wiederum zu weitreichenden Irritationen. Systematisch verlangte der Baron jetzt von jenen, die er einst festlich bewirtet hatte, Zuwendungen, aber auch Kredite, von denen jedermann wissen konnte, dass sie uneinbringlich bleiben würden. So fand sich auch – dank der »familiären Nähe« – Johann Wolfgang von Goethe in den Reihen jener Bedrängten wieder, auf deren Kosten Imhoff sein prahlerisches – zwischen Schwermut und Euphorie pendelndes – Leben weiter zu inszenieren versuchte. Nach etlichen Zuwendungen, die Goethe dem Filou auf Drängen von Frau von Stein widerwillig ausgehändigt hatte, riss dem Dichterfürster der Geduldsfaden und er bat den Herzog von Sachsen-Weimar-Eisenach höchstpersönlich, von Imhoff eine Apanage auszusetzen, damit er, der weiß Gott Besseres zu tun hatte, als sich das ständige Geraunze eines Pleitiers anzuhören, nicht mehr von demselben belästigt werde. In einem Brief an Carl Ludwig von Knebel vom 11. September 1785 vermerkt Goethe: *Wegen Imhof habe ich mit dem Herzog gesprochen, er ist gar nicht abgeneigt ihm einen Zuschuß in der Stille zu geben. Wie viel? hat er sich nicht gleich entschlossen ... wie es geht.*[11]

Tatsächlich willigte Herzog Carl August ein – jedenfalls kein leichter Schritt für ihn, wie ein Brief an Carl Ludwig von Knebel, vom 9. Oktober 1785, beweist: *Dem Herrn von Imhoff bin ich bereit, die gewünschten dreihundert Thaler so lange zu geben, als er in Weimar oder sonst irgendwo in meinem Lande leben wird; nur mache ich es mir zur Bedingung, daß er es niemandem sage, dass er dieses Gehalt von mir habe, und dass diese Abgabe also ein unverbrüchliches Geheimniß bleibe ...*[12] Es braucht wohl nicht extra erwähnt zu werden, dass auch diese fürstliche Zuwendung für das verschwenderische Leben von Cristoph Carl Adam keinesfalls ausreichte. Fürstlich apanagiert und doch ständig in Geldnöten soff er sich durchs Künstlerleben, inszenierte – getrieben von Eifersucht – amouröse Abenteuer, malte Porträts, Stillleben und Landschaften, aber auch jede Menge heiterer Karikaturen, die ihn – aus der Perspektive der Nachwelt – zu einem großen Satiriker machen.

Schweren Herzens hatte sich Cristoph Carl Adam schließlich – aufgrund der steten Geldnot – dazu entschlossen, Schloss Mörlach zu verkaufen. Aber nicht nur dieser Entschluss ließ ihn immer selbstzerstörerischer in depressive Verstimmung geraten. Denn unreglementierte Kunst und Ausschweifung fordern Tribut. Zwei Tage nachdem Goethe an Knebel geschrieben hatte, am 13. September 1785, schrieb

Knebel, der sich gerade in Bayreuth aufhielt, an seinen Freund Johann Gottfried Herder: *Der Himmel war traurig und regnete, und Imhoffs trauriger, unzufriedener und unruhiger Character, voll wunder Gewissensbisse ließ bald nach den ersten Tagen der Wiederbegegnung schwere Tropfen seines bösen Humors auf uns fallen, die uns alle vergifteten. Genug hiervon! Ich bin eigentlich nach Mörlach gereist, um ihn und die Seinigen nach Weimar zu bringen, jetzt da er sein Gut verkauft hat. Der Herzog will gütig gegen ihn sein und hat ihm etwas zur Unterstützung versprochen. Ich wünsche es, um der sehr guten lieben Frau willen und um der einzigartigen Kinder willen, für die es ein Glück wäre. Ich weiß nicht, was er thun wird; denn er ist ein Bengel, eine halbvergoldete ekelhafte Pille. Aber ich will schweigen, um ihm diesen Weg nicht zu verderben – und so machen es auch Sie!*[13]

Trotz all der Depression und trotz der Niederungen seines unerbittlich schwarzen und oft auch verletzenden Humors hatte Cristoph Carl Adam an seiner ältesten Tochter Anna Amalie besonderen Gefallen gefunden, wenngleich er ihren Ruhm und die Bewunderung, die ihr die großen Persönlichkeiten der Kunst entgegenbringen würden, nicht mehr erleben sollte. Er malte etliche mythisch anmutende Porträts von ihr, die noch heute in Museen zu bewundern sind. Von Marian und Louise sind keine Porträts überliefert. Anna Amalie, deren Paten Knebel und die Herzogin von Sachsen-Weimar-Eisenach gewesen waren, wurde später gefeierte Schriftstellerin und Mitglied des Weimarer Musenhofes. Sie wurde von Goethe und Friedrich Schiller besonders gefördert. In einem Brief an Goethe, vom 28. Oktober 1799, pries Knebel ihr Epos »Die Schwestern von Lesbos« als »seltenen Schatz für unsere Sprache«. Und Goethe gab seiner Verwunderung Ausdruck, dass ein »höchst schönes Kind« wie jene begnadete Dichterin den Lenden eines Nichtsnutz wie Cristoph Carl Adam entstiegen sein konnte.

Christoph Carl Adam, der am 7. Oktober 1734 geboren worden war, starb am 9. August 1788 in München – mit knapp 54 Jahren. Ermattet sank der Künstler in einem hochsommerlich feiernden Biergarten lautlos in sich zusammen und erst nach einer ganzen Weile bemerkte man den Toten, den man vorerst für einen unter den Tisch gerutschten Betrunkenen gehalten hatte. Imhoffs Grabstätte ist nicht bekannt, seit dem kurfürstlichen Erlass vom 29. Juli 1788 war es strikt untersagt worden, Beerdigungen innerhalb der Stadtmauern vorzunehmen. Die Kunde von seinem Ableben verbreitete sich dennoch schnell im ganzen Land. Und es war Johann Wolfgang von Goethe, der seiner geliebten Charlotte von Stein ein ziemlich aussagekräftiges Schreiben am 31. August 1788 zukommen ließ: *Deiner Schwester fällt der Tod ihres Mannes sehr empfindlich, sie wird auch einsehn lernen, daß er zu ihrem Glück gestorben sey.*[14]

Woodstock in Wien

Natürlich las ich mit 15 Jahren Goethe – den »Faust. Eine Tragödie« mussten wir im Deutschunterricht in Aufsätzen wieder und wieder analysieren. Dieses Stück war mir eigentlich zuwider, wahrscheinlich nicht der ästhetischen Form oder des Inhalts wegen, sondern einfach aufgrund des schulischen Zwangs. Ganz anders war es mit der Gedichtsammlung »West-östlicher Divan«, den ich aus der Bibliothek meiner Großmutter eher zufällig herausfischte – und in dem ich eine andere Welt entdeckte. Hier konnten andere Kulturen, Bezugs- und Wissenssysteme imaginiert werden und die Exotik so mancher Bilder versetzte mich ins Staunen und auch ins Träumen. Europa war eben nicht der Nabel der Welt, dies hatte der Großmeister der Dichtkunst, Philosophie und Wissenschaft in seiner Poesie wunderbar zu vermitteln vermocht. Goethe trat dem persischen Dichter Hafis, der ihn zu diesen Gedichten inspiriert hatte, gegenüber. Ein magischer Sog ging von diesen Versen aus.

Dass die europäische Aufklärung ohne die Reinterpretation der antiken Philosophie durch die islamische Gelehrsamkeit und ohne die Beschäftigung mit dem Mittleren und Fernen Osten undenkbar gewesen wäre, habe ich erst viel später realisiert. Der deutsche Philosoph Gottfried Wilhelm Leibniz beispielsweise rief Europa schon in seinem 1697 erschienenen Buch »Novissima Sinica« dazu auf, von China zu lernen, ja er regte sogar an, die Lingua franca Latein durch das Chinesische zu ersetzen und chinesische Missionare nach Europa zu entsenden, damit die Europäer im richtigen und klugen Verhalten untereinander geschult und in den konfuzianischen Grundtugenden Mäßigung, Bildung, Gemeinschaftssinn und Harmonie unterrichtet werden. Goethe schrieb 1813: »*Ich habe mir dieses wichtige Land gleichsam aufgespart, um mich dorthin im Falle der Not zu flüchten!* «[15]

Ende des 18. Jahrhunderts beschworen große Universalisten wie Alexander von Humboldt oder eben Johann Wolfgang von Goethe im Jenaer Kreis das Konzept des »Naturgemäldes«. Die universale Naturlehre bediente sich zwar streng empirischer Verfahren, aber die Grundlage der Zusammenschau von Millionen Details war die Überzeugung, dass das Ganze mehr ist als die Summe seiner Teile und dass dieses Ganze eine genuine Qualität besitzt, die sich letztlich nur nach ästhetischen Kriterien erfassen lässt. Diese Wissenschaftstheorie sollte nach und nach funktionalen Konzepten weichen, die auf eine völlige Entseelung und damit Dienstbarmachung der Natur zusteuerten. Die Denker im Jenaer Kreis waren große Bewunderer der arabischen, asiatischen und insbesondere chinesischen Gesellschaften und der konfuzianischen Philosophie. Sie erkannten schon die Gefahren einer zu großen Konzentration auf das empirische Detail und legten ihren wissenschaftlichen Arbeiten einen Harmoniebegriff zugrunde, der jenem des Konfuzius nicht unähnlich war: Die Struktur des Wissens spiegelt sich in der Ordnung der Gesellschaft und gestaltet eine Zukunft, die in jedem Augenblick der Gegenwart neu beginnt. Eine lebendige Gegenwart also, von der ich Mitte der 1970er Jahre in Wien viel zu wenig zu spüren glaubte!

Im Jahr 1976 war Wien eine öde, graue, unattraktive Stadt, ein lustloser Ort allgegenwärtiger Borniertheit, die letzte Bastion der so genannten freien westlichen Welt, in der Freiheit ein Fremdwort blieb – auch mehr als dreißig Jahre nach Ende des Zweiten Weltkrieges. Im Osten – unweit der Stadt – markierten die Stacheldrahtzäune und Wachtürme den »Eisernen Vorhang«. Hier endete die uns bekannte, klein strukturierte Welt, dahinter verbarg sich ein indifferentes Ungetüm, von dem wir kaum etwas wussten – außer, dass es als Kommunismus bezeichnet wurde.

Ließen sich diese Welt, unser Sein in ihr nicht ganz anders denken? Ich war 15 Jahre alt und hatte Sehnsucht nach einer Verschiebung der Grenzen, der Wahrnehmung, des Blickes auf jene Dinge, die uns scheinbar unveränderbar umgaben. Vielleicht erdachte ich mir schon damals die grenzenlose Welt, jedenfalls sehnte ich mich nach Orten des Abenteuers, der Freiheit, der Wildnis auch. Neben dem »West-östlichen Divan« fand ich in der Bibliothek meiner Großmutter Goethes »Die Wahlverwandtschaften« und las in dem Kapitel »Ottiliens Tagebuch« jenen Satz, der mich noch lange begleiten sollte: »Es wandelt niemand ungestraft unter Palmen, und die Gesinnungen ändern sich gewiss in einem Lande, wo Elefanten und Tiger zu Hause sind.« Ja, da stand es schwarz auf weiß geschrieben, wonach ich gesucht hatte, wonach ich mich sehnte: die andere, die fremde, die unbekannte Welt, die alles Bisherige relativieren würde! Wieder und wieder schrieb ich diesen Satz in mein eigenes Tagebuch.

Noch wandelte ich freilich nicht unter Palmen, noch drückte ich die Schulbank in meiner mir oft grau, seltsam verloren und auch verlogen erscheinenden Heimatstadt. Österreich hatte seine Hausaufgaben nicht gemacht, hatte weder begonnen seine Täterrolle im Nationalsozialismus aufzuarbeiten, noch seine Mitverantwortung am Holocaust eingestanden. Kein vertriebener Jude, der den Massenmord überlebt hatte oder rechtzeitig in die Emigration geflohen war, wurde eingeladen, in diese Stadt zurückzukehren, deren Hochblüte doch einst vor allem den jüdischen Bürgern zu verdanken war. Kein Entsetzen, keine Entschuldigung, keine historische Wahrheit hatte es in diesen letzten dreißig Jahren gegeben. Geblieben waren dumpfe Ressentiments, Autoritätsgläubigkeit, paternalistische Bevormundung. »Nach oben buckeln, nach unten treten«, das war die Devise, um die es in den Kirchen, an den Schulen, in den Amtshäusern, in den Kasernen, an den Universitäten und in den meisten Familien noch immer ging. Einer, der antrat, dieser autoritären, tief von provinziellem Katholizismus geprägten Apathie den Kampf anzusagen, war der Sozialist Bruno Kreisky. Bei der Wahl 1971 hatte er mit den »Roten« die absolute Stimmenmehrheit erreicht und er sollte in weiterer Folge mit seinen Reformen hinsichtlich der Öffnung der

Gesellschaft erfolgreicher sein als alle sozialdemokratischen Epigonen nach ihm.

Trotz der Öde Wiens lag für die Jungen eine gewisse Aufbruchsstimmung in der Luft. Nicht nur des neuen politischen Windes, sondern vor allem der jugendkulturellen Veränderungen und Signale wegen, die auch Wien – mit einiger Verspätung – erreicht hatten. In dieser Stadt, die so selbstgefällig und zugleich der eigenen Geschichte entsetzlich unreflektiert ausgeliefert war, kam alles, was »anders« war, erst immer mit großer Verspätung an. Mitte der Siebziger-Jahre war dann plötzlich alles da, was schon zehn Jahre zuvor die Welt anderswo bewegt hatte. Protestsongs aus den USA, The Who, Bob Marley und Jimmy Hendrix, Hippies und Kommunen, Konsumverweigerung, Antivietnam und Drogen, Bürgerrechte, Feminismus und antiautoritäre Erziehung, der Traum und auch das Experiment egalitärer Idyllen und eigentumsloser Gesellschaft, freie Sexualität, Hardrock und heulende E-Gitarren.

Natürlich brach keine Euphorie aus, beinahe beschämt bestaunte das hiesige junge Publikum, was alles möglich war oder möglich gewesen wäre oder besser, möglich sein könnte, würde man nicht in einer Stadt leben wie Wien. Dennoch ließ man sich die Haare und Bärte wachsen, schlupfte in Latzhosen, spielte Gitarre, sang Joan Baez-Lieder und schaute sich ein Dutzend Mal »Woodstock« in einem dreckigen Vorstadtkino an. Wenn es dann herrlich nach Marihuana zu riechen begann, hatte schon fast die Revolution in Wien Einzug gehalten. Meine Großmutter, die Baronin, hielt es natürlich für eine Marotte, als ich mir mit fünfzehn Jahren das Haar wachsen und den Bart sprießen ließ, aber im Unterschied zu meinen Eltern, die daran wort- und konfliktreich Anstoß nahmen, kritisierte sie mich dafür niemals. Der angehende Mann brauchte eben seine Freiheit und Selbstbestimmung – auch wenn die ihr übertrieben vorkommen musste. Sie war ja nicht von gestern. Und für sie war das wahrscheinlich nichts anderes als eine Mode. Moden kommen und gehen, und damit sollte sie natürlich Recht behalten.

Wer zu dieser Zeit kam und nicht so schnell wieder ging war der schon erwähnte Bruno Kreisky. Er war in der zweiten Hälfte der

1950er Jahre – als er noch Staatssekretär im Außenamt gewesen war – einige Male zu Gast bei meinen Großeltern gewesen. Ihr Gatte Paul hatte, wie meine Großmutter oft erklärte, ein »feines Gespür dafür, welche Leute wichtig waren und noch wichtiger werden würden«. Also kehrte Kreisky mehrmals ein und bekam – aller Wahrscheinlichkeit nach – elend schlechten Wein vorgesetzt. Mein Großvater Paul soll von ihm recht angetan gewesen sein. Meine Großmutter hingegen fand ihn »grauenhaft, selbstgefällig und ständig gscheit daher redend«. Ich stelle mir heute vor, wie Kreisky und meine Großmutter sich gegenseitig nicht zu Wort kommen ließen. Bei ihr hatte dies eine tiefe Abneigung zur Folge, die in der Bitte an meinen Großvater gipfelte, diesen »schirchen obergescheiten Juden«, noch dazu ein »Roter«, nicht wieder einzuladen! Mein Großvater, der immer darauf bedacht war, Konflikte mit der Baronin zu vermeiden, kam dieser Bitte nach. Und Kreisky machte sich auf, Österreich aus dem Mittelalter zu führen und wesentliche gesellschaftliche Bereiche zu modernisieren. Differenziert betrachtet dürften die negativen Emotionen meiner Großmutter noch einen anderen Grund gehabt haben: Die Frau Baronin, die mit ihrer Mutter Hildegard 1924 vom jüdischen zum katholischen Glauben konvertiert war, um höhere gesellschaftliche Weihen erlangen zu können, war wohl auch eine latente jüdische Antisemitin! Und ein gescheiter Jude, noch dazu Sozialist, der ihr die Welt erklärte, musste ihr zwangsläufig eine Bedrohung gewesen sein. Auch später gab es viele Bemerkungen über den »roten Bundeskanzler«, die auf wilde Emotionen schließen ließen, hinter denen sich jede Menge Widersprüche der österreichischen Kulturgeschichte und des hiesigen Gesellschaftslebens verbargen.

Es gab natürlich auch andere Moden als lange Haare und sich kräuselnde Bärte. Eine Wiener Mode, die sich freilich bis heute nicht verändert hat, wird von jenen Bürgerstöchtern und – söhnen bevorzugt, die sich herausputzen, um nobel und eben anders als die »Proleten« die Tanzschule Elmayer aufzusuchen. Das ist eine wichtige, sich elitär wähnende Institution, die heute gleichermaßen von dem Mythos der »besseren Leute« zehrt wie anno dazumal, als sich meine Eltern dort kennen und lieben lernten. Das war im Jahre 1942 –

irgendwo »da draußen« wütete der verheerende Krieg. Meine Mutter war vierzehn, mein Vater sechzehn Jahre alt. Als ich dieses Buch finalisiere, im Mai 2018, stirbt meine Mutter – ebenso wie mein Vater ein Jahr zuvor fast neunzigjährig – in einem Wiener Altersheim. 76 Jahre haben sie zusammen verbracht, waren 68 Jahre verheiratet und lebten die letzten drei Jahre ihres gemeinsamen Lebens einander an Händen haltend in diesem Altersheim. Aber das ist eine andere Geschichte.

Zurück zur »Institution Elmayer«: Dunkle Herrenanzüge, maßgeschneiderte Schuhe, elegante Damenkostüme und weiße Handschuhe, die die zum Tanz Aufgeforderten auf das Parkett führen. Für die Privilegierten gibt es Zutritt zu den diversen Wiener Bällen. Das sind Tanzveranstaltungen, bei denen man glaubt, die Zeit wäre seit zweihundert Jahren stillgestanden. Und da diese Tanzveranstaltungen – allen voran der weltbekannte Opernball – auch von Jungpaaren eröffnet werden, erhöht die Teilnahme an einem Tanzkurs beim Elmayer beträchtlich die Chance, bei diesen exquisiten Events in erster Reihe dabei zu sein. Dass meine Schwestern den Opernball in vorderster Reihe eröffnen konnten, verdankt sich aber nicht dem Elmayer, sondern der Gräfin Christl Schönfeldt. Sie war jahrzehntelang für die Organisation dieses Balles zuständig. Anders als meine Schwestern weigerte ich mich beim Elmayer vorstellig zu werden und einen Tanzkurs zu absolvieren. In meinem, von wilden Haaren umrahmten Hirn, hatten andere Vorstellungen von Lustbarkeiten Platz gefasst.

Auch diese Verweigerung, die meine Eltern mit großem Bedauern und einigem Gezeter zur Kenntnis nahmen, kommentierte meine Großmutter, die Baronin, nicht. Es war zwar ein Vorteil, wenn ein Mann tanzen konnte, wirklich wichtig war es aber nicht. Wichtig war, dass ein Mann Durchsetzungsfähigkeit besaß, dass er charmant und gebildet war, den »Dings« und den »Dangs« kannte und entschlossen seinen Geschäften, aber auch Passionen nachging. So ein Mann würde jedenfalls die Anerkennung der Gesellschaft erringen und hatte er kein Geld, so würde er dazu irgendwann kommen, denn das eine ergab sich aus dem anderen. Ja, das waren die Männer mit denen meine Großmutter »ins Bett gehen würde«. Das waren die Männer, die ihr Respekt abverlangen konnten, mit oder ohne »Elmayer«.

Vielleicht hatte sie die vage Vorstellung, dass ich einmal zu einem solchen Mann werden würde. Jedenfalls hielt sie mir meine jugendlichen Verfehlungen, derer es auch schwerwiegende gab, niemals vor. Ich habe sie, in dem was sie tat oder sagte, kein einziges Mal unsicher erlebt. Vielmehr schien sie mir wie eine Figur aus einer anderen, längst vergangenen Zeit oder wie eine Gestalt aus einem ihrer sich in ihrer Bibliothek stapelnden Bücher. Durch unser, durch ihr Leben schwebend – gleichermaßen selbstbewusst wie selbstverliebt, gleichsam abwesend und dann doch auch in ihrer sehr elitären Art immer wieder Anteil nehmend.

Ende Juni 1976 kam es zu einem Aufsehen erregenden Konflikt zwischen der Stadt Wien, als Eigentümer eines aufgelassenen Schlachthofes, in dem Wiener Viertel St. Marx und einer autonomen, jugendlichen Protestbewegung. Die sogenannte »Arena« – das Areal des aufgelassenen Schlachthofes –, das bereits einer Textilfirma zum Kauf und zur Nutzung versprochen war, wurde von Hippies, Punks, Aussteigern, Kulturschaffenden, Obdachlosen und auch von so genannten ganz normalen Jugendlichen besetzt. Gefordert wurde nicht nur eine autonome Kulturstätte, in der das, was damals »Subkultur« genannt wurde, längerfristig eine Heimat zu finden hoffte, gefordert wurde zudem ein obrigkeitsstaatlich nicht verwaltetes Areal, in dem sich die autonome Jugend selbst organisieren wollte – ohne Verordnungen, Polizei, Philistertum, Drogenverbot und die Knute sonstiger Autoritäten, die einem das Leben zur Hölle machen konnte. Diese Bewegung war drauf und dran in dem konservativen Wien ein zweites »Christiania« auszurufen. Das erste eigentliche, heute in anderer Form bestehende »Christiania« in Kopenhagen war seit 1971 lange Zeit eine autonome Hippiekolonie und diente weltweit als Vorbild und Projektionsfläche vieler jugendkultureller Bewegungen.

Natürlich kam es in Wien gar nicht soweit, dass eine autonome Hippie- und Aussteigerstadt etabliert werden konnte, aber es war eine herrliche Zeit. Ein leises, sich anbahnendes Gefühl der Anarchie und Selbstbestimmung, das durch die sommerlich verschlafene Stadt zog. Dass ich, damals fünfzehnjährig, an dieser Erfahrung teilhaben durfte, verdanke ich niemand anderem als meiner Großmutter, der Baronin. Kaum hatte ich von der Besetzung erfahren, wollte ich mich dieser anschließen. Ein Hauch von Woodstock lag in der Luft. Unmöglich meine Eltern davon zu überzeugen, dass es ratsamer sei, sich die Krallen in einem anarchistischen Kollektiv zu schärfen, als täglich in bürgerlichem Zeitvertreib zu verdummen oder gar die Tanzschule »Elmayer« zu besuchen. Begierig las ich die Meldungen in den Zeitungen. Schon am ersten Abend der Besetzung, am 27. Juni, sollen sich an die 1300 Jugendliche im Areal eingefunden haben. Es waren also bald mehrere Tausende grundsätzlich pazifistisch eingestellte Menschen, die aber, was die Verteidigung ihres Biotops anging, doch nicht ganz kampfunwillig waren. Endlich ereignete sich etwas Großes in dieser grauen Stadt – da durfte, da konnte ich doch nicht länger ruhig bleiben.

Zwei Tage später, am 29. Juni, es war der letzte Schultag gewesen und ich hatte mein gar nicht schlechtes Zeugnis der fünften Klasse Realgymnasium bekommen, fuhr ich zu meiner Großmutter in die Jaurèsgasse. Auch St. Marx ist im dritten Bezirk gelegen, das Areal der sich verwirklichenden Utopie – das gab mir irgendwie Hoffnung, ohne dass ich einen genauen Plan ausgeheckt hatte. Als ich bei meiner Großmutter ankam und mir Frau Pal die Tür öffnete, sah ich ziemlich verlottert aus. Ich hatte einen zerrissenen Poncho übergeworfen, einen speckigen Lederhut auf dem Kopf, eine Jute-Umhängetasche mit Tabak, Wuzzelpapier, einem Schlafsack und einer Doppelliterflasche Wein, und meine nackten Füße stakten in ziemlich ausgetretenen Sandalen. Ein jugendlicher Tolstoi auf Bittgang vielleicht. Sicherlich aber eine gute Ausrüstung, um das Paradies auf Erden zu verwirklichen.

Die leicht erschrocken wirkende Frau Pal führte mich in den Salon, fragte, ob sie dem jungen Herren eine Erfrischung offerieren dürfe. Dieser lehnte mit dem etwas schroff anmutenden Beisatz ab, er hätte alles, was er brauche, bei sich. Die Großmutter des jungen Herrn sei außer Haus und würde erst des Abends kommen, da sie in der japanischen Botschaft zu einer kulturellen Veranstaltung geladen sei. Ich atmete erleichtert auf, erkannte sofort, dass das meine Chance war. »Frau Pal«, sagte ich, als sei dieses mein Ansinnen völlig selbstverständlich und alltäglich, »das trifft sich gut, auch ich bin zu einer kulturellen Veranstaltung geladen, die ganz in der Nähe stattfindet. Richten sie mir das Gästezimmer, meine Großmutter hat sicherlich nichts dagegen. Auch ich werde heute später kommen ...« Frau Pal nahm die Anordnung pflichtbewusst entgegen, und ich schickte mich an zu gehen. »Übrigens, ich brauche noch einen Wohnungsschlüssel, damit ich nachts niemanden störe!«

Mit dem Wohnungsschlüssel und dem Doppler ausgestattet durchbrach ich geschickt den Schutzwall der Polizei, der um das Areal zusammengezogen worden war, um dem »anarchistischen Gesindel« da drinnen den Nachschub abzuschneiden. In der Arena angekommen erwartete mich tatsächlich jene Gegenwelt, von der ich lange geträumt hatte. Schmusende Pärchen, kiffende, langhaarige, debattierende Intellektuelle, in sich versunkene Dichter und Dichterinnen, lautstark politische Parolen deklamierende Agitatoren, Lagerfeuer da und dort – und überall vor sich hin »schrumpelnde« Gitarren, die in den Liedern der 1960er-Jahre eine bessere Welt beschworen. Es war herrlich, hier war die Freiheit, auch wenn, vielmehr gerade weil sich die Ordnungshüter da draußen zu einem möglichen Gegenschlag formiert hatten. Und neben dem Gefühl der Freiheit war da auch das der Solidarität mit unbekannten Menschen, die zusammenhalten würden um das Biotop zu verteidigen. Und diese Solidarität wirkt bis heute nach. »Warst du auch in der Arena?« – ist auch Jahrzehnte danach noch ein Erkennungsmerkmal von Widerstandsbewegten vorgerückten Alters.

Und ich war dort. Zuerst einen langen Abend. Spät in der Nacht schlich ich mich dann in das wohlbereitete Gästezimmer in der Beletage meiner Großmutter. Anderntags erklärte ich ihr motiviert und sehr begeistert, dass unweit von hier ein gesellschaftspolitisches Ereignis von extremer, geradezu globaler Bedeutung stattfindet, an dem ein interessierter, kluger, junger Mann unbedingt beteiligt sein müsse, um das, was die Zukunft bringen wird, verstehen zu können. Meine Großmutter blickte etwas verdutzt und fuchtelte mit ihren hageren Händen vor meinem Gesicht herum, so als wollte sie mir noch weitere Erklärungen entlocken. »Ich übertreibe ganz und gar nicht — wir müssen wissen, was wir und andere heute von dieser Zukunft wollen!« Ich sah in ihre wässrigen blauen Augen und wusste in diesem Moment schon, dass sie meine Bitte nicht abschlagen konnte. Es dauerte keine zehn Minuten, bis das Arrangement perfekt war: Meinen Eltern würde die Mitteilung erbracht werden, dass ich — fast schon erwachsen — eine Zeitlang bei meiner Großmutter sein würde, nicht zuletzt, um ihrer interessanten Bibliothek zwecks Studium näher zu sein. Tatsächlich aber würde ich den ausgehenden Sommer in der Arena verbringen, und meine Großmutter würde darüber schweigen. Und das war sehr gut so.

Zum ersten Mal fühlte ich mich in meiner von schulischer Autorität, Katholizismus und Selbstzweifeln geprägten Jugend so richtig frei. Ich genoss jeden Tag und jede Nacht in der anarchistischen und sich nicht den Vorstellungen der Erwachsenen-Generation unterordnenden Horde. Ich trank billigen Wein und elenden Schnaps, aber all das schien mir nicht so wichtig zu sein. Hier gab es ein Ziel, das außerhalb der Ordnungsvorstellungen der uns umgebenden Welt lag. Und so schwierig auch die Durchsetzung dieses Ziels schien, so faszinierend blieben die dieses Ziel Nacht für Nacht besingenden und zelebrierenden Feste. Überall war Musik. Nicht nur unter Tags wurde gesungen und musiziert, sondern fast jeden Abend gab es auf der Hauptbühne, die in einem der großen Schlachtsäle errichtet worden war, Konzerte von Bands, die in ihrem Repertoire alle Schattierungen der sich hier manifestierenden Protestkultur spiegelten.

Als ich nach einem dieser Konzerte mit meinem schon ziemlich dreckigen Schlafsack zu einem der Räume torkelte, wo scharenweise grindige Matratzen ausgelegt waren, stand vor mir plötzlich ein Mädchen. Sie war nicht älter als vierzehn oder fünfzehn Jahre — also etwa so alt wie ich. Blonde lange Haare, grüne Augen, eine blaue Bluse mit Rüschen, eine verschlissene Jeans und … Füße mit rotlackierten Zehennägeln ohne Schuhe.

»Ich gehe nicht weg, bevor du mir einen Kuss gibst!« Die Stimme des Mädchens ist leise, aber fordernd. »Du gehst nicht weg? Ich will ja gar nicht, dass du weggehst!« Verdattert stehe ich vor dem Mädchen, starre in seine unfassbar grünen Augen, senke den Blick. In meinem Hirn dröhnt noch immer der Rock des einpeitschenden Konzerts, das soeben geendet hat. »Komm her ...« Das Mädchen streckt mir seine Arme entgegen. »Die Welt ist außerhalb ...«, stottere ich. »Außerhalb unserer Vorstellung von ihr ...« Nur sehr langsam schließt sich mein Satz. »Die außerhalb unserer Gegenwart liegende Welt – ist nur mehr ein kleiner Teil von uns.« Dann spüre ich, wie sie ihre Arme um mich legt. Um meinen Körper, meinen Nacken, meine Hüften. Ihre Hände streicheln mich und sie blickt mich – der ich noch immer auf den Boden starre – unfassbar direkt an. Das spüre ich. »Du – ich bin nur recht zufällig hier ..., vielleicht ...« Während ich noch versuche Worte zu finden, flüstert das Mädchen mit den blonden Haaren und den grünen Augen in mein Ohr, und während sie flüstert berührt ihre Zungenspitze wieder und wieder mein Ohrläppchen, meinen Hals, dann meine Lippen. »Komm zu mir, du bist ein schüchterner Bub und ich bin ein schüchternes Mädchen. Uns hat es beide in die Anderswelt gespült ... und in dieser ...« Die Finger des Mädchens streicheln jetzt meinen Nacken. »Und in dieser anderen Welt sind wir beide verloren – oder ... also?« Kurz habe ich den Mut gefasst, ihr nochmals in diese herrlich grünen Augen geschaut. Da ist ein Meer, das ich nicht kenne, und eine Zeit, die sich verloren hat, bevor sie beginnt. »Also – komm zu mir!«

Ich renne nach draußen, lasse dieses wundersame Mädchen, das mir so plötzlich erschienen ist und so zärtlich zu mir war, einfach stehen. Ich brauche Luft, Marihuana geschwängerte Luft. Ich laufe zwischen den Industriebaracken der Arena hin und her. Warum bin ich geflohen? Wenn ich wüsste, wer ich bin, hätte ich nicht fliehen brauchen. So aber versuche ich diesem Mädchen und meinem eigenen Schatten zu entkommen. Dann dämmert es. Selbst die Arena legt sich irgendwann schlafen. Ich habe Sehnsucht nach einer Identität, die sich jenseits gesellschaftlicher Vorstellungen oder deren radikaler Antithese verwirklicht – sich erfahren, fühlen, sich leben lässt! Aber schon kurz danach glaube ich zu wissen, dass ich niemals aus voller Überzeugung, aus Übereinstimmung mit der Welt einfach »Ich« sagen werde können: Ich bin, weil ich lebe und vor allem ein unbeugsames Recht habe, dieses Ich als meinen Wunsch und Willen in die

Welt zu stellen … Ja so könnte es sein, wenn alles anders wäre, aber vielleicht taugt auch diese Vorstellung gar nicht so viel. Es war schon hell, als ich in die muffigen Schlafquartiere taumle. Keine Spur von dem Mädchen – dafür ein unruhiger Schlaf, inmitten allmählich erwachender Genossen.

»Un as der rebbe schlaft, schlafen alle Chassidim« – wenn der Rabbi schläft, schlafen alle Chassidim. Einige Tage später ist ein Wunder wahr geworden, ein gut aussehender Mann mit dunklen Locken, offenem Hemd und hellem Sakko spielt auf einer akustischen Gitarre auf der Hauptbühne vor mindestens tausend Leuten. Er zupft energisch die Akkorde und wiederholt wieder und wieder den Refrain des Shettle-Liedes »Un as der rebbe singt«.[16] Das Publikum ist völlig hingerissen, einige Menschen haben Tränen in den Augen. Ich selbst bin ganz nahe am Geschehen, vorn – in der zweiten Reihe. Dann beendet Leonard Cohen das Lied, gibt die Gitarre einem seitwärts stehenden Jüngling, verneigt sich artig und nimmt den frenetischen Applaus mit stoischer Ruhe und einem Lächeln entgegen. Hinter ihm hängen Girlanden und das große Spruchband, auf dem in großen roten Lettern geschrieben steht: »Verbleiben ist Solidarität«.

Niemand hätte ernsthaft gedacht, dass der große Pop-Dichter und Sänger tatsächlich in die Arena kommen würde. Er kam nicht nur und spielte hier – nach jenem Konzert, das er im Wiener Konzerthaus gegeben hatte –, sondern er bezeichnete die Arena auch als »best place in the world«. Wenn sich schon Weltstars wie Leonard Cohen mit den Ideen der »Arenauten« – wie sich die Besetzer selbst zu nennen begonnen hatten – identifizierten, dann musste die Sache auf dem richtigen Weg sein. Auch Leonard Bernstein schickte – wie viele andere auch – eine Grußbotschaft und eine Unterstützungserklärung und kündigte seinen Besuch an. Dazu freilich sollte es nicht mehr kommen.

Auch Leonard Bernstein war – wohl weil der Neffe meines Urgroßvaters Alfred Heinsheimer, Hans Heinsheimer, Direktor des damals weltweit größten Musikverlages in New York, sein Verleger gewesen war –, Ende der 1950er Jahre zu Gast bei meinen Großeltern in

Salmannsdorf. Aber meine Großmutter hatte, ebenso wie bei Bruno Kreisky über den damals schon weltberühmten Komponisten und Dirigenten nicht viel Positives zu sagen. Sie fand das »Musikgenie« zwar interessant, aber sah in ihm auch einen »Juden, der die Leute an der Nase herumführt«. Hans Heinsheimer, der auf einem Schiff nach New York von dem Anschluss Österreichs an das Deutsche Reich durch die Nazis erfahren hatte und deshalb nicht mehr zurückgekehrt war, setzte sich nach erfolgter steiler Karriere enorm für die Förderung zeitgenössischer Komponisten ein und verlegte weltweit Komponisten wie Alban Berg, Leos Janacek, Ernst Krenek, Kurt Weill – und eben auch Leonard Bernstein.[17] Als dieser der Arena wegen nach Wien kommen wollte, war das Experiment freilich bereits wieder zu Ende.

Im Herbst, nach dem heißen Arenasommer hatte die Schule wieder begonnen. Nach einer langen, wundersamen Erfahrung saß ich wieder eingekeilt zwischen den klobigen Schreibtischen, roch den eingefetteten Holzbretterboden und starrte auf die Tafel, die unterschiedliche Lehrer stets von Neuem vollschrieben. Wieder und wieder fragte ich mich, was ich hier eigentlich tue. Ich hatte meine Schulpflicht ja bereits abgesessen. Brauchte die Welt mich nicht ganz wo anders? Hatte ich nicht eine Aufgabe, die sich überall anders eher als hier, in diesem unfreundlichen Klassenzimmer verwirklichen ließ?

Aus der Zeitung erfuhr ich, dass die Stadtverwaltung am 30. September der Arena die Strom- und Wasserversorgung gekappt hatte und am 10. Oktober, am Tag meines Geburtstages, begannen die Räumungen des Geländes durch massives Polizeiaufgebot. Dies ging großteils friedlich vonstatten. Gegenwehr und aktiven Widerstand gab es faktisch keinen. Zwei Tage später, am 12. Oktober, wurde mit dem Abbruch des Industrieareals begonnen und die Spruchbänder und bunten Girlanden verschwanden unter den Ketten der Bulldozer. Mehr als zweihunderttausend Menschen sollen die Arena in diesen drei Monaten besucht haben, Menschen, die einer anderen Vorstellung von Leben und dessen Verwirklichung nachhingen, als diese graue, konservative Stadt ihnen bieten konnte.

Wien hatte also sein »Woodstock« erlebt. Und so schnell sich der Traum verwirklicht hatte, so schnell war er auch schon wieder ausgeträumt. Freilich entstanden in Folge der Arena viele freie Kulturinitiativen und auch ein Konzertareal im sogenannten »Inlandschlachthof« blieb erhalten, das noch heute bespielt wird und nach wie vor »Arena« heißt. Viele Kulturschaffende und auch alternative Politiker der kommenden Jahrzehnte hatten in der Arena eine Art Initiation erfahren. Tun sich nur genügend Menschen zusammen, wird anderes Denken und Handeln möglich! Ein langer Weg, ein langer »Gang durch die Institutionen« sollte damals beginnen.

Was mit dem hübschen blonden Mädchen mit den himmlischen grünen Augen geschah? Ich weiß es nicht. Wahrscheinlich war die entzückende Ausreißerin ebenfalls nach Hause zurückgekehrt und drückte – so wie ich – irgendwo die Schulbank. Ich sah sie nach unserer ersten Begegnung nur noch ein einziges Mal – und sie erzählte mir aus ihrem Leben, das keinesfalls sorgenfrei war. Ich bemühte mich den aufmerksamen Zuhörer und verständnisvollen Freund zu spielen, aber insgeheim wünschte ich mir so sehr, dass sie noch einmal »komm zu mir« flüstern, mich umarmen und ich ihre Zungenspitze an meinem Ohrläppchen spüren würde. Sie tat aber nichts von alldem, saß nur da, ein bisschen in sich verkrochen und erzählte ihre traurigen Geschichten. Hätte sie es getan, ich wäre nicht mehr davongelaufen. Ich hätte den Mut gehabt, so viel Zärtlichkeit zu ertragen. So aber traute ich mich nicht, sie zu berühren, sie zu umarmen, sie zu küssen – ich saß bloß nickend da.

Ich glaube, meine Großmutter war recht froh darüber, dass das anarchistische Experiment »Arena« bald zu Ende gegangen war. Dass die Normalität wieder Einzug gehalten hatte und ihre Großzügigkeit mir gegenüber nicht aufgeflogen war. Das hätte doch einen ziemlichen Krach zwischen ihr und meinen Eltern bedeutet. Und mit meinen Eltern wollte sich Großmutter – ansonsten durchaus konfliktfreudig – am allerwenigsten zanken. Sie teilte zwar nie das Konzept der »heiligen Familie«, spielte in diesem aber doch eine gewisse Rolle und das mit einiger Gelassenheit – großteils verborgen hinter raschelnden Zeitungen oder monologisierend. Nun hatte sich alles zum Besten gewandt und ihr Kalkül, bezüglich meines Freilaufs in der Arena, war ja voll und ganz aufgegangen. Denn hatten die Elevinnen des Staatsopernballetts nicht geholfen, mich von meiner Gitti, der Fleischhauerstochter, abzulenken, so hatte das Arena-Erlebnis diesbezüglich offenbar große Wirkung gezeigt.

Schon während der Besetzung hatte mich das untrügliche Gefühl überkommen, dass Gitti und ich niemals zusammengepasst hätten. Sie trug Schottenröcke und ging in das feine Mädchengymnasium Sacré Coeur. Ich lief verlottert herum und glaubte tatsächlich Teil einer sich anbahnenden Revolution zu sein. Die Mädchen in der Arena waren ganz anders als Gitti – eine Aura des geheimnisvoll Unkonventionellen, von Verweigerung, Aufbegehren und Nonkonformität umgab sie. Und diese Mädchen – so glaubte ich damals – waren allesamt auch viel freizügiger als die Trägerinnen von Schottenröcken, vor allem was die »Liebe« betraf. Schließlich war der Umgang mit dem Körper ein Spiegel der politischen patriarchalen Verhältnisse, die es zu durchbrechen galt. Mit aller Wucht, in Ekstase und natürlich mit der richtigen alternativen politischen Gesinnung.

Es galt neue Modi der Interaktion und der Kommunikation zu finden. Zwischen den Hirnen und zwischen den Körpern. Ich hatte überhaupt keine Anstalten gemacht zu versuchen, Gitti in die Arena einzuschleusen. Sie blieb als Teil der Ordnungswelt einfach draußen. Nur ein paar Mal hatte ich sie in diesem Sommer außerhalb der Arena getroffen. Und auch als die Schule wieder begonnen hatte, und ich träumend und müde im Klassenzimmer saß, konnte ich mir nicht mehr recht vorstellen, in Zukunft mit ihr das, was mich wirklich berührte, zu teilen. Irgendwann Ende Oktober schrieb ich Gitti einen Brief. Darin war unter anderem zu lesen, dass »ich das Meer nicht mehr brausen höre«, wenn ich an sie, wenn ich an uns denke oder mit ihr tatsächlich zusammen bin. Das war die Kündigung. Ich wollte raus – in andere Welten. Ich wollte hunderte Frauen lieben, wollte alle Meere befahren, alle Kontinente und Inseln erobern – um endlich eine Welt zu finden, in der ich meine unkonventionellen und vielleicht auch wüsten Phantasien ausleben würde können. Darin fand Gitti keinen Platz. Und meine Großmutter Annemarie, die

Baronin, hatte gesiegt, auch wenn sie sich dieses Sieges nicht gleich bewusst war.

Aufstieg, Fall und Rehabilitierung von Lord und Lady Hastings

Und wie ging es mit Lord und Lady Hastings weiter, nachdem aus der falschen Anna Maria Appolonia Baronin von Imhoff nach Übertragung einer stattlichen Summe an Christoph Carl Adam Baron von Imhoff eine richtige Lady Hastings geworden war? Nach seiner Ernennung zum Generalgouverneur von British East India 1773 baute Warren Hastings die Macht des Empire und seinen persönlichen Einflussbereich rigoros aus. Wie bereits erwähnt, ließ er die Truppen aufstocken und aufrüsten, sich zudem die Steuer- und Gerichtshoheit und weitreichende Vollmachten von der Handelskompanie garantieren, deren Leitung im East India House in der Londoner Leadenhall Street residierte und die als Aktiengesellschaft organisiert war.

Die Geschichtsschreibung resümiert heute: *Hastings gilt als »Empire Builder«, da Großbritannien durch sein Zutun in Asien langfristig gewann, was es in der zweiten Hälfte des 18. Jahrhunderts in Nordamerika durch den Abfall seiner Kolonien verlor. Wie kein zweiter prägte Hastings den Charakter der künftigen britischen Herrschaft über Indien.*[18] Sein politisches, militärisches und ökonomisches Geschick und die gigantischen Steuereinnahmen, die Hastings nur zu einem gewissen Teil an die British East India Company abzuführen hatte – brachten enormen Reichtum mit sich, der Marian und Warren schließlich von der englischen Gesellschaft mehr als nur geneidet wurde. Die Folge sollte ein Strafprozess sein, wie es ihn in der Geschichte des Empire zuvor noch nie gegeben hatte.

Zwischen Aufstieg und Fall von Lord und Lady Hastings lagen freilich mehr als zehn Jahre, die das nach allen historischen Quellen glückliche Paar in wahrhaft königlichem Ambiente zubrachte. Aber es waren nicht nur Reichtum und Luxus, von denen das Leben der Hastings geprägt war, sondern auch Kunstbeflissenheit und rege

Anteilnahme an den neuesten Erkenntnissen der Wissenschaften. Hastings hatte großes Interesse an den indischen Kulturen und sein Biograph Penderel Moon attestiert ihm selbst Sprachkenntnisse in Bengali, Urdu und Persisch. Er ließ indische Literatur und Gesetzestexte systematisch übersetzen und achtete darauf, zentrale Verwaltungsstellen mit indischen Beamten zu besetzen.

Johann Zoffany: »Warren Hastings with his Wife Marian in their Garden at Alipore«. Frühjahr 1784

Warren Hastings war ein weltgewandter Machtmensch, dessen Gelehrsamkeit und Intellektualität allgemein geschätzt wurden. Auf seine Initiative hin wurde 1784 in Calcutta die Royal Asian Society of Bengal gegründet – die Engländer, allen voran der Richter und Orientalist William Jones, wurden zu den wesentlichen Wegbereitern der Indologie in Europa. 1786 entdeckte Jones die Verwandtschaft zwischen den indogermanischen Sprachen und übersetzte selbst eine ganze Reihe von altindischen Literaturen. Einiges davon gelangte gegen Ende des Jahrhunderts in neuen Übersetzungen auch nach Deutschland und führte die Geisteswelt zu einer intensiven Beschäftigung mit indischem Gedankengut. So soll auch Georg Forsters 1791 erschienene Übersetzung von Kalidasas Schauspiel »Sakuntala« Goethe für den Faust »Vorspiel auf dem Theater« im Jahr 1798 inspiriert haben.

Lady Marian Hastings kehrte im Sommer 1784 nach London zurück, ein Ereignis über das auch in deutschen Zeitschriften spektakulär berichtet wurde. Ihr Gemahl sollte ihr im Mai 1785 folgen. Zuvor freilich erhielt Lady Hastings einen unerwarteten Besuch aus Deutschland. Der sich ständig in Geldnöten befindende Cristoph Carl Adam war sofort nach Bekanntwerden ihrer Rückkehr nach London gereist – wohl um seine leeren Kassen aufzufüllen. Über dieses als »Bittgang« in die Literatur eingegangene Treffen ist wenig bekannt, auch nicht ob Marian dem Künstler, ihrem ehemaligen Geliebten finanzielle Zuwendungen gemacht hatte. Wahrscheinlich muss sich der Baron doch eigenartig vorgekommen sein, damals einer Frau – und Mutter seines Sohnes Charles – gegenüberzusitzen, die er vor zwanzig Jahren nicht wert befunden hatte auf eine Gesellschaft mitzunehmen, und von der jetzt gesagt wurde, sie sei mit Sicherheit reicher als die Königin von England.

Dieser sagenhafte Reichtum und die immer lauter werdende Kritik daran waren der Grund für die Rückkehr der Hastings aus Indien: Es hatte immer heftigere Zweifel an Hastings Amtsführung gegeben, denen schließlich eine Anklage im Parlament wegen Willkür, Amtsmissbrauch, Erpressung und Erschleichung ungeheurer Geldsummen folgte. Hastings wurde vor allem vorgeworfen, die Steuereinnahmen monopolisiert und nur einen Bruchteil der vertraglich festgelegten Summen an die British East India Company abgeführt zu haben.

Drei Jahre dauerten die Vorbereitungen für den Monsterprozess, der in der Westminster Hall vor stets hunderten Zusehern vonstattengehen würde. Charles, der erste Sohn von Cristoph Carl Adam und Marian, der zu dieser Zeit in London lebt, schreibt an die zweite Frau des Barons, Louise von Imhoff, am 3. April 1787: *I am sorry to inform you, but as you desired me to give you every information about Mr. Hastings, I shall give you the true account. Mr. Hastings will be impeached by the House of Commons, but when the trial comes before the House of Lords it is supposed he will be honourably aquitted. I am sorry that my country men behave so ungenerously to the Man who saved India to England …* [19]

Auch in deutschen Landen erregt der Hastings-Prozess enormes Interesse, wobei hier – nicht zuletzt aufgrund der bestehenden Ressentiments gegen die Engländer – die Vorverurteilungen überwiegen. So ist im Frankfurter Staats-Ristretto am 14. Jänner 1788 folgender Stimmungsbericht zu lesen: *Zum feyerlichen Verhör des Hrn. Hastings werden die nöthigen Gerüste in Westminster-Hall erbauet. Sie werden mit Scharlach bedeckt, der ganze Fußboden aber wird mit Matten belegt, damit das Fußkratzen nicht zu viel Geräusch verursache. Der Proceß wird wenigstens 6 Wochen währen, und auf 100.000 Guineen kosten. Wenn man dem Beklagten auch nicht an das Leben kommen kann, wird er doch einen großen Theil des ostindischen Goldes, das er zusammengehäuft, in die Königliche Schatzkammer liefern müssen. Seine Freunde aber behaupten, daß er, anstatt Tadel, vielmehr Lob verdiene, weil er die britische Macht durch Eroberungen zu erweitern gesucht.* [20]

Aus den optimistisch angesetzten sechs Wochen Prozessdauer sollten insgesamt sieben lange Jahre werden – das längste Impeachment-Verfahren der britischen Parlamentsgeschichte. Während all dieser Zeit treten die Hastings niemals selbstmitleidig, ja nicht einmal als Opfer einer Intrige auf – sondern als stolzes, sich vergangener Taten bewusstes Herrscherpaar, das allein im Dienste Englands gehandelt hat. Lady Hastings kommt dabei eine ganz besondere Rolle zu – sie wird als sensationell elegant und weltgewandt beschrieben, aber auch als über die Maßen stolz und luxusverliebt. Zeitgenössische Kommentatoren glauben zu wissen, dass dieser Prozess auch vor allem aus jenem Neid resultiert, den diese Frau in der höfischen und edlen Gesellschaft Großbritanniens ausgelöst hat. Im Frankfurter Staats-Ristretto ist am 14. April 1788 zu lesen: *Hastings Unwillen seiner Ankläger lenkt sich itzt von ihm ab und fällt auf seine Gemahlin, die durch ihren übermäsigen Stolz und Pracht, wie man behaupten will, die Eifersucht der englischen Damen, und selbst das Mißfallen der Königin gereizt haben*

soll. Sie erschien einmal in einem Negligee, welches mit 40.000 Pfund Edel-
steinen besetzt war. Auch soll sie einmal einen Schmuck erhandelt haben, der
der Königin zu theuer war. Sie hat also ihrem Mann den Proceß verursacht. [21]

»The Trail of Warren Hastings« 1788

Den Prunk mag Lady Hastings vielleicht als eine späte Wiedergutmachung für jene Ignoranz empfunden haben, die sie durch Cristoph
Carl Adam – stellvertretend für das noble britische Establishment –
erfahren musste. Wie hatte der Baron doch zwei Jahrzehnte zuvor, am
27. November 1767, in einem aus London geschriebenen Brief an
seinen Bruder Friedrich Wilhelm von Imhoff wissen lassen: *Was ich*
dumm gemacht habe, ist, daß ich Marian mitgenommen. Ich bin jede Minute
in Angst, daß ich dadurch in Ungnade an Hof komme, daß Leute sich nach
mir erkundigen und daß sie Wahrheit erfahren. Sie versteckt sich immer, wann
jemand von die Hof-Bekannte zu mir kommt, und ich denke immer, sie wissen
es. Dies macht mich oft unruhig, fürchtend und ich weiß nicht was. Vielleicht
schicke ich sie nächsten Sommer wieder nach Teutschland zu ihrem Kind, oder
vielleicht lasse ich das Kind kommen. Gott weiß, ich bin noch sehr unschlüs-
sig… [22] Und in einem Brief, im September zuvor – ebenfalls an seinen

Bruder, in dem Cristoph Carl Adam abwägt nach Bath, Südengland, zu gehen: *Nimbt man sie mit, so muss sie in alle Gesellschaften. Dazu gehören Kleider, dazu gehört die Sprache und auch Welt, und bei so verschiedenen Leuten viel Welt. Mit ist vor nichts Angst, als wann man … ihren Namen wissen wollt: Sie werden sich vielleicht erkundigen, sie werden vielleicht argwohnen, und vielleicht wird es einen großen Tort (Verdruss) geben …*[23]

Der Jahrhundertprozess endete mit einem spektakulären Urteil, das Lady und Lord Hastings vor den Augen aller Welt rehabilitierte. Der ehemalige Generalgouverneur von British East India wurde im April 1795 in allen Anklagepunkten freigesprochen. Dennoch wurde Hastings zu der Begleichung der Prozesskosten vergattert, was angesichts seines geradezu unvorstellbaren Vermögens zu verkraften war. Zudem wurde ihm eine Entschädigung von 71.000 und eine Pension von jährlich 5000 Pfund Sterling zuerkannt, die er wohl zu investieren verstand: In Daylesford – Gloucestershire, einer Grafschaft im Südwesten Englands – kaufte er einen ehemaligen Familienbesitz zurück und erbaute ein repräsentatives Herrenhaus. Gemeinsam mit Marian widmete er sich als eleganter Landlord der Pferde- und der Rinderzucht, kreuzte Ziegen und Schafe mit indischen Artgenossen und ging seinen wissenschaftlichen und literarischen Interessen nach. Das Hastings'sche Refugium beherbergte Warren bis zu seinem Tod im August 1818 und Marian bis zu ihrem Tod 1837, der sie im stolzen Alter von 90 Jahren ereilte. Das großzügige Herrenhaus diente übrigens dem legendären Kunstsammler und Mäzen Hans Heinrich Thyssen-Bornemisza in jüngerer Zeit lange als idyllisches Domizil.

Der Frankfurter Staats-Ristretto, der ab 1. Januar 1819 »Zeitung der freien Stadt Frankfurt« hieß, berichtet über den spektakulären Ausgang des Hastings-Prozesses, am 8. Mai 1795: *London vom 24. April – Gestern ward der merkwürdige Hastingsche Prozeß, welcher am 12. Februar 1788 den Anfang nahm, und sowohl die Nation, als den Herrn Hastings eine ausserordentliche grosse Summe gekostet hat, geendigt. Die Gallerieen der Westminsterhalle waren mit vielen tausend Zuschauern angefüllt. An der rechten Seite des Throns war der Erbstatthalter mit seiner Familie in einer Loge; der türkische und die übrigen Gesandten mit ihren Gemahlinnen. Auf den Bänken des Unterhauses saßen wenigstens 400 Parla-*

mentsmitglieder, und die Sitze der Pairs gaben einen Anblick der grössten und geputztesten Schönheiten des Reichs. Herr Hastings ward herein gerufen, worauf der Großkanzler die 16 Hauptartikel der Anklage vorlas, und jeden Lord fragte: Ist W. Hastings wegen den vom Unterhause angeklagten Verbrechen schuldig oder nicht. Jeder Pair legte hierauf mit entblöstem Haupte die rechte Hand an die Brust und antwortete: Schuldig auf meine Ehre, oder nicht schuldig auf meine Ehre. Da er von 6 Pairs für schuldig, von 23 aber für unschuldig erklärt wurde, sagte der Großkanzler zu Herrn Hastings: Ich habe Ihnen bekannt zu machen, daß Sie durch die Mehrheit der Stimmen von allen Anklagen frei gesprochen sind, doch so, daß Sie ihre eigenen Prozeßkosten bezahlen, (die sich auf 150.000 Pfund Sterling belaufen sollen), worauf er sich mit einer tiefen Verbeugung entfernte...[24] Und kurz darauf, am 16. Mai 1795, meldet die gleiche Zeitung Warren Hastings Rehabilitation bei Hofe mit folgender kurzer Notiz: *London vom 4. Mai – Gestern wurde Herr Hastings das erstemal wieder nach Endigung seines Prozesses am Hofe beim König und der Königin eingeführt!*[25]

Die Welt ist überall die Welt

Ging die Geschichte mit Lord und Lady Hastings letztlich doch gut aus, so hatte Cristoph Carl Adam weder innere Ruhe noch Zufriedenheit in seinem Leben finden können. Die Kunst war ihm ein Medium lichter Augenblicke und seltener Genugtuung – in seinen erstklassigen Karikaturen lässt sich auch heute noch jene ihn ein ganzes Leben lang begleitende Verachtung für ein Establishment nachempfinden, dem anzugehören trotzdem sein sehnlichster Wunsch war. Er war ein Zerrissener, ein Künstler, dessen Persönlichkeit weder mit den Erfordernissen seines Standes, noch mit den Erfordernissen eines halbwegs moralischen Lebens in Einklang zu bringen war. Ein leidenschaftlicher Mensch – sehr wohl –, dessen Zärtlichkeit für künstlerische Details, zuweilen auch für jene, die ihm nahestanden, stets durch sein launisches, oft sprödes, teilweise obszönes und manchmal brutal wirkendes Temperament bedroht war. Cristoph Carl Adam hatte sich für sein Künstlertum und gegen die ständischen Zwänge seiner Zeit entschieden, aber diese Entscheidung befreite ihn nicht von Zweifeln, Melancholie und Trunksucht. Er wählte eine unkonventionelle Freiheit, die ihm zum persönlichen Kerker wurde. In dieser Gefangenschaft richteten sich seine erstaunlichen Energien und seine ausufernde Kreativität schließlich gegen ihn selbst. Am Ende seines Lebens war ihm das Unglück in das Gesicht geschrieben. Henriette von Knebel schreibt an ihren Bruder Carl Ludwig am 4. November 1787:

Imhoff war nebst seiner Tochter Amalie während meiner Abwesenheit hier. Letztere besuchte mich hernach in Nürnberg. Es ist eine völlige Komödiantin aus ihr geworden, mit allen Manieren ihres Vaters. Max sagt mir, dass Imhoff so elend aussähe, daß es unmöglich lang mit ihm währen könnte. Es sieht ihm gleich, daß er selbst dem Tod die Ehre und Freude nicht lassen will, daß er ihn bald von seiner Frau scheidet. Er ist ein unglücklicher Mensch.[26]

Der Baron war nach München gezogen, um sich von namhaften Ärzten behandeln zu lassen. Hier an der Isar wollte er dem zu frühen Tod ein Schnippchen schlagen. Hatten die Ärzte ihm strikt Alkoholabstinenz verordnet, so fand sich Cristoph Carl Adam jedoch Abend für Abend und oft auch schon untertags in den Brauhäusern der Stadt ein. Die »Quacksalber« konnten doch nicht wissen, was ihm wirklich gut tat. Und so zelebrierte der Baron in seinen letzten Tagen ein selbstzerstörerisches Ritual: Er trank sich — seine Schmerzen betäubend — unermüdlich und radikal in einen plötzlichen, aber keinesfalls unvorhergesehenen Tod hinein.

Franz Innocenz Kobell, ein auch von Goethe geschätzter Zeichner und Landschaftsmaler, der mit dem Baron oft gesoffen und zumeist spekulativ philosophiert hatte, schrieb am 26. August 1788, fünfzehn Tage nach Imhoffs Tod, an den Dichter Carl Ludwig von Knebel: *Der Herr von Imhof ist tod, das werden Sie wohl wissen. Er wurde auf den Gebrauch der kalten Bäder der Isar täglich besser, setzte sich aber eines Tages auf einen Stuhl und starb in Zeit von zwei Stunden. Sein außerordentlich seltsamer Zustand hatte die berühmtesten Ärzte (denn sie hörten von einer Million, die er von Hastings bekommen) aufmerksam gemacht. Sie glaubten, da ihm die rechte Hand ein wenig aufschwoll, jetzt wäre der Feind sichtbar und mit Namen zu nennen; die Brustwassersucht hießen sie ihn. Das wollten sie aus dem Fundamente vertreiben, und hatten sich den anderen Tag vorgesetzt, ihn anzuzapfen, allein er entschlüpfte ihren barbarischen Händen ...* [27]

Den Händen der »Quacksalber« – wie er die Ärzte nannte – war Baron Imhoff entkommen, aber das Unheil blieb auf der Welt, und inszenierte sich im Kolonialismus als eine vermeintlich Zivilisation, Kultur und Fortschritt bringende Heilsgeschichte. Die Ideologie der kolonialen Befriedung versprach die Durchsetzung christlich-abendländischer Ordnungsvorstellungen im Dienste hoher Profite und militärischer Demarkation; und zum Wohle jener außereuropäischen, nicht-zivilisierten Menschen, die es unter die Knute zivilisierter Herrschaftssysteme zu zwingen galt. Weder Cristoph Carl Adam Imhoff und schon gar nicht Warren Hastings waren naiv genug, an die Ideologie dieser christlich-pädagogischen Missionierung zu glauben – es ging um Macht und deren Erhalt, um die Erweiterung von Herrschaftsbereichen und die Dienstbarmachung von Seelen und Körpern im Namen der neuen Herrscher und ihrer willfährigen Lakaien. Sowohl Hastings als auch Imhoff waren grundsätzlich voller Respekt für die indische Kultur und deren vielgestaltige Religionen und Philosophien, die viel älter waren als alles, was Europa an epistemologischer und eschatologischer Spekulation hervorgebracht hatte. Aber jeder auf seine Weise inszenierte sich als Teil der Unterwerfung außereuropäischer Kulturen durch eine angeblich superiore Zivilisation. Der eine in einer untergeordneten, der andere in einer dominanten Rolle, die dem Subkontinent die Struktur der britischen Herrschaft für die nächsten 150 Jahre oktroyierte.

Während Hastings ein durch und durch pragmatischer Mensch war, der dank seiner exzellenten administrativen, ökonomischen und militärischen Kompetenzen die Unterwerfung Indiens erfolgreich zu seinem persönlichen Karriereziel machen konnte, blieb Imhoff ein Zweifler, der zwar die Vorteile seines Standes zu nutzen versuchte, aber dennoch zutiefst skeptisch blieb. Einige historische Dokumente und auch zahlreich erhaltene Briefe zeigen, dass Imhoff in dem kolonialen Spiel zwar mitspielte, für ihn jedoch faktische Machtausübung, kolonialer Herrenmenschenwahn und der große Mythos der Überlegenheit des christlichen Abendlandes eine Schimäre, ein Unding, letztlich eine Lächerlichkeit blieben. Auch seine witzigen, pittoresken und zuweilen boshaft die Herrlichkeit der Herrschenden anprangernden Karikaturen belegen dies.

Als Maler und Zeichner hatte er einen scharfen Blick auf alles, was ihn umgab. Nichts sollte ihm entgehen – schon gar nicht die Gefühle der Menschen und deren auch noch so kleinsten Regungen. Cristoph Carl Adam liebte es »abzutauchen« – so elegant er bei Hofe auftreten und sich dienstbar machen konnte, so selbstverständlich bewegte er sich in den Spelunken und Bordellen der Häfen, in den Textilmanufakturen, auf den Teeplantagen und in den stinkenden Armenvierteln. Immer als Beobachter und zeichnender Chronist seiner Zeit, die er keineswegs für die beste aller möglichen hielt. Darin unterschied er sich von der Selbstgefälligkeit seiner aristokratischen Zeitgenossen – er war verwundet und verstand es, das Leid, das ihm selbst Schmerz zufügte, in den Leben, Körpern, Gesichtern anderer nachzuzeichnen. Es war dieser durchaus analytische Blick, und damit sein subversives Denken, das ihn von den dumpfen Ressentiments und den kulturellen Vorurteilen der herrschenden Klasse unterschied, auch wenn er derselben zeitlebens angehörte.

Christoph Carl Adam war kein Gelehrter, anders als Warren Hastings auch kein Intellektueller, wie man heute sagen würde, aber er kultivierte diesen anderen, ausschweifenden, neugierigen Blick, der ihn die Realität so wahrnehmen ließ, wie sie einmal war: Grausam, ungerecht, idiotisch – immer wieder aber zärtlich! Zahlreiche noch heute erhaltene Briefe zeugen von dieser für die damalige Zeit erstaunlich vorurteilsfreie Weltsicht, die ihre Exklusivität aus der gesellschaftlichen Distanz eines immer wieder auch am persönlichen Abgrund stehenden Künstlers speiste. Christoph Carl Adam hatte in seinem abenteuerlichen Leben nichts wirklich zu verlieren – außer diesen scharfen, unerbittlichen, die Menschen respektvoll anerkennenden, aber die Herrschenden immer wieder verächtlich machenden Blick. Ein Blick, eine Form existentieller Anwesenheit, die gleichermaßen am Anfang und am Ende seines künstlerischen Schaffens stand. Die eurozentrischen Vorurteile und die rassistischen Ressentiments, die auch heute noch in vielen Teilen der Welt zur Debatte stehen, hatte er weit hinter sich gelassen:

Die Welt ist überall die Welt und überall einander sehr gleich. Der Unter-
schied ist nur in Kleinigkeiten, die Sprache, das Wetter, und deswegen die
Provisionen sind verschieden, aber die Menschen nur an der Farbe. Die
Schwarzen lieben Geld so sehr wie wir. Sie haben so gut gescheute Leute als
wir. Sie sind voller Laster als wir und haben ebenso wenig Tugenden, ehender
mehr, denn sie haben mehr Geduld als alle anderen Menschen in der Welt und
sind weniger grausam als wir. Ein Passagier von unsern Schiff versuchte den
Sand, ob er auch nach Dreck schmeckte wie in Europa, und wunderte sich,
keinen Unterschied zu finden. Überall einander sehr gleich ... – ist diese
Welt! Mehr gibt es nicht zu sagen ... [28]
Christoph Carl Adam Baron von Imhoff
an seinen Bruder Friedrich Wilhelm,
Madras, Indien, am 19. Dezember 1769

Tausende Bücher

In eine andere Welt wollte ich aufbrechen, koste es was es wolle. Sie musste irgendwo außerhalb der Welt meiner Jugend in Wien liegen, wo es keine Weite, wenig Nachsicht gab und jeder Lebensbereich durch Konventionen und Ressentiments definiert war. Ich fand Ahnungen, Kartierungen, Gedanken und Wegbeschreibungen dieser anderen Welt in den Büchern, die mich umgaben, in denen ich ständig herumschmökerte und deren Bilder und Illustrationen von fremden Ländern ich mir immer wieder staunend vor Augen führte. Und ganz besonders nahe glaubte ich dieser anderen Welt in der Bibliothek meiner Großmutter zu sein – hier waren tausende Bücher, die so gar nichts mit meiner eigenen Lebenswelt zu tun hatten. Zudem gab es herrliche alte Folianten und Atlanten, die all jene Geheimnisse zu enthalten schienen, die dereinst wichtig sein würden, diese andere Welt tatsächlich zu finden.

Die Bücher und Leben und Länder kreisen um mich, fliegen vorbei. Ich spüre einen Schwindel. Mein Atem geht schnell. Das Herz rast. Je schneller ich mich um meine eigene Achse drehe, desto mehr Bücher kann ich mir einverleiben. Ja, ich will sie alle in mich aufnehmen, will sie fressen, Buchstabe um Buchstabe, Seite um Seite. Und dann, wenn alle Bücher in mir sind, werde ich sie niemals mehr freigeben. Sie bleiben in mir als Teil von mir. Und so habe ich die andere Welt schon beinahe beschritten.

Ich drehe mich weiter, die Bücher fliegen immer schneller um mich, bis die leichten papierenen und die schweren ledernen Buchdeckel mich treffen. Worte und Farben, bekannte und unbekannte Bezeichnungen, Ideen, Geschichten und Philosophien haben mich eingeholt und mich in ihre großen Vermutungen und Geheimnisse eingeweiht. Es gibt kein Innehalten. Als wäre ich ein Magnet, der all die Bücher und ihre Inhalte durch seine magische Drehung an sich zieht, lösen sie sich aus den Regalen, um in das Epizentrum ihrer Bestimmung zu gelangen. Das bin ich, der Bub, der beschlossen hat, Künstler, Wissenschaftler und Abenteurer in einem zu werden. Dann stolpere ich – die Bibliothek bricht über mir mit einem ächzenden Laut zusammen, und ich sehe die zierlichen Blumenornamente des riesigen Teppichs wie scharfe Geschosse auf mich zurasen. Ich bleibe liegen. Verdrehe die Augen. Vergesse den Tag und die schon damals immer zu schnell vergehende Nacht.

Meine Großmutter, die Baronin, steht vor mir. Sie trägt ein bodenlanges, weißes Kleid aus Seide. Dazu einen altmodischen beigen Hut mit einer rosafarbenen Schleife. Wie in einem alten Film aus den 1920er Jahren, geht es mir durch den brummenden Schädel, und dann diese Schuhe: Silberne Ballettschuhe, in denen ihre Füße und ihre Hammerzehen ungelenk stecken. Viel zu klein diese Schuhe für sie – die jetzt große Frau, die über mir steht und verwundert ihren am Boden liegenden Enkel betrachtet. Warum wohl dieser Kerl die altehrwürdige Bibliothek immer wieder zu seinem Kinderspielplatz machen muss? Und warum er sich dabei dann solange um sich selbst dreht, bis er erschöpft am Boden liegen bleibt? Meine Großmutter wird das, was mich mit dieser Bibliothek verbindet, wohl nie erraten können. Sie wird nie wissen, dass ich – der ich all diese Bücher fortan in mir trage – ihr stets einen Schritt voraus sein werde. Sie ist alt und hat viele Namen und Erlebnisse im Kopf, aber ich bin jung und Teil ihrer Bücher, die sie gar nicht kennt, weil sie sich nie um sie gedreht und sie schon gar nicht gelesen hat. Meine Großmutter ist nur sie selbst, ich aber bin ihre Bücher. Und mit diesen Büchern gehe ich in eine andere Welt, die sie ebenfalls nicht kennt. Und werde als einer zurückkehren, den sie nicht mehr erkennt! Ich werde ein ganz anderer geworden sein!

Schon früh hatte ich diese irre Vorstellung, die mich ein ganzes Leben lang begleitet hat: Nämlich ein anderer als jener zu sein, der ich bin! Und schon früh hatte ich die Ahnung, dass ich niemals draufkommen sollte, wer ich denn wirklich war oder bin! Ich kann mich anhand sozio-demographischer, schicht-, kultur-, religionsspezifischer, ökonomischer, sozialisatorischer Fakten beschreiben, ich kann mir ein Bild davon machen, wer oder was ich nicht bin; aber das sagt noch nichts oder sehr wenig darüber aus, wer oder was ich tatsächlich bin. Jeder von uns hat einen Lebenslauf, ein Curriculum, eine Vorstellung von sich selbst, die im besten Fall – und auch dann immer nur teilweise – durch die jeweils uns umgebenden anderen bestätigt wird. Aber sagen die Vorstellungen, die wir oder andere von uns selbst haben, irgendetwas Verlässliches über unser Selbst aus? Ich glaube nicht, und wenn ich ehrlich bin, habe ich niemals daran geglaubt.

Die Bibliothek meiner Großmutter war für mich ein Wunderort. Denn ihr wirkliches Geheimnis war, dass es aus ihr kein Entrinnen gab – und das auch in einem ganz praktischen Sinn. In diesem großen Raum gab es nur diese schön gefertigte, aber massige Möblage aus dunklem Holz mit ihren Tausenden Büchern bis hin zur vier Meter hohen Decke, und dazwischen perfekt eingepasste Glasvitrinen, in denen dann Kristallgläser, Weinkaraffen, Zigarrenboxen und edle Flaschen standen, die sicherlich nicht zum Ausschank an Gäste oder Bundespräsidenten bestimmt waren. Diese Bibliothek konnte nur durch eine einzige Tür betreten werden – und zwar vom ausladenden Salon der Etage aus. Diese Tür bestand auf der einen Seite aus schlichtem geweißten Holz, aber auf der anderen Seite ebenfalls aus Regalen und einer eingepassten Glasvitrine. Ging man durch diese Tür in die Bibliothek und schloss sie dann wieder, so brauchte man sich nur ein-, zweimal um sich selbst zu drehen und es war unmöglich zu wissen, wo sich der Ausgang befand.

Die Tür fügte sich perfekt in das gesamte Arrangement, man war in einen völlig abgeschlossenen Raum der Gelehrsamkeit geraten und würde durch nichts mehr von den Büchern abgelenkt werden – außer durch sich selbst. Ich habe diesen ausweglosen Raum der Bücher sehr geliebt und wann immer ich bei meiner Großmutter war, viele Stunden darin verbracht. Als 1989 meine Großmutter starb, konnte ich – wegen einer längeren Forschung in Papua Neuguinea, die ich gleich nach ihrem Begräbnis antrat – nur einen kleinen Teil der Bibliothek retten. Diesen habe ich jahrelang in einem Depot untergebracht, bis ich dann jene Wohnung finden konnte, die es mir erlaubt hat, diesen Teil aufzustellen und schließlich mit Zubauten zu ergänzen. Die herrliche Tür, die mich damals von aller Welt abgeschnitten hatte, gibt es noch immer – sie verkommt in meinem Keller, weil ich aufgrund ihrer Dimensionen keine Möglichkeit habe, sie in meine jetzige Bibliothek einzubauen.

Ausschnitt der Bibliothek des Autors, in die das originale Imhof-Mobilar aus dem Jahr 1900 und ein Teil der alten Folianten integriert sind.

Wie weit können wir gehen? In Gedanken, Worten und Taten. Wohin können wir unsere Köper tragen, um etwas zu wissen oder in Erfahrung zu bringen? Wo ist die Grenze der jeweils durch uns definierten

Welt? Diese Fragen beschäftigen nicht nur Heranwachsende, sondern auch Abenteurer, Aussteiger, Künstler, Glücksritter und Wissenschaftler beiderlei Geschlechts und jedweder Herkunft. Als mir klar wurde, dass ich in meinem Leben mehr will, als eine exquisite Bibliothek in mir herumzutragen, fand ich in meiner Großmutter, der Baronin, eine heimliche Verbündete. Sie ließ mich, oder besser meine Fantasie einfach gewähren. Diese Komplizenschaft beruhte freilich auf ihrem geschlechtsspezifischen Verständnis von dem, was »ein Mann darf und soll«. Also grundsätzlich: Alles! Männer haben in der Geschichte der Imhofs fremde Kontinente, Kunst, Politik und Wirtschaft untertan gemacht, Männer haben Nachfahren gezeugt und Männer würden auch in Zukunft das Schicksal der Familien, der Gesellschaften, ja ganzer Staaten bestimmen. Und je früher ein Mann realisierte, dass er dazu geboren war zu bestimmen, desto besser!

Ich teilte zwar nicht die patriarchal-paternalistischen Vorstellungen meiner Großmutter, aber ich hatte hehre Pläne: Auch ich wollte die Welt erobern! Die andere Welt! Ausgestattet mit den Ideen der Bücher und Risikobereitschaft. Mit meiner Großmutter konnte ich meine eitlen Pläne von Expeditionen und Forschungen in den entlegensten Weltregionen wohl besprechen, sie war – als in mir das Forschungsfieber zu ticken begann, war ich sechzehn Jahre alt – begeistert von meinen Thesen, Entwürfen und von meinem Tatendrang. Bei der konkreten Ausgestaltung meiner Welteroberungsfantasien teilten sich aber sehr schnell die Geister. Denn sie, die Baronin, wollte natürlich alles in geordneten Bahnen ablaufen sehen und diese waren für sie – die Diplomatie. Als den »Unsrigen« verbündete Grande Dame hatte sie natürlich unzählige Kontakte und Freundschaften im diplomatischen Korps, die sie mir – wie sie mir immer wieder versicherte – zu Füßen legen wollte. Ich sollte Jus oder Wirtschaft studieren und hernach auf die Diplomatische Akademie. Dort könnte ich dann meinen Drang nach exotischen Regionen ausleben.

Aber das war nicht mein Weg. Ich musste – um überhaupt irgendetwas über die Welt erfahren zu können – ganz von vorne beginnen. Und dieser Anfang sollte für mich das Studium der Völkerkunde und dann der Soziologie werden. Mit 23 Jahren hatte ich mein erstes

Studium absolviert und wurde Assistent am Institut für Soziologie der Universität Wien. Kurze Zeit später wurde mir mein erstes Auslandsstipendium zugesprochen – es ging auf meinen begierigen Wunsch hin nach Zimbabwe.

Mit Schaudern erinnere ich mich heute daran zurück, wie meine Großmutter angesichts dieses ersten längeren Aufenthaltes in einem afrikanischen Land unzählige Botschafter, Handelsdelegierte und Regierungsmitglieder aufforderte, mich bei meinen »gefährlichen und exzentrischen« Aktivitäten zu unterstützen. So empfing mich in Harare der österreichische Konsul mit den Worten, dass meine Großmutter bei ihm schon mindestens ein dutzend Mal angerufen und um grundsätzliche Intervention gebeten habe. An der Universität Harare begrüßte mich ein europäischer Senior Lecturer, der von einer alteingesessenen österreichischen Familie abstammte, mit den kryptischen Hinweisen darauf, dass er von meiner Großmutter bereits über meine Intentionen ausführlich unterrichtet worden sei, und als ich mit einem Geschäftsmann in einer privaten Cessna von Harare nach Lilongwe, in die Hauptstadt Malawis flog, wurde ich vom damaligen malawischen Wirtschaftsminister, der uns mit beflaggten Autos abholen ließ, dezent zur Seite genommen: »Oh, Mr. Imhof, we have already heard that you are also on board – welcome to Malawi!« Mir war das alles unheimlich peinlich, aber ich habe doch schnell realisiert, dass die auf Druck meiner Großmutter handelnden Personen die an sie herangetragenen Petitionen nicht allzu ernst nahmen.

Nach vier aufregenden Monaten und einem nicht ungefährlichen Besuch in Beira in Mozambique – damals herrschte noch Bürgerkrieg –, stieg ich in Harare in einen von einer Dampflock angetriebenen Zug Richtung Süden. Kurz vor der südafrikanischen Grenze entgleisten wir bei niedrigem Tempo in trockener Steppe, mitten in einer Horde verdutzt glotzender Gnus. Es hatte kaum Verletzte gegeben, aber die dadurch entstandene Verzögerung betrug 50 Stunden. An der südafrikanischen Grenze wurde die Dampflok getauscht – mit einer »modernen« elektrisch angetriebenen Lokomotive. Dann ging es flott dahin und nach einer viertägigen Reise erreichte ich Kapstadt.

Am frühen Morgen des nächsten Tages stand ich schon in dieser bizarren Felslandschaft. Ich kletterte auf einen hoch aufragenden, rissigen Felsgipfel und die Windböen waren so stark, dass ich kurz fürchtete fortgeblasen zu werden. Dann richtete ich mich auf. Von hier aus konnte ich das ganze Kap der Guten Hoffnung bestens überblicken. Da vorne in den submarinen Felskratern verrotteten mehr als ein Dutzend Schiffswracks, die die wütenden Wellen zu nahe an die Küste gespült hatten. Hier also hatte Vasco da Gama seine Fahrt nach Indien begonnen, hier flossen die Ozeane stürmisch, wild und unberechenbar zusammen. Mir war, als wäre ich der erste Mensch, der hier stand. Und dann begann ich zu schreien – hinein in den Wind, den Sturm, die schäumenden, sich an den spitzen Klippen brechenden und dann wieder in die Ozeane zurücklaufenden Wellen: Hier bist du also … – du andere Welt! Ich mag Stunden da oben gestanden und immer wieder geschrien haben. Und in der Tiefe meines von diesem grandiosen Schauspiel überwältigten Herzens wusste ich, dass ich endlich angekommen war!

Kap der Guten Hoffnung – Ausgangspunkt vieler Reisen um die Welt

Mäzenatentum, florierende Geschäfte und ein Hase, der bedauerlicherweise den Stall verlässt

Abgesehen von Christoph Carl Adam Imhoff, dem unglücklichen Miniatur- und Portrtmaler, Karikaturist und Weltreisenden, dessen ehemalige Freundin Marian es an der Seite des Generalgouverneurs Hastings zur reichsten Frau des Empires geschafft hatte, finden sich in den Imhoff'schen Genealogien wenige aktive Künstler. Das Kunstschaffen war nicht standesgemäß. Begabte konnten Kunst lediglich als Hobby betreiben – was sie auch zuweilen taten. Sie zeichnete Stillleben und verträumte Orte, Kinderköpfe und verfallene Schlösser. Manche hatten einen feinen Strich und einige ihrer Zeichnungen und Aquarelle sind bis heute erhalten geblieben. Ganz anders sah es mit der Förderung von Kunst und Künstlern aus, denn dabei galt es, die eigene wirtschaftliche Potenz zur Schau zu stellen und sich als großzügige Mäzene zu verewigen. Das gelang den Imhoffs von Beginn ihres sagenhaften wirtschaftlichen Aufstiegs an in beeindruckender Weise, wovon noch heute Artefakte und bedeutende Kunstwerke zeugen.

Insbesondere in Konkurrenz zu der Patrizierfamilie Tucher, förderten die Imhoffs in Nürnberg und im gesamten süddeutschen Raum das spätmittelalterliche Kunstschaffen und dessen Übergang in die Renaissance. Bildende Kunst, Baukunst, Plastik und Glasmalerei – die künstlerischen Entwicklungen sind hier eng mit dem Namen dieser Linie verknüpft. So zählte etwa der Imhoff'sche Familiensitz in Nürnberg zu den schönsten Bauwerken der Stadt, die Grabkapelle der Familie auf dem St. Lorenzfriedhof ist mit imposanten Werken herausragender Künstler ausgestattet und das Ölgemälde, das Hans Imhoff den Jüngeren (1461–1522) zeigt und von dessen Freund Albrecht Dürer gemalt wurde, ist noch heute im Prado in Madrid zu bewundern.

Imhoff-Madonna in St. Lorenz (Nürnberg); Epitaphbild von Christian Imhoff († 1466) für seine Frau Margarethe geb. Thürler († 1449)

Hans Imhoff der Jüngere musste 1483 Nürnberg wegen der viele Opfer fordernden Pest verlassen und trat erst 1488 in das väterliche Handelsgeschäft ein, das nicht nach seinem Vater Hans, sondern nach dessen Bruder Peter Imhoff benannt war. Bis 1522 führte er als Oberhaupt die Geschäfte, die bereits seit Anfang des 15. Jahrhunderts – wie weiter oben ausgeführt – eine überragende Bedeutung im Safranhandel mit Hauptniederlassungen in Augsburg, Antwerpen, Lyon, Venedig, Neapel, Aquila und Lissabon besaßen. Obgleich sein Vater, Hans der Ältere, schon Herr über ein – für damalige Verhältnisse – riesiges Wirtschaftsimperium war, war dieser ein strikter Verfechter des reinen Warenhandels. Die Geldgeschäfte überließ er der Augsburger Linie der Familie. Seine Tochter Katharina, die Schwester von Hans dem Jüngeren, heiratete freilich Christoph Fürer von Haimendorf. Zu den traditionellen Handelsgeschäften kamen dadurch die Mansfelder Kupferminen hinzu, was die familiären Einnahmen beträchtlich steigerte.

Im Jahre 1493 beauftragte Hans der Ältere den Künstler Adam Kraft mit der Errichtung des auch heute noch berühmten Sakramentshäuschens in der St. Lorenzkirche, wofür er ihn mit 700 Gulden und einer Ehrengabe von weiteren 70 Gulden fürstlich entlohnte. Legendär ist auch die freundschaftliche Beziehung seines Sohnes Hans des Jüngeren zu Albrecht Dürer, der sich immer wieder in Geldnöten befunden haben soll, aus denen die Imhoffs den Künstler regelmäßig zu befreien wussten. Auch war Albrecht Dürer der Taufpate von Hans Imhoffs Kindern. Sein Vater, der 1499 starb, hatte – wie zuvor erwähnt – noch die reinen Geld-, heute würde man sagen Bankgeschäfte abgelehnt. Hans der Ältere war Kaufmann der alten Schule gewesen, und wollte Geld gegen Ware beziehungsweise umgekehrt. Dass Geld gleichsam um seiner selbst Willen – offenbar uneingeschränkt – vermehrbar ist, war ihm noch fremd. Sein Sohn Hans der Jüngere war freilich ein durch und durch gewiefter Geschäftsmann und Frühkapitalist. Das beweist eine Anklage des kaiserlichen Fiskals Dr. Marth, die auf den Vorwurf der Errichtung eines Handelsmonopols lautete. Hans Imhoff wurde in seinem Todesjahr 1522 vorgeworfen mit König Manuel I.

Albrecht Dürer: »Porträt Hans Imhoff der Jüngere«

von Portugal einen Vertrag geschlossen zu haben, der diesen verpflichtet ausschließlich Imhoff'schen indischen Pfeffer, Ingwer und Spezereien zu kaufen. Ob es in weiterer Folge tatsächlich zu einem Prozess gekommen ist, ist der Geschichtsschreibung nicht zu entnehmen.

Hans der Jüngere beteiligte sich an zahlreichen spekulativen Geschäften. So erwarb er Anteile an einer Handelsgesellschaft in Frankfurt am Main, die gebildet worden war, um Dukatenwechsel an Venedig zu verkaufen, die Dukaten dann in Venedig einzukassieren und abermals zu verkaufen. Dabei wurden in rund zwei Jahren 21% Reingewinn erzielt. Wie der renommierte Wirtschaftshistoriker Richard Ehrenberg[29] weiter ausführt, beliefen sich die jährlichen Gewinnsteigerungen des Wirtschaftsimperiums unter Hans dem Jüngeren auf durchschnittlich 9%. Die besonders glänzenden Jahre zwischen 1503 und 1508 verdankten sich dem monopolistischen Pfefferhandel mit Lissabon, der später zu der erwähnten Anklage führte, und der weiter oben beschriebenen Ostindien-Expedition unter Francisco de Almeida in den Jahren 1505 und 1506, die einen Reingewinn von 175% der Investition erbrachte. Trotz oder gerade wegen der waghalsigen Geschäfte und Investitionen blieb Hans ein honoriges Mitglied der Nürnberger Gesellschaft. Ab 1513 gehörte er dem engeren Rat der Stadt Nürnberg als »Alter Genannter« an, wurde 1519 »Zweiter Bürgermeister« und hinterließ seinen Nachfahren bei seinem Tod im Jahr 1522 ein fürstliches Vermögen und eine florierende Handelsgesellschaft, an der die Familie Anteile in der Höhe von 17 650 Gulden besaß.[30] Auf Basis der zwischen Indien und Europa erzielten Gewinne stellte dieses Vermögen ein fantastisches Investitionskapital dar, das vor allem sein Sohn Endres weiter vermehren sollte.

Der Hase, oder genauer gesagt der Feldhase, den Albrecht Dürer im Jahr 1502 in einem Aquarell verewigte, kam bald in den Besitz von Endres' Vater – Hans Imhoff des Jüngeren. Ob damit etwaige Schulden des Meisters abgetragen wurden, ist nicht bekannt. Bekannt freilich ist, dass das Meisterwerk geraume Zeit bei der Familie verblieb und heute das prominenteste Objekt der Sammlung Albertina in Wien darstellt. Bereits seinen Zeitgenossen hatte es der Hase so richtig angetan, Kopien entstanden schon im Verlauf des 16. Jahrhunderts und auch heute noch ist der Hase von Geschenkpapieren, Briefmarken, Servietten, Armbanduhren, Kaffeehäferln, Postern, T-Shirts und von dem Cover diverser Zeichenblöcke nicht mehr wegzudenken. Trotz des wahrlich meisterhaften Striches ist das Geheimnis um das Jahrhunderte lang anhaltende, globale Phänomen Feldhase schwer zu enträtseln.

Vielleicht liegt es an der perfekten Ruhe, die der Hase ausstrahlt, obwohl doch jeder weiß, dass sich Hasen im Wachzustand niemals in Ruhe befinden und dennoch das Abbild des Hasen als wundersam genaue Naturdarstellung wahrgenommen wird; vielleicht ist es also diese Diskrepanz zwischen Realität und jener Fiktion, die eben – im Moment der Betrachtung – für Realität gehalten wird. Vielleicht verdankt sich die Magie des Hasen aber auch dem sich in seinen Augen spiegelnden Fensterkreuz – ein formelhaftes Element, das Albrecht Dürer in etlichen seiner Werke eingesetzt und der niederländischen Malerei entlehnt hat. Das Fensterkreuz im Auge als sich spiegelnde Lebendigkeit oder als sich endlich erweisende Begrenzung allen Lebens? Zumindest die Rezeptionsgeschichte des Hasen beweist, dass Kunst im Auge des Betrachters tatsächlich zeitlos gedacht sein darf. Denn dieser Hase scheint mit jedem Jahrhundert an Popularität und dadurch an Lebendigkeit gewonnen zu haben. Eine spektakuläre Entwicklung, die im Hause Imhoff wahrscheinlich nicht vorauszusehen war, denn wäre dem anders gewesen, hätte man sich wohl nicht von dem Aquarell getrennt.

Anlässlich des 500-jährigen Geburtstages schreibt die Tageszeitung Der Standard am 30. April 2002 unter dem Titel »Der König der Hasen« Folgendes: *Dieser Hase macht Angst. Egal, wie schnell man rennt, wohin man auch flüchtet, er ist da. So halsbrecherisch spitzwinkelige Haken lassen sich gar nicht schlagen, als dass der nicht schon vor einem dasitzen und drohend mit gespaltener Nase beben würde … Im Stall der Nürnberger Familie Imhoff, wohin er kurz nachdem ihn Dürer um 1502 fertig ausgebrütet hatte, kam, ging, alles noch recht gesittet zu. Warum die ihn dann aber, anstatt ihm zwecks besserer Verdaulichkeit das Fell über die Löffel zu ziehen, haben entkommen lassen, ist ein Rätsel. Denn damit begann die Hasenplage. Der Rammler hoppelte nach Prag, tauschte seinen Stall gegen Kaiser Rudolfs Kunst- und Wunderkammer und ward dort, dank der Hofmaler Hoefnagel und Hoffmann kräftiger Hilfe beim Vermehren, bald zu sechst. Dass das nur biblisch weitergehen konnte, hätte dem Rudolf jeder Schachspieler sagen können. Aber nein! Wieder ließ man den Rammler ziehen, und schon bald erreichte die Hasenplage Wien. Zunächst bei Hof und dann in Albert von Sachsen-Teschens Stadtpalais fand er optimale Nistplätze. Parallel dazu beglückte ein Bruder des Wiener Exemplars Königin Christina von Schweden. 500 Jahre schon hält sich der Urhase jetzt fit und kaut in der Albertina an seinem nie enden wollenden Nürnberger Rasenstück.*

Heute ist es schwer nachzuvollziehen, was Hans Imhoff in dem Aquarell gesehen haben mag: Ein weiteres gutes Stück Kunst von seinem Freund Albrecht Dürer, eine Naturstudie, die bestens ausgeführt, aber wenig imposant gewesen sein mag, oder ein Gemälde, das längst überfällige Schulden um einen gewissen Anteil reduzierte. Jedenfalls hat Hans nicht ahnen können, welchen Trubel dieser Hase in der Welt verursachen würde. Hätte er es vorausgesehen, hätte er seinen Nachkommen sicherlich strikt untersagt, den Hasen aus dem familiären Stall ausziehen zu lassen.

Hans hinterließ also seinem Sohn Andreas (Endres) I. von Imhoff (1491–1579) ein enormes Vermögen und ein florierendes Handelsunternehmen, das unter Endres um 1565 seine größte Ausdehnung erreichte. Die alte Kaufmannsfamilie stieg nun vollends in das spekulative Finanzgeschäft ein. Ab 1540 engagierte sich Endres verstärkt in Geldgeschäften, vergab Kredite an die französische, portugiesische und spanische Krone sowie an die Herzöge von Bayern. Daneben sorgten Handelsnetze und -niederlassungen in Lübeck, Krakau, Prag, Venedig, Aquila, Lissabon, Antwerpen und Amsterdam für solide Liquidität. Er steigerte den jährlichen Reingewinn des Unternehmens auf durchschnittlich 12,5%. Aber nicht nur gekrönte Häupter wurden mit Geld beliefert, auch Gemeinden und Städte wurden kreditiert. So besaß die Firma etwa 7 800 Gulden Schuldverschreibungen der Stadt Antwerpen oder bewerkstelligte ein Darlehen von 110 000 Gulden an die Stadt Lyon, an dem die Welser mit 60 000

Gulden beteiligt waren. Hatte Endres anfänglich noch recht vorsichtig am frühkapitalistischen Finanzmarkt agiert, so verlor er – angesichts der offenbar enormen zu lukrierenden Margen – nach und nach seine Zurückhaltung:

Brüsseler Hofbriefe, Rentmeisterbriefe, Schuldverschreibungen der Stadt Antwerpen und ganz besonders der französischen Krone waren neben großen Spekulationen in Pfeffer, Safran, Alaun u.s.w. die Dinge, um welche sich die Handelskorrespondenz der Imhofs in den Jahren 1555 bis 1562 hauptsächlich drehte. Aber der Credit des Hauses blieb ein vorzüglicher; er war in diesen Jahren sogar besser als derjenige der Fugger. Hatte schon Anton Fugger 1553 bei Endres Imhof eine kleinere Anleihe gemacht, so machte Hans Jakob Fugger 1556 bei ihm eine solche von 100 000 Gulden, welche bis zum Jahr 1561 in Raten zurückgezahlt wurde.[31]

1579 starb Endres von Imhof im Alter von 87 Jahren, nachdem er sich neun Jahre zuvor aus dem operativen Geschäft zurückgezogen hatte. Er war 1508 mit 20 Gulden in die Firma seines Vaters eingestiegen und hinterließ seinen Erben einen Anteil an der Handelsgesellschaft von je 50.000 Gulden als fünfprozentiges Depositum. Seinen Söhnen hatte er zu Lebzeiten wiederholt größere Kapitalien als die bei seinem Tod in der Firma verbleibenden Anteile abgetreten.[32] Die Globalisierung des Handels im Zuge des sich rasant entwickelnden Kolonialismus und die neuen Finanzmärkte hatten eine adelige Kaufmannsfamilie reich gemacht. Sehr reich.

Knopf im Schwanz

»Ich bin eine Folge ununterbrochen erfolgreicher Fortpflanzungsaktivitäten – in den letzten Jahrhunderten, und zuvor in Jahrtausenden und zuvor in Jahrhunderttausenden. Hätte nur eine dieser geschlechtlichen Anbahnungen nicht geklappt würde es mich – so wie ich mich jetzt kenne – gar nicht geben. Das trifft auf jeden von uns zu. Aber ...«, so dachte ich oft als junger Mensch, als ich in der Ahnengalerie meiner Großmutter der Baronin stand, die heute drei Häuser von meinem jetzigen Wohnort entfernt in dem antiquitätenreichen Refugium meines im November 2017 verstorbenen Onkels Georg, dem jüngsten Sohn meiner Großmutter Annemarie, noch immer aufbewahrt ist. »Aber, was haben die Geschichten all dieser Menschen mit mir, dem Buben aus Döbling in Wien zu tun? Die Gnade der Geburt, die früheren Generationen Lebensplan und -versicherung, manchmal auch Auftrag war, ist dem bürgerlichen Leben und der bürgerlichen Plackerei gewichen. Und das mag auch gut so sein, denn zumindest die feudale Last eines Erbes, das gesellschaftliche Macht und Geld einseitig und geburtsständisch zuteilt, ist in vielen Teilen der Welt Geschichte. Vergangenheit.« Mich meiner republikanischen Realität entsinnend kehrte ich regelmäßig – auch in der Bibliothek meiner Großmutter – zu meiner Lieblingslektüre zurück: Michail Bakunin, Karl Marx, Leo Tolstoi, Ludwig Feuerbach, aber auch Friedrich Nietzsche, Paul Celan, Ingeborg Bachmann, Hermann Hesse und Søren Kierkegaard.

Aber während ich las, lenkten mich Bilder einer endlosen Folge von lustvollen Kopulationen ab, die auf nichts anderes abzielten, als mich dereinst in die Welt zu setzen und hier – ja gerade hier – lesend und staunend zu materialisieren. Ich sah sich bäumende, heftig atmende und stöhnende Körper, die wiederum in anderen sich bäumenden, heftig atmenden und stöhnenden Körpern verkeilt waren; ich sah anschwellende Genitalien und einander findende Körperteile, sog den Duft gierig einander begehrender Tiere ein, deren seltsame und schweißtreibende Bewegungen nicht aufhörten, bis sie ihre Bestimmung gefunden hatten: Immer ging es um die Auslöschung der unerträglichen Sterblichkeit durch die pure Lust sich entäußernder Begierde. »Aber war es das wirklich gewesen, was die Genealogie, die Fortpflanzung unserer Sippe gewährleistet hatte?«, ging es mir – dem jungen Mann, der schon längst in Gedanken von der Lektüre abgeschweift war – durch den Kopf: »Waren nicht meine vielen, vielen Mütter vergewaltigt, zur ehelichen Pflicht gezwungen worden, oder hatten sie bloß den Akt der körperlichen Konvention widerspruchlos erduldet um dem patriarchalen Regime Genüge zu tun? Wie waren Leid und Lust in der jahrhundertelangen Begegnung der Geschlechter unserer Familie verteilt gewesen? Hatte es überhaupt einen Anspruch der Sättigung der Triebe innerhalb ehelicher Arrangements geben können?«

Ich las weiter: Die Ehe ist ein Kontrakt zur gegenseitigen Nutzung der Sexualorgane, schrieb Karl Marx, und wenn er recht hatte, waren meine Bilder im Kopf nichts anderes als pure Fantasie, die in der Realität der Geschlechter keine Entsprechung gefunden hatten. Ich entschied mich gegen die Worte und für die Bilder: Durch sie würde ich irgendwann vielleicht einmal verstehen, warum Frau und Mann einander suchten um ineinander sich selbst zu vergessen. »War es das? War es wirklich das, oder lag etwas ganz anderes dem Geheimnis der Begierde zugrunde? Habe ich zu wenig erfahren um wissen zu können, warum es mich gab? Oder wird sich alles als viel banaler und unkomplizierter herausstellen als es mir jetzt scheint?«

Weder damals, noch heute wusste und weiß ich diese Fragen zu beantworten. Geblieben sind die Bilder, von denen sich einige in Wirklichkeit umsetzen ließen. Ein Konstrukt? Eine sozial erwünschte, heterosexuelle Konstruktion? Eine scheinbar verwirklichte patriarchale Fantasie? Geblieben sind auch mir zwei Töchter, die ich aufgezogen, versorgt und irgendwann dann ins erwachsene Leben, was immer das ist, entlassen habe. Ich sah darin, nicht nur, aber auch die Fortsetzung einer langen Geschichte, deren letzte 800 Jahre mütterlicherseits wohl dokumentiert sind. Was meine Töchter mit Familie verbinden, das weiß ich nicht, aber in dem Bewusstsein ihres Lebens, glaube ich meine Sterblichkeit und meinen Abschied von den Dingen, die mir nahegekommen sind, irgendwann besser begreifen zu können. Jeder Tod kann auch die Bereitschaft sein, anderem Leben Platz zu machen; und die Bereitschaft, sich hingebungsvoll in Bedingungslosigkeit zu fügen, hat zumeist irgendetwas mit Liebe zu tun. Mit jener Liebe, die nicht nur durch Begierde bestimmt ist.

Von jener Liebe, die nicht nur durch Begierde bestimmt ist, war ich damals als junger Mann natürlich weit entfernt, und wahrscheinlich bin ich ihr heute auch nur ein stückweit näher gerückt. Mein Leben erscheint mir im Rückblick als immense Anstrengung, meine Vorstellungen von Sein in die Welt zu tragen und sie darin ein wenig verwirklicht zu sehen. Ich hätte als junger Mann niemals geglaubt, dass ein Leben so fordernd, so anstrengend sein würde, aber auch nicht, dass es so aufregend sein könnte und jeden Tag aufs Neue mit wichtigen, auch existentiellen Fragen konfrontieren würde. Meine Labore des Lebens waren und sind die Kunst und die Wissenschaft, die Leidenschaften, in die man versinken und in denen man sich selbst vergessen kann, und immer wieder – noch immer – die »anderen Welten«, die außereuropäischen, ethnographischen Untersuchungsregionen, anhand derer das eigene Denken und Handeln überprüft und auch jeweils revidiert werden kann.

Das sind unruhige Herausforderungen, denen mit großer Regelmäßigkeit Phasen konzentrierter Ruhe folgen, die für Analytik, Strukturierung des Erfahrenen und vor allem für kontinuierliches Schreiben unabdingbar sind. Kontinuierlich zu schreiben habe ich mit 14 Jahren begonnen. Noch heute stehen die teils ledergebundenen Bände, vollgefüllt mit gekrakelter Schrift, in Teilen meiner Bibliothek und zeugen von einem frühen Drang, nicht unbedingt der Welt, aber zumindest mir selbst von den gemachten Erfahrungen und den daraus gewonnenen Gedanken zu erzählen. Gelesen habe ich diese Texte seit 40 Jahren nicht mehr.

Damals, als Junge, der in Bildern schwelgte, die seine Existenz als ununterbrochene Folge biologisch erfolgreicher Kopulationen auswiesen, konnte ich natürlich nicht wissen, wohin mich das Leben führen würde – abgesehen vom Schreiben und von dem Bedürfnis »weit, weit zu reisen«, das wahrscheinlich fast jeder Heranwachsende teilt, hatte ich keine konkreteren Vorstellungen, wie es mit mir weitergehen sollte. Ich war bedroht von einer grauen Welt, die von Stacheldrahtzäunen, atomarer Abschreckung, autoritären, teils faschistoiden Lehrern und ihren Kindern eine bessere Zukunft versprechenden Eltern bestimmt war. Aber da hatte es auch noch Woodstock in Wien, die verbotene Literatur, und kurz nachdem ich Gitti den Abschiedsbrief geschrieben hatte, jene um fünf Jahr ältere junge Frau gegeben, mit den schönen langen, geschmeidigen schwarzen Haaren, die gern in langen flatternden Kleidern herumlief und eine wunderbare Stimme hatte. Diese Stimme gesellte sich zu der meinen – als ich begonnen hatte eigene Gedichte in Gitarren-Liedern zu vertonen. Unsere ersten Auftritte fanden in der Wiener Fußgängerzone, in Pfarrheimen und Wirtshäusern statt. Da war sie – meine eigene Welt, die ich gerade begonnen hatte zu gestalten, und mir selbst und meiner Geliebten zu Füßen zu legen. Ich war 16 Jahre alt.

Die schöne Sängerin und ich liebten einander so erfolgreich, dass eine Tochter – Clara – im Mai 1979 das Licht dieser in unseren Augen allein für sie geschaffenen Welt erblickte. 17 Jahre und acht Monate alt bereitete ich mich mit dem Baby im Arm auf die Matura vor, die dann auch irgendwie bewältigt werden konnte. Und dann saß ich zu Hause – in einer Altbauwohnung am Wiener Gürtel. Mein Vater hatte mich großjährig schreiben lassen, und meine Geliebte versüßte mir die neue Existenz nicht nur mit ihrem Gesang, sondern auch mit der Intensität ihrer sinnlichen Gefühle. Ich war stolz. Clara war am Leben, und ich liebte sie. Liebte sie inniglich mit dem Elan eines jungen Menschen, der glaubt, von den Geliebten alles Ungemach, alle Gewalt und alle Boshaftigkeit für alle Ewigkeit fernhalten zu können.

Meine Großmutter, die Baronin, war ob der Geschehnisse »not amused«. Zwar machte sie mir niemals Vorwürfe, dass ich so jung ein Kind in die Welt gesetzt hatte, aber sie stellte fest, dass sie die Mutter weder empfangen, noch kennenlernen wollte. Aus der kirchlichen Gemeinschaft und der Marianischen Kongregation, der ich als Ministrant und Leiter von Jugendgruppen viele Jahre gedient hatte, flog ich raus; meine Eltern gingen – dem Vernehmen nach – ein ganzes Jahr nicht mehr zu Einladungen, weil sie nicht wussten, wie sie die große Schande erklären, geschweige denn rechtfertigen sollten. Ich freilich war stolz und fühlte mich keineswegs gedemütigt.

Meiner grundsätzlich ungeplanten Reproduktiontätigkeit sollte ich auch in späteren Jahren treu bleiben. Exakt 20 Jahre nach Claras Geburt kam Amba Sophie zur Welt und wieder überkam mich das unverhandelbare Gefühl, inniglich Geliebtes in und auch vor der Welt schützen zu müssen – koste es was es wolle. Als ich 1999 meinen Eltern Kunde von der bevorstehenden Niederkunft brachte, legte meine Mutter ihre Stirn in Falten und rief mit einer gewissen Strenge aus: »Musst du ununterbrochen uneheliche Kinder zeugen!« »Ja Mama«, war meine spontane Antwort, »das geht sich noch zweimal aus, mit 60 und mit 80 Jahren!« Unter uns Geschwistern wurde »ununterbrochen« zu einem »geflügelten Wort«, das ein Zeitverständnis anzeigt, das in der rundum beschleunigten Welt nicht mehr allzu oft anzutreffen ist.

Zwanzig Jahre zuvor war mir die Tatsache, dass ich ein Kind gezeugt hatte, wie die Fortschreibung einer langen Familiengeschichte erschienen. Noch sehr deutlich in Erinnerung ist mir der Auftritt meines Onkels Eckard Paul Imhof, der – nachdem die Nachricht von der Schwangerschaft meiner Freundin wie ein Blitz in die Familie eingeschlagen war – extra nach Wien anreiste, um mir seine doch recht eigenwilligen und einer anderen Weltordnung entnommenen Vorschläge zu unterbreiten. Eckard, benannt nach dem ersten 1246 urkundlich verzeichneten Ahnen, Eckardus de Curia, Lehensherrn zu Rheinfelden, lebte damals schon geraume Zeit mit seiner Frau und seinen fünf Kindern in Kalifornien. Er war das zweitgeborene Kind meiner Großmutter, etwas jünger als meine eigene Mutter, die ihren Namen Helga der Ehefrau des Eckardus de Curia, Heilgge von Kienberg, verdankt. Obgleich also alles seit fast 800 Jahren sehr heilig war, empfand ich die Vorschläge meines Onkels Eckard wenig heilig.

»Schau …. ich habe das gehört …«, begann der beleibte Onkel in dem riesigen karierten Sakko mit sonorer Stimme »… das mit dem Kind. Schau …«, hier legte der Onkel mit den buschigen Augenbrauen und der mächtigen Nase eine theatralische Pause ein. Dann kam der mittlerweile familienintern legendäre Satz: »Schau … – ich kann mir auch keinen Knopf in den Schwanz machen!« Er schnaufte vieldeutig und fügte dann hinzu: »Das ist jetzt einmal passiert, da kann man jetzt nichts ändern daran!« Noch war ich damit beschäftigt die Metapher mit dem Knopf und dem Schwanz in meinem Hirn zu entwirren, da prasselten schon die gut gemeinten Lösungsvorschläge für das schicksalshaft über mich gekommene Missgeschick auf mich ein.

»Also, schau, ich habe alles gut überlegt und wir machen das so: Die Dings soll das Kind bekommen, aber natürlich nicht hier, sondern in der Schweiz. Ich habe da eine nette, gute, alte Freundin, da können die beiden wohnen, sie wird sich um die beiden kümmern, und es wird ihnen nicht schlecht gehen ... sie weiß bereits Bescheid und hat ihre Einwilligung zu dieser guten, und einzig möglichen Lösung bereits gegeben .... du studierst einmal, erlebst was in der Welt, und hernach kannst du dir noch immer überlegen, was du mit den beiden machst!« Ich muss den Onkel wohl entsetzt angestarrt haben, denn er, den ich nie zögerlich erlebt hatte und der wohl stets wusste, was, warum, wie zu tun war, hielt kurz inne. Es war keine Verlegenheit seinerseits, sondern eher ein kurzes, meine Reaktionen kritisch beäugendes Abwarten, das in einer ganz und gar unpassenden Schlussfolgerung mündete: »Keine Besorgnis, mein Lieber,« rief der Onkel jetzt gönnerhaft aus »ich werde für die Unkosten aufkommen, alle Spesen übernehmen, später einmal kannst du mir das ja alles zurückzahlen!«

Ich senkte den Kopf und lief davon, blieb nachmittags, auch abends verschwunden und stellte am nächsten Tag erleichtert fest, dass der Onkel bereits woanders hin aufgebrochen war, um den Menschen die Welt zu erklären und ihnen Lösungen für die Probleme ihres trübsinnigen Lebens zu unterbreiten. Meine Eltern waren zwar auch irritiert über des Onkels Schweizer Plan, beteuerten aber doch wieder und wieder, dass er »gut gemeint sei« und man grundsätzlich den »Frieden in der Familie« nicht gefährden solle. Also schwieg auch ich vorerst über das Vorgefallene. Irgendwann später, konnten meine Tochter Clara und ich darüber lachen, und der Schwanz mit dem Knopf, oder der Knopf ohne Schwanz, oder der Schwanz ohne Knopf wurden zu einem geflügelten Wort. Als Clara übrigens das erste Mal in die Imhof'sche Ahnengalerie geführt wurde, sie war zu diesem Zeitpunkt etwa fünf Jahre alt, vermeldete sie nach einigem Staunen überzeugt: »Die da schauen aber alle so aus wie der Onkel Eckard!«

Und noch eine Geschichte, über die Clara und ich heute herzhaft lachen können. 1986 war Clara sieben Jahre alt und Dr. Kurt Waldheim, als Kandidat der »Unsrigen« österreichischer Bundespräsident geworden. Wie sich herausstellte wusste er als Oberleutnant, Verbindungsoffizier und Dolmetscher, der auch bei Stabsbesprechungen anwesend war, von Kriegsverbrechen und Deportationen in Konzentrationslager – insbesondere in Griechenland und auf dem Balkan, wo

Vergeltungsfeldzüge gegen die Partisanen geführt wurden. Darauf angesprochen leugnete Waldheim jedes Mitwissen und verstieg sich auch zur Äußerung, er habe »als Soldat nur seine Pflicht getan«. Wütende Proteste, Rücktrittsforderungen und weitere Beschuldigungen – er wäre an Kriegsverbrechen beteiligt gewesen – waren die Folge, die sich später als unwahr herausstellten und ihm persönlich viel Unrecht und Leid zugefügt haben. Der Bildhauer Alfred Hrdlicka hatte ein mobiles »trojanisches Pferd« aus Holz entworfen, um das wöchentlich eine Demonstration in der Wiener Innenstadt abgehalten wurde. Natürlich war ich als politisch engagierter Assistent des Instituts für Soziologie bei einer dieser Demonstrationen mit von der Partie – gemeinsam mit meiner siebenjährigen Tochter Clara. Gebrüll und Buhrufe, Rücktrittsforderungen, Ansprachen vor einer aufgebrachten Menge am Stephansplatz, in der auch Flugblätter mit dem rot durchgestrichenen Konterfei des Präsidenten verteilt wurden.

Alfred Hrdlicka präsentiert während der Angelobung von Dr. Kurt Waldheim am 8. Juli 1986 ein hölzernes Pferd von einer Höhe von 3 1/2m, welches Waldheims Funktion als Offizier der deutschen Wehrmacht im 2. Weltkrieg symbolisieren soll. Bei den weiteren Kundgebungen gegen Waldheim durfte das Holzpferd nicht fehlen.

Nach absolvierter Demonstration schlenderten Clara und ich durch die Kärntner Straße Richtung Oper und meine kleine Tochter vermeldete, dass sie ordentlich Hunger habe und so schnell wie möglich »Würstel und Limonade« wolle. Was lag da näher als gleich um die nächste Ecke zu biegen und in das Café Mozart zu gehen! Wie lange die Schrecksekunde gedauert haben mag, das weiß ich nicht mehr – an einem der hinteren Tische saßen meine Großmutter und der österreichische Bundespräsident. Clara zog mich an der Hand und riss mich aus der Lethargie. Ich besann mich auf meine gute Kinderstube, mutig schritten wir beide zu dem Tisch und küssten meine Großmutter auf die dargebotene Stirn. Dann reichten wir Herrn Waldheim artig die Hand.

Noch bevor wir Platz nahmen, bemerkte meine kleine Tochter, dass hier irgendetwas nicht stimmte. War der da nicht der auf dem Zettel?! Ich sah, wie sie wieder und wieder unsicher auf das Flugblatt lugte, um das durchgestrichene Gesicht mit dem jenes älteren Herren zu vergleichen, vor dem sie soeben einen Knicks gemacht hatte. Schon saßen wir und während Großmutter unentwegt auf das Rotwein trinkende und etwas geistesabwesend wirkende Staatsoberhaupt einredete, zwinkerte ich meiner Tochter schelmisch zu. Tja, so ist das Leben – Clara bekam ihre Würstel und die Limonade und ich ließ das Flugblatt unbemerkt in meiner Jackentasche verschwinden. »Gscht ... gscht ... – lass mich doch endlich einmal ausreden«, hörte ich meine Großmutter mit spitzer Stimme zischeln und das derart zur Räson gerufene Staatsoberhaupt wandte sich etwas resigniert wieder seinem Glas Wein zu. Dem Bundespräsidenten hier Vorwürfe zu machen, wäre nicht nur unfein, sondern ganz und gar unpassend gewesen. Also verbrachten wir eine mehr oder weniger nette Stunde im Café Mozart. Dass der »Fall Waldheim« für die Aufarbeitung des österreichischen Vergessens bezüglich der Nazi-Zeit und des Zweiten Weltkrieges von außerordentlicher Wichtigkeit war, darüber sollten meine Tochter und ich später freilich noch oft reden. Und über das Treffen im Café Mozart auch oft lachen!

Die Imhofs kommen nach Österreich und Gustav Wilhelm reformiert Ceylon

Der Begründer der österreichischen Linie war Marcus Jacob von Imhof (1693–1742). Sein Vater, Matthias von Imhof, wurde 1663 am Familiengut in Waldshut geboren und starb ebendort im Jahr 1727. Er hinterließ insgesamt 14 Kinder – 8 Söhne und 6 Töchter. 1685 vermählte er sich mit Anna Maria, die vier Jahre später verstarb, 1690 mit Regina, der aufgrund eines Kindbettfiebers weniger als ein Jahr Eheglück beschieden war, und 1691 mit Maria Elisabeth, die den Patriarchen überleben sollte. Marcus Jacob – ebenfalls in Waldshut geboren – war das sechste der vierzehn Kinder und wanderte, einmal erwachsen geworden, nach Grub in Niederösterreich aus, was angesichts der Anzahl der Geschwister und der familiären Dichte im heutigen Baden-Württemberg nicht verwundert. Er stand in der 13. Generation der Familiengenealogie und ließ in Grub ein großzügiges Anwesen erbauen.

Marcus Jacob hatte drei Kinder, Adam, Gregor und Johann Paul (1723–1759), der trotz seines kurzen Lebens mit Maria Anna, geborene Ladner, Mathias Imhof der Jüngeren (1749–1807) zeugte, der wiederum in seiner Ehe mit Anna Maria einen Sohn, Anton von Imhof (1788–1852) in die Welt setzte. Anton ist mein Urururgroßvater mütterlicherseits und sein gleichnamiger Sohn sollte 1867 als k. u. k. Hofrat und Kanzleidirektor das österreichische Prädikat »Ritter von Geisslinghof« verliehen bekommen. Er hatte einen wesentlichen Einfluss auf das Musik- und Kunstschaffen seiner Zeit, da er »im Namen seiner Majestät« Förderungen vergeben und Karrieren beeinflussen konnte. So widmete ihm Anton Bruckner etwa die Messe in F-Moll, die am 16. Juni 1872 in der Augustinerkirche in Wien in der heute bekannten Version uraufgeführt wurde. Der Welser Anzeiger informierte in der 37. Ausgabe nämlichen Jahres Bruckners oberösterreichische Freunde in der Beilage auf Seite 2 wie folgt: *Der Linzer Domorganist Herr Bruckner wurde zum k. u. k. Hoforganisten ernannt. Wir sind überzeugt, daß seine zahlreichen Freunde diese Nachricht mit aufrichtiger Freude vernehmen werden. Wir theilen denselben bei diesem Anlasse zugleich* mit, daß Herr Bruckner dieser Tage mit der Composition seiner dritten Messe fertig geworden ist, und daß der Herr Hofrath und Kanzleidirector des k. u. k. Obersthofmeisteramtes Anton Ritter von Imhof-Geisslinghof die Widmung derselben angenommen hat.[33]

ANT. RITTER IMHOF von GEISSLINGHOF

wirkl. Hofrath und Kanzleidirektor des k.k. Obersthofmeisteramtes,
Ritter des österr. Leopoldordens, Comandeur mehrerer ausländischen Orden.

Anton Ritter Imhof von Geisslinghof, 1872, »wirklicher Hofrath und Kanzleidirektor des kk. Obersthofmeisteramtes, Ritter des Leopoldordens, Comandeur mehrerer ausländischer Orden«

Anton Ritter Imhof von Geisslinghof (1816–1895) hatte mit seiner Gattin Anna schon drei Söhne und eine Tochter bekommen, bevor eineiige männliche Zwillinge das Licht der Welt erblickten. Theodor Hugo wurde der eine, Hugo Theodor der andere genannt. Einer der beiden ist noch als Kleinkind gestorben, ob es Hugo Theodor oder Theodor Hugo gewesen war wusste die Familie nach einiger Zeit nicht mehr so recht. Sie einigte sich später konsensual darauf, dass Hugo Theodor (1859–1907) überlebt hatte, obwohl wir bis heute nicht ganz sicher sein können, ob unser Urgroßvater nicht doch unser Urgroßonkel gewesen war. Aber das mag gar nicht so wichtig sein. Fest steht, dass Hugo Theodor unser Urgroßvater werden sollte, denn seine Gattin Paula schenkte ihm neben drei weiteren Kindern unseren Großvater Paul Imhof (1890–1962), den ich persönlich nicht mehr bewusst kennenlernen durfte, weil ich erst ein Jahr vor seinem Tod geboren wurde.

Hugo Theodor ehelichte Paula, die mit Mädchenname Wimmer hieß, am 29. April 1889, also nur drei Monate nach der schrecklichen Tragödie im Schloss Mayerling. Dort hatte – wie bekannt – Österreichs Kronprinz Rudolf in der Nacht vom 29. auf den 30. Jänner seinem Leben durch einen Schuss in den Kopf ein Ende bereitet. Zuvor hatte er – angeblich im Einverständnis – seine junge Geliebte, die 17-jährige Baroness Mary Vetsera, erschossen. Auch Hugo Theodor war wie sein Vater Anton Hofrat im Dienste Kaiser Franz Josefs gewesen und nahm an den streng vertraulichen, im innersten Kreise des Hofes stattfindenden Besprechungen teil, die diesem Ereignis folgten, das die ganze Monarchie zutiefst erschütterte. Urgroßvater Hugo Theodor hat sich Zeit seines Lebens an das strenge Schweigegelübde gehalten und bis heute weiß die Forschung – auch aufgrund widersprüchlicher protokollierter Zeugenaussagen – nicht genau, was sich in dieser Nacht in Mayerling tatsächlich zugetragen hat.

Marcus Jacob von Imhof, der Begründer der österreichischen Linie, war ein Zeitgenosse von Gustav Wilhelm von Imhoff (1705–1750), der heute also prominentestes Mitglied der weitverzweigten Familien angesehen werden kann. Über Gustav Wilhelm finden sich Beschrei-

Baron Hugo Theodor Ritter Imhof von Geisslinghof mit seiner Gattin Paula,
1891, Urgroßeltern des Autors

bungen und Kommentare in zahllosen Büchern, Artikeln, Archiven – und das rund um die Welt. Grund dafür ist die Tatsache, dass Gustav Wilhelm schon in frühen Jahren in Diensten der Niederländischen Ostindien-Kompanie Karriere machte, und sein kurzes Leben durch die mächtige Funktion des Generalgouverneurs von Niederländisch-Ostindien zwischen 1740 und seinem überraschenden Tod im Jahr 1750 gekrönt war.

Er war Herrscher über ein riesiges Reich, das im Wesentlichen die großen und kleineren Inseln der heutigen Republik Indonesien umfasste, die 1949 aus den ehemaligen holländischen Kolonien entstanden. Niederländisch-Ostindien – das waren u.a. Sumatra, Borneo, Sulawesi, Java, Bali, Timor bis hin zu Niederländisch-Neuguinea im Osten und der Insel Ceylon im Westen, an der Südspitze des indischen Subkontinents. Da die strategische Bedeutung Ceylons im Verlauf des 18. Jahrhunderts mit der Zunahme und Kommerzialisierung des Fernhandels immer wichtiger geworden war, verlegte Gustav Wilhelm schon zu Beginn seiner Herrschaft den Sitz der Kompanie von Batavia in Java nach Galle, an die Südwestspitze von Ceylon. Er baute dort die Festung zu einer imposanten, uneinnehmbaren Wehranlage aus, die einer ganzen Stadt Schutz und Prosperität sicherte. Gustav Wilhelm war schon 1736 zum Gouverneur von Ceylon bestellt worden um den skandalösen Umtrieben seiner Vorgänger, die sich maßlos bereichert und die Kolonien mit großer Grausamkeit geführt hatten, ein Ende zu bereiten. Darin war er zweifelslos erfolgreich, glaubt man den historischen Quellen, auch der heutigen singhalesischen Geschichtsschreibung.[34]

Gustaaf Willem van Imhoff, wie der Deutsche in holländischer Mission fortan genannt wurde, startete seine atemberaubende Karriere am 19. Januar 1725. An diesem denkwürdigen Tag, trat er – der Zwanzigjährige – als Untercommis seinen Dienst bei der Niederländischen Ostindien-Kompanie in Batavia – heute die indonesische Hauptstadt Jakarta – an und wurde bereits 1727 zum »Ersten Commis« befördert, was ihm die Verehelichung mit Catharina Magdalena Huysmann erlaubte. Er war seinen Vorgesetzten durch Mut, Zielstrebigkeit, Strenge gegenüber sich selbst und seine tiefe Religiosität aufgefallen, die ihn als moralischen Menschen auswiesen. Das Amt eines Sekretärs der Regierung von Niederländisch-Ostindien erhielt er 1730 und 1732 wurde er zum Mitglied des »Außerordentlichen Kolonialrates« ernannt. Im gleichen Jahr wurde er erstmals nach Ceylon – dem heutigen Sri Lanka – geschickt, eine Reihe von bemerkenswerten Vollmachten befähigte ihn dazu, die Missstände in der niederländischen Kolonie – Ausbeutung, Korruption, Herrschaftswillkür, die sich in Gewaltexzessen gegenüber der einheimischen Bevölkerung zeigten, und Vetternwirtschaft – zu beseitigen.

Dies gelang ihm teilweise, insbesondere während seiner Regentschaft als Gouverneur von Ceylon zwischen 1736 und 1740. Im Laufe der folgenden Jahre musste er aber immer wieder feststellen, dass die Zustände auf Ceylon keinen Einzelfall in den holländischen Kolonien darstellten. Der Entschluss reifte in ihm nach Europa zu reisen, um dem Direktorium der Kompanie in Amsterdam höchstpersönlich ein Bild von der prekären Lage in Niederländisch-Ostindien zu vermitteln. Zuvor – im Jahre 1738 – ließ er noch auf eigene Kosten in Ceylon den Katechismus und die Bibel auf Singhalesisch übersetzen, tausende Male auf einer eigens zu diesem Zwecke auf die Insel gebrachte Druckerpresse vervielfältigen und unter der Bevölkerung kostenlos verteilen. Mit Sicherheit hielt er das Wort Gottes für die Etablierung einer gerechten Ordnung für ebenso wichtig, wie die gutmeinende weltliche Macht.

Der holländische Kolonialismus auf Ceylon hatte im Jahre 1655 begonnen, nach mehr als 150 Jahren portugiesischer Präsenz auf der Insel. Schon 1505 hatte der König von Portugal dem Abenteurer Dom Francisco de Almeida den Auftrag gegeben, Ceylon – bekannt etwa auch aus Marco Polos Schriften – zu entdecken, was immer darunter zu verstehen war. Über die Stadt Colombo – auch heute noch Hauptstadt von Sri Lanka – und über Teile der Küstenregionen kamen die Portugiesen nicht hinaus, das mächtige Königreich Conde Uda im Inselinneren – Zentrum war die Region um die Stadt Kandy – setzte jeder weiteren territorialen Expansion heftigen Widerstand entgegen. Im April 1655 empfing der singhalesische König Raja Singha II. den holländischen Kommandanten Gerard Hülft, der mit einer geheimen Gesandtschaft – von Nordosten der Insel kommend – den beschwerlichen Weg durch dichten Dschungel hinauf zur Kandy-Festung geschafft hatte. Die Holländer boten sich dem König als Verbündete gegen die Portugiesen an. Raja Singha versprach sich von der holländischen Flotte und ihren Soldaten die Rückeroberung seines Territoriums und wurde, wie dies so oft in der Kolonialgeschichte passierte, schmählich hintergangen.

Jedenfalls begann im Oktober 1655 die Belagerung der Stadt Colombo. Mit Unterstützung von Raja Singhas Truppen wurden der Stadt alle Versorgungswege in die umliegenden Regionen abgeschnitten, zur See wurden die portugiesischen Schiffe, die aussichtslos versuchten die Stadt zu verproviantieren, von der holländischen Flotte systematisch vernichtet. Hunger und Angst hielten Einzug in die Stadt mit ihren portugiesischen Bewohnern. Zuerst wurden die Elefanten getötet und gegessen, dann die Hunde, zuletzt die Ratten.

Es war klar, dass das Fort und die Stadt nicht zu halten waren, dennoch dauerte es bis zum 7. Mai des darauffolgenden Jahres – 1656 – bis Colombo erobert wurde. Tags zuvor kam unter den Verzweifelten noch die Idee auf, alle Frauen und Kinder in die Kirchen einzusperren und diese niederzubrennen, damit sie nicht den Angreifern in die Hände fielen. Aber die Priester verwehrten sich, beteten und prophezeiten in dem aufgebrachten apokalyptischen Tumult, dass dies ein gottloses Unterfangen sei, das alle Portugiesen ausnahmslos den Qualen der Hölle ausliefern würde. Also nahm man Abstand von dieser verzweifelten Idee. Die Frauen und Kinder überlebten und wurden den Angreifern zur Beute. Die wenigen Männer, die nicht getötet worden waren, wurden als Kriegsgefangene nach Batavia auf Java gebracht. Und der ehemalige portugiesische Gouverneur von Colombo, Antonio de Souta Coutinho, unterzeichnete nach einem gnadenlosen Gemetzel am 12. Mai 1656 die bedingungslose Kapitulation.

So also hatte die holländische Regentschaft auf Ceylon begonnen. Es folgt eine abwechslungsreiche, durch viel Missgunst, Ausbeutung, Korruption und schließlich noch mehr Gewalt geprägte Zeit. Raja Singha II., der davon ausgegangen war, dass die von den Holländern eroberten Gebiete an ihn – den eigentlichen Herrscher der Insel – zurückgegeben werden würden, war maßlos enttäuscht als er erkannte, dass diese nicht die Verbündeten waren, für die er sie gehalten hatte, sondern die neuen Feinde. Militärisch zu schwach um gegen die Niederländer an der Küste vorzugehen, nahm er doch viele von ihnen im Hinterland gefangen und ließ sie in seine Wehrschlösser in das uneinnehmbare felsige Königreich Conde Uca – inmitten der Insel – bringen. Die meisten Geißeln würden niemals wieder freikommen und gingen als Gefangene des Kandy-Königs elendiglich zugrunde. Auch holländische Gesandtschaften, die mit Friedensplänen zu dem König geschickt wurden, konnten daran nichts ändern.

Die unrühmliche Geschichte der holländischen Kolonialisierung Ceylons hielt an – berüchtigt ist der Gouverneur Petrus Vuyst, der 1726 die Regentschaft antrat und den Quellen nach in Brutalität, Zynismus und Grausamkeit kaum zu überbieten war.[35] Bei seiner feierlichen Inauguration soll er sein rechtes Auge mit einer Augenbinde zugedeckt und spöttisch angemerkt haben, dass er nur seines linken Auges bedürfe, um so ein unbedeutendes, kleines, lächerlich uninteressantes Land zu regieren. Jeden – ob nun Holländer oder Singhalese –, den er auch nur der geringsten Opposition verdächtigte, ließ er seine ganze Macht und Gewissenlosigkeit spüren. Er ließ foltern, erzwang Geständnisse, ließ Arme und Beine abhacken und willkürlich Todesurteile vollstrecken. All das hätte vielleicht nicht einmal zu seiner Demissionierung geführt, aber der immer sichtbarer werdende Umstand, dass er sich als souveräner Autokrat von Ceylon etablieren wollte, sorgte im Hauptquartier der Niederländischen Ostindien Kompanie in Batavia für zunehmende Irritation. 1729 – drei Jahre nach Amtsantritt – wurde Petrus Vuyst von einer aus Java entsandten holländischen Eliteeinheit festgenommen, nach Batavia gebracht und dort nach einem kurzen, unspektakulären Verfahren enthauptet.

Sein Nachfolger Stephanus Versluys war – wie sich schon bald herausstellen sollte – kaum besser. Seine Gier nach Vermögen ließ ihn die Preise für Grundnahrungsmittel – insbesondere Reis – per Dekret stetig anheben, bis die Insel vor einer veritablen Hungersnot stand.

Auch er musste nach drei Jahren – im Jahre 1732 – Ceylon verlassen, hatte aber das Glück, dass er am Leben blieb. Ein gegen ihn eingeleitetes Verfahren führte lediglich zur Aberkennung aller Funktionen und zur unehrenwerten Entlassung aus der Kompanie.

Es waren also schwierige, undurchsichtige, korrupte, ja geradezu anarchische Zustände die in Ceylon herrschten als Gustaaf Willem van Imhoff das erste Mal auf die Insel kam um wieder Ordnung und Rechtssicherheit herzustellen. Er, der dann 1736 selbst zum Gouverneur der Insel ernannte wurde, war aus anderem Holz geschnitzt als seine Vorgänger. Er war ein Herrscher, der nicht die Meinung vertrat, dass es der Kompanie zum Nachteil gereichte, wenn die Eingeborenen gut behandelt, ja sogar wirtschaftlich und kulturell gefördert würden. Zusätzlich gewährte er den in den Küstenstädten ansässigen Chinesen größere wirtschaftliche Freiheiten, förderte sogar den chinesischen Zuzug, denn er war der Überzeugung, dass dieses merkantile Volk einen stabilisierenden Einfluss auf die holländische Verwaltung und Herrschaft ausüben würde, worin er bitter enttäuscht werden sollte.

Er führte eine Verwaltungsreform durch, straffte Administration und Exekutive. Eine Reihe niederländische Beamte, insbesondere jene, denen Korruption und das Wirtschaften in die eigene Tasche nachgesagt wurde, ersetzte er durch schreibkundige Singhalesen, von denen einige sogar in recht hohe Positionen kamen. Dass er sich damit mehr Feinde als Freunde unter den Holländern machte liegt auf der Hand. Empörte Proteste erreichten Batavia, wo Adriaan Valckenier 1737 zum Generalgouverneur von Niederländisch-Ostindien ernannt worden war. Noch ließ Valckenier den Deutschen gewähren, aber er verfolgte dessen Aktivitäten mit zunehmendem Misstrauen.

Imhoff stellte das Fiskalsystem um, verbot Steuern mit Gewalt einzutreiben – mit dem Effekt, dass schon ein Jahr nach Amtsantritt mehr Steuern in die Kassen der Kompanie flossen als all die vielen Jahre zuvor. Allen Privatpersonen, eben auch den Singhalesen, erlaubte er den freien Handel mit Indien, sofern Export- und Importsteuern zuverlässig entrichtet wurden. Er führte auch Landwirtschaftsreformen durch. Unter bestimmten Auflagen konnten Bauern und ganze Dörfer auf finanzielle Unterstützung ihrer agrarischen Vorhaben von Seiten der Kompanie zählen, ein geradezu modernes Förderungssystem war hier – völlig gegen den Zeitgeist kolonialer und aristokratischer Eliten – etabliert worden. Dies und zusätzliche Investitionen der Kompanie führten dazu, dass die gesamte Südwest- und Südküste mit Kokosnusspalmen bepflanzt wurde – ein Umstand, den noch heute zehntausende Touristen pro Jahr schätzen und der die spezielle tropische Atmosphäre der Insel Sri Lanka, auf der es zuvor keine Kokospalmen gegeben hatte, ausmacht. Das Rechtssystem wurde ebenfalls reformiert, und alle Anstrengungen wurden unternommen unnötige oder unfaire Verfahren – durch lokale Streitschlichtungsstellen – von den jetzt unabhängigen Gerichten fernzuhalten. Imhoff war an einer Liberalisierung und Objektivierung der holländischen Herrschaft in Ceylon gelegen und trotz einiger vehementer Widerstände sollten seinen Ambitionen großteils Erfolg beschieden sein.

So sehr Gustaaf van Imhoff auch bemüht war in Ceylon eine »New Rule«, eine »neue Herrschaft« zu etablieren, so sehr litt er unter der kolonialen Führung in Batavia und der Praxis des holländischen Jochs in anderen Gebieten von Niederländisch-Ostindien. Nachdem seine eigenen Reformen Fahrt aufgenommen hatten und sich die Lebensrealität seiner Untergebenen auf Ceylon zu ändern begonnen hatte, begann er Missstände, Gewaltexzesse und Korruption in anderen Teilen des holländischen Kolonialreiches schriftlich zu dokumentieren. Er hatte das Ziel, dem Direktorium in Amsterdam genauen Bericht zu erstatten, und er würde sich dabei – so viel stand fest – kein Blatt vor den Mund nehmen. Im Jahre 1739 reiste er dann auf eigenen Entschluss hin nach Europa und tat, was ihm sein Gewissen zu tun aufgetragen hatte. Das Direktorium war teils irritiert, teils erschüttert – aber für den in Batavia verbliebenen Generalgouverneur Adriaan Valckenier muss Imhoffs Auftritt nicht nur Denunziation, sondern geradezu Hochverrat gewesen sein. Immerhin war er es – Adriaan Valckenier – der für die Geschehnisse in Niederländisch-Ostindien letztgültig verantwortlich zeichnete. Und mit Sicherheit wollte er sich nicht von dem zugereisten Deutschen in seiner Selbstherrlichkeit desavouieren und seine Herrschaft in Zweifel ziehen lassen.

Wie Columbus in Ketten – und dann siegreich zurück

Die Angelegenheit spitzte sich unvermeidlich zu, als van Imhoff 1740 im Range eines »Ordentlichen Rates« nach Ceylon zurückkehrte. In seiner Abwesenheit hatten die chinesischen Gemeinden beschlossen, das Machtvakuum auszunutzen und einen Aufstand vorzubereiten – mit dem Ziel gewaltsam die Herrschaft an den Küsten an sich zu reißen. Sie wollten nicht länger unter der Aufsicht einer europäischen Kolonialmacht stehen, die – so liberal sie auch nach damaligen Vorstellungen gewesen sein mag – Steuerpolitik, Legislative, Administration und Exekutive kontrollierte. Als Imhoff in den Hafen von Colombo einlief, weilte Generalgouverneur Adriaan Valckenier, alarmiert durch die holländischen Spitzel, bereits in der Stadt. Der kurz darauf ausbrechende Aufstand wurde von Gustaaf van Imhoff mit seiner Soldateska erfolgreich niedergeschlagen – und man hätte etwas ramponiert zur Tagesordnung übergehen können. Adriaan Valckenier freilich sah in der aktuellen Situation eine gute Möglichkeit, den ihn in Amsterdam denunzierenden Deutschen ein für alle Mal loszuwerden.

Am 9. Oktober 1740 erteilte Valckenier den Befehl, alle Chinesen, die gesamte chinesische Bevölkerung Ceylons, Frauen und Kinder gleichermaßen wie Männer niederzumetzeln. Es kam zu einem biblisch anmutenden Streit zwischen Valckenier und van Imhoff, der sich weigerte, diesen Befehl auszuführen. Es sollen sprichwörtlich »die Fetzen geflogen sein«, Schreiduelle, Drohungen und Beschimpfungen drangen an die Ohren der mit offenen Mündern vor dem Zimmer der debattierenden Herrscher wartenden ersten Generäle und ersten Offiziere. Allein, Gustaaf van Imhoff blieb standhaft und untersagte seinem Generalstab die Befolgung des Befehls des Generalgouverneurs. Dieser – loyal zu van Imhoff – tat nichts, und versuchte sich den Anschein zu geben, dass etwaige Kompetenzstreitigkeiten, den Umgang mit der lokalen Bevölkerung betreffend, erst von allerhöchster Stelle zu regeln seien, bevor weiteres Blut vergossen werde.

Porträt von Adriaan Valckenier (Generalgouverneur von Niederländisch-Ostindien vom 3. Mai 1737 – 6. November 1741) – Kontrahent und erbitterter Gegner von Gustav Wilhelm von Imhoff

Adriaan Valckenier war außer sich. Nicht nur, dass hier seine Autorität grundsätzlich in Frage gestellt wurde, mit diesem Streit schien van Imhoff auch tatsächlich noch stärker zu werden, als ihm lieb sein konnte. Während einer Ratssitzung am 6. Dezember 1740 ließ

Generalgouverneur Valckenier seinen verhassten Gegenspieler van Imhoff, sowie zwei weitere Räte, die loyal zu Imhoff standen, von eigens aus Batavia zu diesem Coup eingeschifften Soldaten verhaften und in Ketten legen. Noch bevor Ceylon davon erfuhr, wurden die Inhaftierten in der Nacht auf einen Schoner verbracht, der sie nach Europa zur Verurteilung wegen Denunziation, Hochverrat und Befehlsverweigerung bringen sollte.

Van Imhoff lag mit seinen zwei Freunden angekettet im Frachtraum des Schiffes. »Gütiger Gott«, mochte es ihm dabei durch den Kopf gegangen sein, »auch der große Entdecker und Fürst der Welteroberung Christoph Columbus ist von seinem Feind Francisco de Bobadilla in Ketten gelegt und nach Europa zur Verurteilung verbracht worden – Rache aus Kleinmut, aus Missgunst, aus Gier. Gütiger Gott«, mochte van Imhoff während der vielen Wochen dieser langen Überfahrt immer wieder gedacht haben, »gib, dass ich wie Columbus rehabilitiert werde! Columbus vermochte die katholischen Könige Ferdinand von Aragón und Isabella von Kastilien zu überzeugen. Gib, gütiger Gott, dass das Direktorium erkennt, wer hier im Recht ist und wer Unrecht tut!«

Und so, genau so geschah es auch. Ob der Fingerzeig Gottes oder van Imhoffs legendäre Rhetorik und sein unzweifelhaft moralischer Charakter – oder eben alles zusammen – zu dieser spektakulären Entlastung geführt haben, mag dahin gestellt bleiben. Tatsache ist, dass keine Anklage gegen ihn erhoben wurde, weil sich im Verfahren die untadelige Gesinnung und der Einsatz für die wahren Anliegen der Kompanie zweifelsfrei beweisen ließen. Zudem ging van Imhoff, ebenso wie damals Columbus, gestärkt aus diesem vorerst demütigenden Konflikt hervor, mehr noch – er errang einen unglaublichen Sieg, der ihm auch eine große persönliche Genugtuung bedeuten musste. Im Dezember 1741 wurde er vom Direktorium einstimmig zum Generalgouverneur von Niederländisch-Ostindien, somit zum Nachfolger seines Widersachers Adriaan Valckenier ernannt.

Van Imhoff war am Zenit seiner Karriere angelangt, aber es sollte noch eine Weile dauern, bis er diese Fülle an Macht in den holländischen Kolonien ausüben würde können. Er arbeitete wie versessen an Reformen und grundsätzlichen Restrukturierungen des holländischen Kolonialapparates, denn er wollte sich all seine diesbezüglichen Vorstellungen – noch bevor er nach Niederländisch-Ostindien zurückkehren würde – vom Direktorium in Amsterdam absegnen lassen. Van Imhoff hatte ein feines Gespür für Macht, aber auch für deren hierarchische Legitimation, die allein jedes Handeln im Auftrag und im Namen anderer ermöglichte. Er verabscheute die gierige und gedankenlose Mentalität jener Kolonialritter, die allein auf die Vorherrschaft vermeintlich dominanter Rassen und Technologien setzten. Diese »Barbaren des Kolonialismus« hatten nichts von Staatsbildung und Führung verstanden und gefährdeten ganze Herrschaftssysteme aufgrund ihrer primitiven Gier nach mehr, nach immer mehr.

Noch waren die holländischen Besitzungen ein Staat im Staat – denn die Niederländische Ostindien-Kompanie war ja eine private Gesellschaft, die Herrschaftsmacht ausübte. Doch van Imhoff erkannte schon damals, und ließ es seine Kompanie auch wissen, dass dieses Konzept mittelfristig anachronistisch werden würde. Und die Geschichte gab ihm Recht: Denn 1799, rund 50 Jahre nach van Imhoffs Tod, wurde die VOC, die *Vereenigde Oostindische Compagnie* aufgelöst, und die Besitzungen – nach einer Zwischenphase (1811 bis 1816) während der Napoleonischen Kriege, in der das Herrschaftsgebiet teils von den Briten erobert und verwaltet wurde – von dem niederländischen Staat in Verwaltungshoheit übernommen. Im beginnenden 19. Jahrhundert war das koloniale Unterfangen endgültig und irreversibel dem erstarkenden Nationalismus in Europa untergeordnet worden. Und van Imhoff hatte es vorausgehen.

Im Mai 1743 kehrte der neue Generalgouverneur triumphal vorerst nach Batavia auf Java, dann nach Galle auf Ceylon zurück. Sein Vorgänger Adriaan Valckenier war schon eineinhalb Jahre zuvor, mit van Imhoffs Bestellung im November 1741, demissioniert worden. In der Digitalenzyklopädie Wikipedia lässt sich Folgendes über das weitere Schicksal von van Imhoffs Widersacher Adriaan Valckenier nachlesen: *Gustaaf Willem Baron van Imhoff, a colleague and rival of Valckenier, objected to this violence. He was arrested and sent back to the*

Netherlands, where, unfortunately for Valckenier, Imhoff's views were well received by the Directors. Valckenier had also been accused of mishandling the coffee trade – fearing overproduction, he had destroyed over half of the plantations. This resulted in a great loss when he could not supply renewed demand, for which the Directors blamed him and had fined him 168,000 florins. He did not manage his Council very well, and there were many intrigues and brawls among members. Van Imhoff's influence in Amsterdam resulted in Valckenier being dismissed as Governor-General (1741) and recalled to the Netherlands. His functions were transferred to Johannes Thedens. Valckenier had been initially cleared by the Directors of wrongdoing, (and given the rank of Admiral) but he was re-arrested on his way home, in Cape Town (25 January 1742), and returned to the castle prison in Batavia to await trial. He arrived on 12 August 1742. A long, slow, investigative process was then begun, which had not been concluded, nearly ten years later, when Valckenier died, still in prison, on 20 June 1751. He was buried without ceremony. Van Imhoff, his greatest antagonist, had been appointed his successor.[36]

Ausgestattet mit nahezu absoluter Macht, um seine reformatorischen Ziele zu verfolgen und auch besessen von der Idee, den holländischen Herrschaftsanspruch auszuweiten, damit dieser schließlich – in letzter Konsequenz – dem Königreich der Niederlande dienen würde, erfüllte sich van Imhoff schon bald einen lang gehegten Traum. Da er Ceylon nicht nur gut kannte, wo er als Gouverneur Jahre verbrachte hatte, sondern Ceylon auch an der Südspitze des indischen Subkontinents eine herausragende strategische Position bot, verlegte er kurzerhand den Sitz des Generalgouvernements von Batavia auf Java an die Südspitze dieser Insel. Natürlich hatte er sich für diese Entscheidung eine Vollmacht vom Direktorium während seines Aufenthaltes in Amsterdam geben lassen.

Van Imhoff ließ die alte holländische Festung in Galle mit großem Aufwand zu einer – für damalige Verhältnisse – außergewöhnlichen Wehrstadt umbauen. Meterdicke Festungsmauern, errichtet auf dem Ozean zugewandten schroffen Felsen, ließen Galle zu einer uneinnehmbaren Wehranlage werden, die in ihrem Inneren einer ganzen Stadt Platz und Sicherheit bot. Und es dauerte nicht lange, bis diese

Stadt zu buntem Leben erwachte. Handwerk, Textilkunst, Seidenverarbeitung, Glasbläsereien, Waffenschmieden, Lederverarbeitung, Schnapsbrennereien und Papiermanufakturen, die Gewürzbörse, die reichhaltigen Fisch-, Gemüse- und Obstmärkte, protestantische Kirchen, sich in schmale Gassen einfügende Tempel und vieles mehr boten den holländischen Kolonialisten und den hier heimischen Singhalesen, aber auch Menschen aus anderen Ländern vielfältige Betätigungs- und Verdienstmöglichkeiten. Neben den durch weitgehende Liberalisierung ihrer Geschäftstätigkeit befriedeten Chinesen, lebten hier auch Inder, Malaysier, Javaner und andere Europäer. Der Handel blühte – denn der sich südlich der Festung ausdehnende Hafen war durch mehr als 200 Kanonen gesichert worden. Weder Portugiesen, noch Briten dachten auch nur daran, diese Stadt, die zum Hauptsitz der Niederländisch-Ostindien Kompanie geworden war, angreifen und erobern zu wollen. Und nicht einmal die wagemutigsten Piraten, die die südlichen Gewässer des Subkontinents bis hin zum Chinesischen Meer für ihre blutrünstigen Bereicherungen nutzten, ließen sich vor Galle blicken.

Der Ausbau der Festung Galle zu einer florierenden Wehrstadt war aber nicht nur ein gelungenes soziales, kulturelles und ökonomisches Unternehmen, sondern ein weithin sichtbares Zeichen, für die Macht und den Führungsanspruch des holländischen Kolonialismus, der mit van Imhoff als Generalgouverneur in eine neue Phase eingetreten war: So wie später Hastings in Indien, rüstete auch van Imhoff massiv auf, und trieb seinen Soldaten und auch Beamten die Vorstellung aus, dass das Leben in einer Kolonie ein Selbstbedienungsladen zwecks persönlicher Bereicherung sei. Strenge war angesagt aber auch Transparenz und Berechenbarkeit. Das war nicht nur ein neuer Stil, sondern ein neues Verhältnis zu den Untergebenen – die neuen Bedingungen und Folgen der Ausübung nahezu unumschränkter Macht. Der Protestant und Rationalist van Imhoff, anders als seine vielen Vorgänger, sah diese Macht tatsächlich – das geht aus einer Vielzahl von historischen Quellen hervor – als Verantwortung gegenüber dem Mandat, das ihm gegeben war. Damit waren Bereicherung, Winkelzüge, persönliche Machtspiele ebenso ausgeschlossen wie willkürliche Repressionen gegenüber Menschen anderer Kulturen, die zu dieser Zeit so oft mit der Überlegenheit der weißen Rasse begründet wurden.

Das Generalgouvernement von van Imhoff hat die Kolonialgeschichtsschreibung in vielerlei Hinsicht inspiriert. In Büchern, Chroniken und historischen Archiven findet sich eine Fülle interessanter Details, die diese damals neue Herrschaftsarchitektur dokumentieren. Wie immer, wenn ein Name in der Rezeption der Historie lebendig bleibt, ist auch der Name und das Wirken van Imhoffs mehrfach missbraucht worden. Das schändlichste Beispiel dafür ist wohl der schwülstige, spekulative, ideologietransportierende Roman »Der Große Imhoff. Ein Deutscher Kolonisator«, den ein gewisser Felix Wilhelm Beielstein im Dienste des nationalsozialistischen Herrenwahns und dessen Angriffskriegen im Jahre 1939 veröffentlichte.[37] Hier wird Willem wieder zu Wilhelm, und aus einer erstaunlichen holländischen Karriere ein preußisches Bravourstück mentaler Härte und Welteroberungsphantasie. Blut- und Bodenromantik wird mit Landsknechtsidyllen und Soldatenheroismus auf das Peinlichste vermischt, wobei kein Zweifel gelassen wird, dass der Deutsche Imhoff, letztlich – aufgrund rassischer Überlegenheit – gewinnen wird. Die Tugenden des deutschen Herrenmenschen – im Auftrag einer fremden, und wenig später von Deutschland okkupierten Macht! – treten hier klar zutage.

Deutschland, die »verspätete Nation«, hatte seit der Reichsgründung seine liebe Not mit der kolonialen Glorie. Als das Deutsche Kaiserreich seit den 80er Jahren des 19. Jahrhunderts in den Kolonialismus einstieg, war die Welt bereits aufgeteilt, auf nicht mehr als sieben europäische Nationen, zu denen freilich Deutschland, das erstarkende Industrieland, nicht zählte. Trotz einiger letztlich doch erstandenen kolonialen Besitzungen – etwa im Südwesten Afrikas, dem heutigen Namibia, in Ostafrika, dem heutigen Tansania, oder im Südpazifik, Teile des heutigen Papua Neuguinea – hatte Deutschland den Anschluss an das koloniale Zeitalter nicht nur verpasst, sondern musste diese Kolonien am Ende des Ersten Weltkrieges, legitimiert durch den Friedensvertrag von Versailles, an die Siegermächte abtreten.

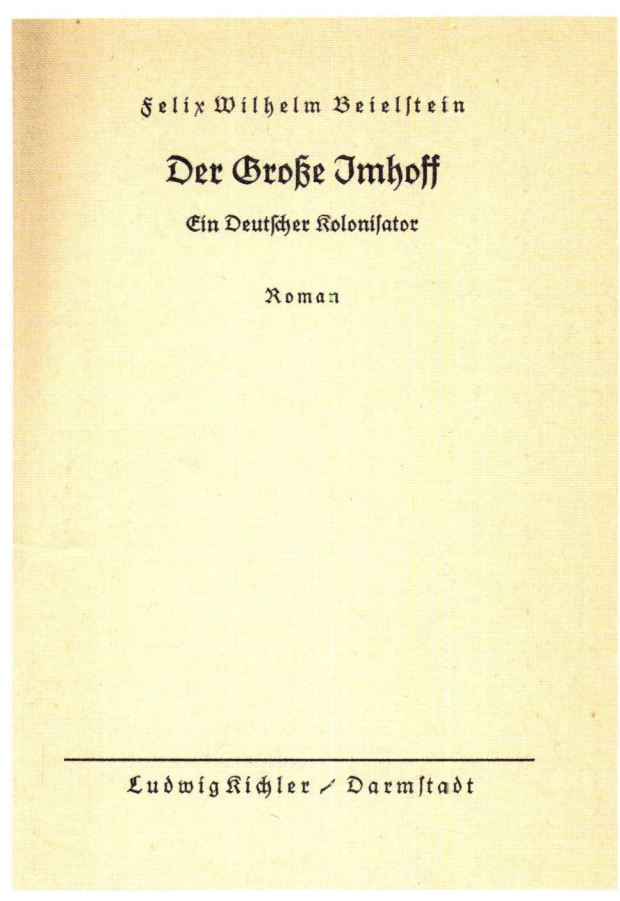

Der Große Imhoff – Nazipropaganda aus dem Jahre 1939

Die Nazis waren also begierig in der verpassten Kolonialgeschichte doch noch edle deutsche Kolonialpräsenz zu finden und zu präsentieren. Und Willem van Imhoff war eines der Opfer dieser nationalsozialistischen Geschichtsumdeutung. Es könnte noch vieles darüber erzählt werden, wie mit dem Leben und Wirken des Generalgouverneurs umgegangen wurde. Einige Schiffe der *Koninklijke Paketvaart Maatschappij* wurden etwa nach Willem van Imhoff benannt. Das letzte Schiff dieser Serie wurde unrühmlich bekannt, weil es mit deutschen Internierten an Bord während des Zweiten Weltkrieges torpediert wurde und binnen weniger Minuten sank.

Hard Rock in der Beletage

Annemarie ... – so durften wir Enkel meine Großmutter auf keinen Fall bezeichnen, selbst wenn wir ihr Postkarten aus dem Urlaub geschickt haben, mussten wir sie mit Großmutter Annemarie, Baronin Imhof von Geisslinghof adressieren – ... stand meinen frühen Versuchen, mich in der Welt zu bewähren, ambivalent, aber durchaus interessiert gegenüber. Lieber wäre ihr gewesen, wenn ich, wie bereits erwähnt, eine Karriere bei den »Unsrigen« – insbesondere im diplomatischen Dienst – begonnen hätte, anstatt den Zivildienst zu absolvieren und hernach Ethnologie und Soziologie zu studieren. Lieber wäre es ihr gewesen, wenn ich Kontrabass in einem Quintett gespielt hätte anstatt Schlagzeug in einer Hard Rock Band. Und dass ich ziemlich bald nach meiner Matura erste Bücher mit Gedichten und literarischen Texten veröffentlichte, musste ihr ebenfalls ziemlich »Dings« vorgekommen sein.

Der Mann war in die Welt geboren um Großes zu leisten und zu bewegen, nicht um sich in romantischen und poetischen Spielereien zu verlieren. Aber nobel – wie sie einmal war – ließ sie mich mögliche Vorbehalte kaum spüren, es war eher ein verzeihendes Lächeln, das mir ihre Lippen entgegenbrachten, wenn sie meine jugendlichen Torheiten ab und an doch kommentierte. Ein Mann müsse sich eben »die Hörner abstoßen«, dürfe seinen Begierden und Liebeleien ohnedies nachgehen – freilich nur bis zu einem gewissen Grad. Denn aus Männern mussten schließlich einmal »richtige Männer« werden – stolz, unbeugsam, »gscheit« und verewigt in den Annalen der Familienchronik. Männer also, die am Ende ihres Lebens die Zeit genutzt hatten und auf ein ruhmvolles Werk zurückblicken konnten. Da bot der »Große Imhoff«, Generalgouverneur eines riesigen exotischen Reiches an der Grenze zur bekannten Welt, reichlich Projektionsfläche.

Mich ließ Annemarie gewähren. Sie lud sogar meine Hard Rock Band »Ephesus« in ihre Beletage in der Jaurèsgasse, um beim 18. Geburtstag meiner Schwester Gabi aufzuspielen oder besser – aufzudröhnen. Mit einigen Tausend Watt beschallten wir den ehrwürdigen Salon, und die Gäste – Großmutter hatte natürlich dafür gesorgt, dass einige junge Herren aus der besseren Gesellschaft zugegen waren, die möglicherweise an meiner Schwester Gefallen finden würden – konfrontierten wir mit dem ekstatischen Furor unserer jugendlichen Rockerexistenzen.

Die Glasvitrinen, die Porzellanvasen und die Goldrahmen der Ölgemälde begannen zu vibrieren, zu tanzen, zu skandieren – Led Zeppelin, Deep Purple, Rolling Stones und auch einige irre Eigenkompositionen mit langen kreischenden E-Gitarren-Soli fegten über Salon und Leute hinweg. Schweißnass und euphorisiert auf das Schlagzeug einhämmernd, sah ich meine Großmutter an diesem Abend nur ein einziges Mal. Sie lief durch die hüpfende Jeunesse dorée, begrüßte mit einem flüchtigen Kopfnicken und ließ sich den Siegelring an der linken Hand küssen, denn ihre Stirn war zu erhaben für diese unkontrollierte Meute. Mit der anderen Hand versuchte sie sich, so gut es ging die Ohren zuzuhalten.

Leisere Töne gab es bei den Poesieabenden. Nach den ersten literarischen Publikationen hatte ich begonnen mit zwei Musikern und einer grandiosen Tänzerin, die auch an der Akademie für Musik und Darstellende Kunst unterrichtete, auf kleinen Bühnen mit Lesungen eigener Texte aufzutreten, Wort in Bewegung und Musik zu verwandeln. Großmutter Annemarie arrangierte für uns Abende im Schloss Miller-Aichholz in Hietzing, auch Jagdschloss Esterházy genannt – ein herrlich exquisites Ambiente, das zumindest uns Künstler sehr inspirierte. An einem dieser Abende lernte Annemarie jene Freundin aus Südamerika kennen, mit der ich zehn Jahre nach Großmutters Tod meine zweite Tochter Amba Sophie bekommen sollte. Noch heute erinnere ich mich – in einer Mischung aus Freude und Rührung – daran, was Annemarie mir ins Ohr flüsterte: »Du diese Dangs ist ja wirklich wunderschön!«

Ein Jahr vor Annemaries Tod, im Jahr 1988 begann ich meine Forschungen und Expeditionen nach Neuguinea im Südpazifik vorzubereiten. Ich war damals Assistent und Lehrbeauftragter am Institut für Soziologie der Universität Wien, hatte also auch in ihren Augen eine wissenschaftliche Legitimation für mein Vorhaben. Aber ich glaube, die Vorstellung, dass ihr einziger österreichischer Enkel im tropischen Urwald herumrennt, um archaische Riten, Kulte, Strukturen und Ethnien zu erforschen, war ihr doch etwas befremdlich. Da niemand ungestraft unter Palmen wandelt, machte sie sich Sorgen um meine physische und vor allem auch psychische Integrität. Und so ganz von der Hand zu weisen waren diese Sorgen – blicke ich jetzt zurück – ja auch nicht. Jahrelange Malariaattacken und ein dutzend Spitalsaufenthalte aufgrund anderer Tropenkrankheiten gehörten zu dieser Art von Feldforschung, auch sich in die sogenannte Normalität einzufinden, wurde nach langen Aufenthalten in der Wildnis immer schwieriger.

Aber Großmutter ließ mich ihre Vorbehalte nicht wirklich spüren. Ich war ja im wahrsten Sinn des Wortes grenzenlos begeistert – hatte ich doch vom größten Österreichischen Wissenschaftsfonds eine namhafte Summe als Projektleiter für dieses Unternehmen ausgelobt bekommen. Neuguinea, damals – wie teilweise noch heute – ein kulturanthropologisches Eldorado, mit vielen hunderten Kulturen, die sich fern der sogenannten Zivilisation, indigen entwickeln konnten – sprachlich, sozial, kulturell. Ich fieberte den ersten Forschungsphasen entgegen – konnte kaum schlafen, studierte Karten, Berichte, Dokumentationen, Logbücher und all jene Literaturen, die mir zur Verfügung standen. Ich wusste nicht, dass ich drauf und dran war, initiiert zu werden, in eine Welt einzutauchen, die sich mit keiner Welt, die ich zu kennen glaubte, vergleichen oder messen ließ. Jahre an Beschäftigung durfte ich in diesem Forschungsraum verbringen – und das, was mich dieser lehrte, war nichts anderes als die radikale Relativität menschlicher Kultur und Sinnstiftung, menschlichen Seins, Denkens und Handelns.

Großmutter beäugte mich etwas misstrauisch bei meinen ambitionierten Expeditionsvorbereitungen. Anstatt in gut ausstaffierten

Botschaften seinen hehren Dienst zum Wohl des Vaterlandes zu versehen, wollte ihr Enkel offenbar hinaus in die Wildnis, hinaus in das Nicht-Gewusste. Nun, er war ein Mann, und als solcher wenig berechenbar! Wohin würde diese offenbar ausgebrochene ethnologische Euphorie noch führen? Annemarie lud mich in das Restaurant des legendären Hotel Sacher ein. Alles war hier wohlgeordnet und wohlsituiert – wie sie es gern auch in meinem Leben haben wollte. Und jetzt versuchte sie mich doch wortreich von meinen Plänen abzubringen, stellte mir dies und jenes in Aussicht, das der »Dangs« und die »Dings« schon ermöglichen würden.

Ich aß einen herrlichen Tafelspitz und hörte mir ihre sicherlich gut gemeinten Bekehrungsversuche schweigend und gelassen an. Später, wir hatten schon die Nachspeise verzehrt, gelang es mir dann sie zu unterbrechen: »Du, Großmutter, heutzutage ist es wichtig über Grenzen zu gehen, ja sich selbst immer wieder zu entgrenzen … nur so können wir zu einem Bild von der Welt gelangen, das ganz und wirklich ist! Nur so können wir verstehen!« Großmutter hielt inne und starrte mich an, als säße sie einem Verrückten gegenüber. Ich wusste in diesem Moment, dass sie wusste, verloren zu haben. Nichts und niemand konnte mich von meinen Vorhaben abbringen. Der befrackte Ober brachte Kaffee. Annemarie rührte etwas ungelenk in der Tasse – » … der wird dir in der Wildnis aber sicherlich abgehen!« Ihre Worte waren mir Einverständnis genug und jetzt lächelte sie auch, nicht spöttisch, aber irgendwie abwesend.

»Danke Großmutter«, hörte ich mich sagen, und sie, die Baronin, die doch gewohnt war, den Bewegungen der Welt ihren Willen aufzuzwingen, machte mit ihrer linken Hand eine abwehrende Geste, die mir wie eine Verabschiedung erschien. Mit dieser Handbewegung hatte sie mir die Absolution für meine risikoreichen Forschungsexpeditionen erteilt und schon wenige Wochen danach konnte ich mein Abenteuerleben mit wissenschaftlicher Legitimation in all der gebotenen Radikalität beginnen. Die literarischen, wissenschaftlichen, medialen und beruflichen Ergebnisse meiner langjährigen Forschungen im Südpazifik blieben Annemarie freilich für immer verborgen. Sie starb etwa ein Jahr nach unserem köstlichen Sacher-Lunch.

TEIL III

Die Insel am Ende der bekannten Welt

Es ist still – der Indische Ozean ist über alle Ufer getreten

Bandu Rathna sitzt keuchend, zitternd, maßlos erschöpft und außer sich vor Entsetzen in gut drei Meter Höhe auf dem Ast eines Brotfruchtbaumes – einhundert Meter entfernt von seinem Haus oder dem, was von ihm übrig geblieben ist. Er traut seinen Augen nicht. Die meterhohen Wellen, die über sein Haus, seine Familie hereingebrochen sind und die ihm Singh aus den Armen gerissen haben, haben sich gurgelnd und schäumend aus der Stätte der Verwüstung zurückgezogen. Jetzt ist es still, sehr still. Bandu Rathnas Fingernägel krallen sich in den Stamm des Baumes. Dutzende rote Ameisen krabbeln über seine aufgerissenen, blutenden Hände. Die Wasser sind in den Indischen Ozean zurückgelaufen, aber da, wo seit zehn Jahren sein schönes Haus gestanden hat, sieht Bandu Rathna nur noch bizarr aufeinander getürmte Trümmer.

»Singh!« Bandu Rathna blickt mit aufgerissenen, blutunterlaufenden Augen um sich. »Singh …, wo bist du?« Aber Singh bleibt verschwunden: »Singh ist fort!« Bandu Rathna registriert Schlamm, viel Schlamm, ausgerissenes Buschwerk, entwurzelte Bäume, lose herumliegende Teile von Schiffswracks, zerstörtes Mauerwerk, verzerrte, aus den Rahmen gerissene Türen, und dann erkennt er das Fischerboot seines Freundes Krishna, das von der Flut zweihundert Meter weit in das Landesinnere gespült worden ist. »Lord Buddha!« Nicht weit davon liegt ein Auto, mit seinem Dach in einer zerborstenen Bananenstaude. Die Räder des Autos ragen wie Elefantenfüße in die Höhe. Durch die zersplitterte Heckscheibe erblickt er zwei leblose Körper, die ineinander verkrallt sind, so als hätten diese Menschen – von den Wassern bei ihrer Sonntagsausfahrt überrascht – in einer Umarmung Schutz vor dem Ertrinken gesucht.

Keine Spur von Singh. Bandu Rathna schwindelt, ihm ist übel, er glaubt, erbrechen zu müssen. Sein Hemd und seine Hose sind salzig und nass von der Flut, aber auch von dem Schweiß, der aus ihm hervorbricht. Und wo sind Nilupa, seine Frau, und Bevi, seine erstgeborene, und Ajantha, seine zweitgeborene Tochter, und wo ist Ravi seine Mutter ...? Die roten Ameisen beißen Bandu Rathna in den Handrücken und seine Schenkel vibrieren vor Anstrengung auf dem Ast des Brotfruchtbaumes. Aus Bandu Rathnas Körper stürzt das Blut in seine nutzlos vom Ast herabhängenden Beine. Sein Kopf rinnt aus, als wollte er sich der Monstrosität und Unvorstellbarkeit dieser Wirklichkeit entziehen.

Der Schwindel führt in die Täuschung: Er blickt auf den Ozean, aber da, wo der Ozean sein sollte, sieht er eine riesige Blechwanne, die sich allmählich bis oben hin mit Blut füllt. Blut seines Sohnes, seiner Familie, seiner Nachbarn, Blut der Bewohner der Südküste, Blut einer ganzen Nation, vieler Nationen. Alle Anrainerstaaten des Indischen Ozeans haben jetzt ihr Blut in die Wanne ergossen. Ein Aderlass unvorstellbaren Ausmaßes. Warmes, heißer werdendes Blut. Blut, das unter der jetzt hinter schmierigen Wolken hervorkriechenden Sonne allmählich zu sieden beginnt. Kochendes Blut, das die Seelen der noch zufällig Lebenden verzehrt – bei lebendigem Leib, bei Bewusstsein. Das nächste, was Bandu Rathna wahrnimmt, ist die grelle, verzweifelte, ohnmächtig und unaufhaltsam in ihm aufsteigende Wut. Wut über Zerstörung, Blut und Tod. Tief atmet er ein, die Wut schnürt ihm die Kehle zu. Er klammert sich zitternd an diesen Baum, der ihm – wissen die Götter zu welchem Zweck? – das Leben gerettet hat.

Bandu Rathna verliert in dem Moment das Bewusstsein, als die Laute, das Weinen und die Hilferufe, das Stöhnen, Jammern und die Gebete erneut von seinem Hirn Besitz ergreifen wollen. Die Wehklagen dringen bis zum Himmel, aber der Himmel hält seine Pforten verschlossen. Bandu Rathna will all das nicht mehr hören. Er rutscht ohnmächtig von dem Ast des Brotfruchtbaumes, fällt gut drei Meter in die Tiefe und bleibt mit zwei gebrochenen Fußknöcheln im Schlamm liegen.

Noch immer ist es still. Nach all dem Rennen, Hetzen, nach all dem Geschrei, nach den vielen verzweifelten Schreien – ganz still.

Nach dem Krachen einstürzender Mauern und dem schrillen Quietschen sich aneinander reibenden Metalls, nach dem Wimmern und Japsen, dem Erbrechen, nach dem Mitgerissenwerden und Sinken, tiefer Sinken – nicht einmal ein Blatt wird jetzt vom Wind bewegt. Ein Schlund hat sich aufgetan, ein todbringender Abgrund hat sich geöffnet – nach dem Festklammern, dem Klettern auf Bäume, Mauern, Dächer, Busse, Eisenbahnwaggons, die allesamt nicht hoch genug waren, um nicht niedergerissen und fortgespült zu werden in der irren Anarchie dieser wenigen Minuten, die in einigen Augenblicken vorbei waren. Noch immer ist es vollends – grauenhaft still.

Es hat nicht länger als zehn Minuten gedauert, bis die Wasser des Indischen Ozeans, die mit großer Wucht und mit bis zu fünfzehn Meter Höhe gegen die Südküste Sri Lankas angedonnert sind, sich wieder aus dem Land zurückgezogen haben. Sie sind bis zu zwei Kilometer in das Inselinnere vorgedrungen um dann ebenso rasch wieder zurückzufluten.

In diesem Tsunami sind rund 38.000 Menschen an dieser Küste gestorben – ertrunken, erschlagen, zerdrückt, erstickt. 33.000 von ihnen werden gefunden, identifiziert und in den nächsten Tagen und Wochen vornehmlich in Massengräbern verscharrt werden, die verbleibenden 5.000 werden noch Jahre später als »vermisst« gelten. Es sind jene, die von dem Wasser nicht mehr freigegeben werden, viele von ihnen sind hinaus auf das offene Meer gespült oder so tief im Schlamm, in Teichen oder unter Trümmern liegend, dass ihre Identifizierung nicht mehr gelingen wird, auch wenn irgendwann später einige sterbliche Überreste gefunden werden sollten. Sie werden kein anständiges Begräbnis im Einklang mit den astrologischen Gewissheiten der singhalesischen Mönche und Waisen bekommen – dieses Privileg wird den meisten anderen Opfern auch nicht zuteil werden, weil aufgrund der Seuchengefahr rascher Handlungsbedarf besteht. Radikal, augenblicklich und unwiderruflich sind sie von der Bildfläche allen menschlichen Seins verschwunden. »Lord Buddha wacht über alle Leben, sofern diese der Harmonie zwischen Gut und Böse, zwischen Finsternis und Licht, auch zwischen Recht und Ungerechtigkeit Genüge tun.«

Hier aber hat sich die Antithese zu jedweder Harmonie offenbart. Ausgelöscht die atmenden, fühlenden, mitunter liebenden Körper von einem gegenüber menschlichen Schicksalen gleichgültigen Naturschauspiel. Es werden nur Namen bleiben – Namen, die in Listen geschrieben stehen. Auf diesen Listen wird auch der Name Singh Harichandra zu finden sein. Neutrale Buchstaben, die einen kleinen Jungen bezeichnen, der vor wenigen Tagen ein Jahr geworden war und soeben seinem Vater Bandu Rathna von den wütenden Wellen entrissen worden ist.

Das Seebeben vor Sumatra hat sich am Sonntag den 26. Dezember 2004 ereignet, mit einer Stärke von 9,2 auf der seismographischen »Richter-Skala«. Die sich konzentrisch aus dem Epizentrum des Seebebens heraus ausbreitenden Flutwellen erreichten um 9 Uhr 55 die Küsten Sri Lankas. Die wenigen Uhren, die jetzt noch funktionieren, zeigen 10 Uhr 15. Das, was soeben geschehen ist, wird als die »Tsunami-Katastrophe in Südostasien« in die Geschichte eingehen, und diese Katastrophe wird mehr Menschen, Materialien, Ideen und Gelder bewegen, als so manch andere Katastrophe auf diesem katastrophenreichen Planeten.

Die US-amerikanischen Seismographen auf Hawaii haben die massive Kontinentalplattenverschiebung registriert – allein aufgrund des Fehlens eines geeigneten Frühwarnsystems und der Unmöglichkeit, führende Politiker der Anrainerstaaten im Indischen Ozean an einem Sonntagmorgen zu erreichen, blieben Millionen Bewohner der südostasiatischen Küsten sich selbst überlassen. Unter jenen 230.000 Menschen, die den Tod fanden, waren auch über 2200 »westliche« Touristen. Als Bandu Rathna von dem Ast seines ihn rettenden Baumes fällt, haben die tobenden Wellen die Küste Sri Lankas bereits freigegeben und stürmen ungehindert westwärts. Kein Widerstand wird ihnen da mehr entgegengesetzt. Einige Stunden später werden sie auf ostafrikanisches Festland treffen, krachen an die südliche Küste Somalias, an die Küsten Kenias und Tansanias. Über die vielen Toten an den afrikanischen Küsten wird später kaum ein Wort verloren werden – der frühe, der irrationale Tod steht in Afrika nach wie vor auf der Tagesordnung.

Das mediale Chaos und die humanitäre Maschine

In den Informations- und Kommunikationszentren der global medial vernetzten Welt langen zu dieser Zeit schon die ersten Berichte und Bilder ein. Agenturmeldungen und Mutmaßungen gehen über die Schreibtische der Redakteure und über die Schaltstellen der Außenministerien, der internationalen Diplomatie und der internationalen Hilfsorganisationen. Zu diesem Zeitpunkt ist von einigen Tausend, tags darauf von einigen Zehntausend Toten die Rede. Kurz vor Jahresende, genauer am 30. Dezember 2004 wird feststehen, dass es sich bei diesem Tsunami um eine Naturkatastrophe einmaligen Ausmaßes handelt. Analysen und Prognosen von Seismographen, Geologen und Katastrophen-Experten gehen am letzten Tag des Jahres bereits davon aus, dass möglicherweise hunderttausende Menschen in den Fluten umgekommen sind. Hinter diesen abstrakten Zahlen verbergen sich – noch – keine Gesichter: weder das Gesicht des einjährigen Jungen Singh, noch jenes von Nilupa, Bevi, Ajantha oder Ravi.

Während in Europa und dem Rest der reichen Welt aus hübschem Festtagspapier gerissene Weihnachtsgeschenke unter dem Christbaum weiterer Verwendung harren, beginnt es sich langsam herumzusprechen: Da ist Entsetzliches passiert ... und irgendwie gibt es dazu auch oft einen direkten oder indirekten Bezug ..., denn wer nicht selbst in Südostasien war, der hat doch häufig Freunde, Nachbarn, Familienmitglieder, die in Thailand, in Indonesien, in Südindien, in Bali oder auf der tollen Ferieninsel Sri Lanka Urlaub gemacht haben oder gerade machen. Und so gibt es in diesen Weihnachtstagen eine Menge Leute, die sehr unruhig werden und ernsthaft besorgt sind. Telefone laufen heiß. Und die Regierungen in Europa müssen Sonder-Informations- und Vermittlungsstellen, sowie Krisenstäbe einrichten, um auf all die Anfragen einigermaßen eingehen zu können. Zu diesem Zeitpunkt können verunsicherte Bürger in der »westlichen Welt« tatsächlich nur vertröstet werden. Es herrscht ziemliches Chaos.

Zwei Tage nach den ersten Berichten über den Tsunami kommen die Spendenaufrufe. Sie werden über TV, Radio und Zeitung verbreitet.

Daneben und zwischendurch sind Bilder von vielen Toten zu sehen. Ihre steifen bläulich und bräunlich verfärbten Extremitäten ragen in die Höhe, als wollten sie den Himmel oder die Götter für all das Unheil anklagen. Sind die Bilder bewegt, sieht man oft, wie diese Toten mit einer Plastikplane zugedeckt werden. Verschnürte Totenzelte, die Starre wird sich nicht lösen, bevor die Leichen verbrannt sind. Je mehr Tote hinzukommen, desto weniger Zeit wird gefunden, sie zu verbrennen. Angst vor Seuchen geht um. Die ersten Massengräber werden ausgehoben, Plastikplanen gibt es auch keine mehr. Lastwagenweise werden die toten Körper herangekarrt und in die Gruben gekippt. Ein paar Mönche skandieren Gesänge und der Caterpillar schaufelt das Grauen mit Erdreich zu. Zusätzlich zu diesen bewegten und unbewegten Bildern flattern die »Stories« der ersten »westlichen« Rückkehrer über die Bildschirme. Sie haben es geschafft, aber wo sind die anderen geblieben?

All das ist schwer zu ertragen zwischen Weihnacht und Neujahr, wenn man satt, vom Schicksal begünstigt und – ungeachtet des sozialen Status – ziemlich reich ist. Die Mischung aus Media-Hype und weihnachtlicher Sättigung bringt schließlich den Rubel ins Rollen – und das in einem ungeahnten Ausmaß. Die Erwartungen jener, die zu Spenden aufrufen, werden teils um das zwanzig- bis dreißigfache übertroffen werden. Wer hätte den Wohlstandsbürgern soviel Empathie mit dem durch den Tsunami bedingten Leid im Fernen Osten schon zugetraut? Diese sensationelle Spendenbereitschaft war tatsächlich nicht zu prognostizieren gewesen. Das gegenseitige Schulterklopfen über soviel Mitgefühl und Solidarität – gleich von welcher weltanschaulichen oder politischen Seite kommend – wird auch in den nächsten Wochen kein Ende finden. So hat der Tsunami auch sein Gutes, indem er der Welt den Glauben belässt, dass der Not in der Welt – sofern man von ihr hinreichend in Kenntnis gesetzt wird – begegnet werden kann, dass geholfen wird, da wo Hilfe nötig ist, dass wenigstens ein Bruchteil des Reichtums, der sich in einem Fünftel der Weltbevölkerung angehäuft hat, den anderen zugute kommt: den »armen« – und wie es im Hilfsjargon heißt – »Tsunami-betroffenen« Menschen in Südostasien!

Am 2. Januar 2005 befinde ich mich in Brüssel, genauer in der Rue de la Loi, Wetstraat 200 – in einem der Gebäude der Europäischen Kommission. Schon seit Stunden sitze ich hier in einer überaus langweiligen Videokonferenz mit einigen akademischen Kollegen aus europäischen Ländern und aus Ländern des südlichen Afrikas, die – digital zugeschaltet – ihre Beiträge zum Thema über die breite Leinwand einbringen sollten, was aufgrund technischer Probleme immer wieder misslingt. Das Bild ist da, aber es gibt keinen Ton, dann wieder ist der – kaum verständliche – Ton da, aber kein Bild, dann wieder herrscht überhaupt Funkstille. Draußen beim Kaffeeautomaten zähes Warten, dann wieder rein in den Saal. Eigentlich sollte es um den Aufbau eines tertiären E-Learning-Netzwerkes gemeinsam mit einer privaten Universität in Namibia gehen – unterstützt durch Gelder der Europäischen Kommission. Aber es ist offensichtlich, dass die Sache nicht recht vom Fleck kommt – und das nicht nur wegen der ständigen technischen Probleme.

Dann doch ein Blick aufs Handy, das ich anders als sonst in Sitzungen angeschaltet habe, aufgrund der vielen unfreiwilligen Pausen und des lähmenden Verlaufs. Aha, ein guter Freund, der eine hohe Position in einer mächtigen internationalen Hilfsorganisation innehat und mit dem ich schon mehrjährige Forschungsprojekte in Nepal und im Königreich Bhutan durchgeführt habe, bittet schon mehrmals um dringenden Rückruf. Ich gehe nach draußen. Es läutet, es wird abgehoben:

»Hallo Max ...«
»Hallo, wo bist du?«
»In Brüssel – in einer Sitzung, bin gerade rausgegangen.«
«Bin in Colombo, Sri Lanka, war gerade in Galle, Südwestküste – alles hin, alle tot!«
»Habe davon gehört, aber was hat das mit mir zu tun?«
»Biete dir bestbezahlten Expat-Vertrag, zumindest für sechs Monate, müssen hier genauer und schneller sein als all die anderen!«
Ich zögere. Ich habe zu dem Zeitpunkt nur wenig zuverlässige Informationen über diese Naturkatastrophe und bin eigentlich mit

ganz anderen Dingen beschäftigt als mit den doch ziemlich nerven-
aufreibenden Aufgaben, die die Humanitäre Hilfe stellt.

»Du, bist du noch dran?«

»Ja Max, bin noch dran, geht es dir eigentlich gut?«

»Das ist ganz und gar egal, hier herrscht Sterben und Chaos und
wir müssen hier neue Strukturen reinbringen.«

Ich zögere wieder – aber diesmal kürzer als zuvor. Ich sehe den
Sitzungssaal, den ich gerade verlassen habe, höre Max am anderen
Ende der Welt ungeduldig schnaufen und antworte ganz einfach, selt-
sam befreit:

»Wann soll es losgehen?«

»Am 5. Januar fliegst du nach Colombo .. «

»Aha, irgendwie interessant, Max ...«

»Dein Flug ist schon gebucht, Vertrag und Buchung schicken wir
dir per Mail!«

»War's das Max?«, presse ich dann noch einigermaßen erstaunt
hervor.

»Ja, das war's und tschüss. See you in Colombo!«

Dann macht es Klick.

Bandu Rathnas Weg nach Hause

Bandu Rathna erwacht aus seiner Ohnmacht. Seine Zunge klebt am
Gaumen. Ein mächtiges Sausen ist in seinen Ohren. Das erste, was er
sieht, ist der Abdruck einer Sandale neben ihm. Nicht groß, nicht
klein. In dem feuchten Schlamm hat irgendjemand seine Spur hinterlassen. Ein Mensch muss gerade eben erst an ihm vorbeigelaufen sein,
hat Bandu Rathna aber hier einfach liegengelassen. »Lord Buddha, in
welche Zeit bin ich geraten, bin ich tot oder lebendig?« Bandu Rathna
merkt jetzt, dass er auf dem Bauch liegt, alle Viere von sich gestreckt
inmitten des stinkenden Schlammes. Seine Augen sind verklebt, auf
seinen schmutzigen Händen haben sich braune Krusten gebildet.
Dann kommt der Schmerz. Er zieht durch den Körper, kriecht in
Muskeln und Eingeweide. Bandu Rathna will den Schmerz abschüt-

teln, er will aufstehen und losrennen, aber die Beine versagen ihm den Dienst. Er bleibt liegen, mit dem Schmerz im Körper, den gebrochenen Knöcheln, dem Sausen in den Ohren, durch das nun die Rufe, die Schreie, die Klagen, aber auch schrille Kommandos dringen. »Wer hört und sieht und unsäglich Schmerzen hat, der kann nicht tot sein!«

Bandu Rathna ist nicht tot, er ist nicht einmal schwer verletzt. Aber der Schmerz, der jetzt von seinem Körper Besitz ergriffen hat, wird ihn auch nach Jahren nicht verlassen haben. Dieser Schmerz ist ein Echo jener zehn Minuten, die vorhin über ihn, seinen Sohn, seine ganze Familie verfügt haben. Er schließt die Augen, versucht sich zu konzentrieren. Aber je mehr er sich konzentriert, desto unerträglicher wird dieser Schmerz. Er öffnet die Augen. Da, wo der Abdruck der Sandale gewesen ist, ist nun eine graue, glitschige Oberfläche. Er versucht, an nichts zu denken … Singh und Nilupa, und Bevi und Ajantha und Ravi – bleiben durch seinen Kopf geisternde Schatten, ohne Gesichter, ohne Geschichte, ohne Stimme. Transparente Schatten, die einander begegnen und durch einander hindurchgehen, bis sie zu einer diffusen dunklen Wolke verschmelzen, die an die Innenwand seines Schädels drückt und diesen zu zerreißen droht. Bandu Rathna rudert mit seinen Armen im Schlamm, dann beginnt er sich ruckweise voranzuziehen. Aber gegen den Instinkt, sich im Landesinneren in Sicherheit zu bringen, robbt Bandu Rathna meerwärts. Die Spur, die er jetzt im feuchten Schlamm hinterlässt, zeugt von einem eisernen Willen: jenem zu handeln ohne dabei irre zu werden, jenem, seine Geliebten wiederzufinden.

Bandu Rathna hat noch niemals das Wort Tsunami gehört. Er wird auch später von der Spendeneuphorie in Europa und dem Rest der Welt leidlich wenig mitbekommen – auch wenn er mir und der Hilfsorganisation, für die ich arbeiten werde, täglich und das viele Monate lang helfen wird, Dörfer wieder zu errichten und Sozialprogramme durchzuführen. Seine Familie sollte verschwunden, vom Meer verschluckt bleiben: eine für Bandu Rathna karmische Auslöschung, über die er all die Monate – bis auf ein einziges Mal – beharrlich schweigen sollte. Natürlich würde Bandu Rathna sehen, dass wir über viel Geld verfügen, um Infrastrukturen wieder herzustellen, aber das viele Geld wird weder Not, noch Leid, noch die Schmerzen lindern, die all diese Körper und Seelen erfasst haben. Bandu Rathna blieb von unserem vielen Geld wenig beeindruckt.

Das Geld, das containerweise auf die Konten der Banken in den betroffenen Ländern transferiert wird, wird die gesellschaftlichen Bedingungen verändern und die ehemals existierenden Ungerechtigkeiten durch neue Ungerechtigkeiten ersetzen. Auch das ist Schicksal, Dharma! Wer glaubt schon an eine durch Menschen herstellbare gerechte Ordnung ... Geld ist schön, wenn man es hat, und noch schöner, wenn man es nicht hat. Den Begehrlichkeiten der Armen sind keine Grenzen gesetzt, wird Bandu Rathna später denken, aber zu glauben, dass Geld Leid lindert, verbietet die ständig präsente Erinnerung an die apokalyptische Auslöschung der bekannten Welt.

Bandu Rathna hat sich endlich bis kurz vor die Galle-Matara-Straße gerobbt, von der ihn nur ein mit schlackigem, salzigem Wasser gefüllter Graben trennt. Dahinter ist sein Haus, oder vielmehr sind es die grotesken Trümmer, die einmal Mauern seines Hauses waren. Aber er will, er muss unbedingt da hinüber Nilupa und Ajantha, Bevi und Ravi hat er das letzte Mal jenseits dieser Straße gesehen. »Ich werde da hinüber kommen, ich muss ...!« Sie sind – wie alle – um ihr Leben gelaufen, er ihnen voran mit seinem Sohn Singh im Arm. Er ist seiner Familie vorangelaufen, um sie zu retten, aber während er noch gelaufen ist hat er gespürt, wie er langsamer und langsamer wird, wie sich Blei um seine Füße legt – bis die Flüchtenden von jenen Wellen eingeholt worden sind, die seinen Sohn und viele andere mitgenommen haben.

Bandu Rathna lässt seinen Blick schweifen. Unweit von ihm ist der reglose Körper einer Frau, die offenbar von einem umgefallenen Telefonmast erschlagen wurde. Der Mast liegt quer zu ihr und scheint sie gezweiteilt zu haben. Er sieht ein verfilztes Haargewirr, ihre Schultern, ihre Brüste, dann den Mast – der ihre Eingeweide zerquetscht hat – und schließlich einen Rumpf voller Schlamm, in dem verdrehte Beine staken. »War sie ertrunken, bevor sie der Mast erschlagen hat oder erschlug sie der Mast bevor sie ertrank?« Der Leichnam liegt nicht weiter als einen Steinwurf von ihm entfernt. An den Fetzen Sari sieht Bandu Rathna, dass sie weder seine Frau, noch seine Mutter sein kann. »So ein Muster, so eine Farbe, so einen Sari gibt es in meiner Familie nicht.« Bandu Rathna zwingt seinen Blick fort von dem toten Körper »... ja da drüben, jenseits der Straße, da drüben ist mein Zuhause!«

Bandu Rathna kriecht über die Straße. Er hört Gekreische, Trampeln, Jammern, Flehen, Heulen. – Worte und Befehle, die er nicht versteht, Pfiffe aus Trillerpfeifen. Irgendjemand hat ihn – der eine unsäglich lange Zeit vor diesem mit schleimigem Wasser gefüllten Graben gelegen hat – hochgehoben, durch diese ihm unüberwindbar erscheinende Zone gezogen und dann ziemlich unsanft wieder fallen gelassen. Bandu Rathna hat gerufen, ja, er hat um Hilfe gerufen. »Bringt mich da rüber, ich muss nach Hause, ich kann nicht gehen!«, hat Bandu Rathna gerufen, aber dennoch nicht geglaubt, dass ihm Hilfe zuteil werden würde. »Ohh Lord Buddha!«

Und jetzt ist Bandu Rathna über die Straße gekrochen und hat sich in das Brachland gerollt, das zwischen Straße und Meer, zwischen Straße und seinem Haus liegt. Wie zuvor versucht er auch jetzt aufzustehen, aber seine Füße versagen ihm erneut den Dienst. Sie tun nicht weh, sie sind taub, aber jetzt braucht Bandu Rathna sie eigentlich gar nicht mehr, denn das Gefälle zwischen Straße und Ozean erlaubt es ihm auch so voranzukommen. Er kriecht und rollt sich auf dem schlammigen, jetzt auch teilweise sandigen Grund meerwärts, zwischen Unrat und Trümmern und irrwitzig verstreut liegendem Hausrat hindurch. Dann zieht er sich an einem Mauerrest hoch, ja, da ist die Tür zum Hintereingang seines Hauses gewesen. Durch diese Tür ist er mit Singh gerannt und die anderen waren ihm gefolgt. Nilupa, Ravi, Bevi und Ajantha ...

Bandu Rathna lässt sich fallen, er kriecht um das lose stehende Mauerwerk herum und zieht sich auf das nackte, rasch getrocknete, schon wieder heiße Steinfundament seines ehemaligen Hauses. Jetzt sitzt er aufrecht und blickt um sich. Das Meer – weniger als zwanzig Meter von ihm entfernt – ist ganz ruhig, die harmlosen Wellen verlaufen sich auf dem weißen Sandstrand. So wie sie es stets getan haben. Keine Wolke steht am tiefblauen Himmel und die tropische Sonne schickt ihre heißen Strahlen in die verborgensten Winkel dieser zerstörten Küste. Bandu Rathna legt sich auf den Rücken und schließt die Augen. Die Innenflächen seiner Hände streichen vorsichtig, zärtlich sogar über das mit Glassplittern und spitzen Mauerresten übersäte Fundament. Er hat es geschafft: Er ist zu Hause!

Tote zählen

Weniger als zwei Wochen nachdem sich die Katastrophe ereignet hat, haben sich Delegationen formiert zum Zwecke der Erkundung der Krise in den »Tsunami-betroffenen« Gebieten Südostasiens. »Fact-Finding-Mission« heißt das im Jargon der professionellen Katastrophenhelfer. Während Touristen noch darauf warten, ausgeflogen zu werden, fliegen Experten, und auch jene, die sich dafür halten und auf eigene Faust helfen wollen, ein. Zu dieser Zeit sind in den infrastrukturstarken Regionen – und dazu zählt die Südküste Sri Lankas – die Zufahrts- und Küstenstraßen von militärischen Einsatzkommandos aus unterschiedlichen Nationen großteils geräumt von Dreck, Schlamm, Wurzelwerk, querliegenden Bäumen und Palmen, Trümmern, Auto- und Schiffswracks – und von Leichen. Die Delegationen kommen großteils ungehindert voran, dringen vor in die Epizentren des Grauens und zeigen sich entsetzt, bei Wahrung professioneller Sachlichkeit. Rasch wird entschieden, was wie wann wo zu tun ist und welche Gelder dafür einzusetzen sind. Abermals gelangen ausführliche Berichte, Stellungnahmen und Analysen der Szenarien in die behaglichen Stuben der westlichen Welt, in denen sich der saisonbedingte Cholesterinspiegel allmählich zu senken beginnt.

Am 6. Januar 2005 landet mein Flieger in Colombo, am 7. Januar gelingt es mir bis zu unserer Einsatzzentrale im Süden der Westküste vorzudringen, die Max hier notdürftig installiert hat. Galle, das komplett zerstört sein soll, habe ich großflächig umfahren müssen. Am 8. Januar nehme ich meine Arbeit für die Hilfsorganisation auf. Meine erste Aufgabe, die mich 12 Stunden am Tag drei Monate lang beschäftigen wird, ist eine »Landkarte des Zerstörung« in jenen Regionen zu erstellen, die der Hilfsorganisation von der singhalesischen Regierung für den Wiederaufbau zugewiesen worden sind. Vorerst mit einem professionellen Dolmetscher, nach zwei Wochen schon mit Banda Rathnu gehe ich von Trümmerstätte zu Trümmerstätte, trage die Anzahl der Toten und Vermissten pro Familie in lange Listen ein, dokumentiere den Grad der Vernichtung, interviewe die Menschen, stelle immer die gleichen Fragen – womit ihnen jetzt denn am dringlichsten geholfen wäre, ob es mit den Erstversorgungsmaßnahmen, den Medikamenten, den Zeltplanen, der Wasseraufbereitung, der Nahrungshilfe, den Decken, den Kerosinlampen etc. auch wirklich klappt, welche Unterstützungsleistungen sie von Familienmitgliedern, die nicht vom Tsunami betroffen sind, zu erwarten hätten, und so weiter. Aus der »Landkarte der Zerstörung« wird mehr und mehr eine Landkarte des Grauens, auf deren Basis in den kommenden drei Jahren vier Dörfer mit mehr als 700 Häusern und auch eine Reihe von Sozialprogrammen entstehen werden, die den am stärksten Betroffenen helfen sollen, ihre Zukunft wieder in die eigene Hand zu nehmen.

Die Spendenbereitschaft, die Basis unserer Arbeit, wird drei Wochen nach dem Tsunami nicht nur wie üblicherweise nach Katastrophen geringer, sondern wächst sogar – und das exponentiell. Von Tag zu Tag, von Woche zu Woche. Es scheint eine ziemlich alle gesellschaftliche Gruppen erfassende Spendenkonkurrenz ausgelöst worden zu sein. Von Nachbar zu Nachbar, von Betrieb zu Betrieb – politische Gruppierungen entdecken sich neu als humanitäre Helfer, in den Gewerkschaften, den Arbeiter- und Wirtschaftskammern, in den Industriellenvereinigungen geht das Thema ständig um, Schulen veranstalten Tsunami-Basare, an den Universitäten werden Dia-Events und Tsunami-Solidaritätskundgebungen abgehalten, bedeutende Künstler spielen in großen Hallen auf, um ihren Beitrag zu leisten und kirchliche Gruppen beten nicht nur, sondern lassen der frommen Geste auch ordentlich Bakschisch folgen. Regierungen beschließen die Verdoppelung des privaten Spendenvolumens ebenso wie große nationale und multilaterale Hilfsorganisationen aus eigenen Kapitalbeständen. Charity-Organisationen versprechen den optimalen Einsatz der gespendeten Mittel. Während sich vorerst Hunderttausende, schließlich viele Millionen Euros und Dollars auf diversen Konten versammeln, entwerfen die Experten eifrig Richtlinien, Strategien und Projektdesigns. Zu dieser Zeit wird viel ausgearbeitet, was gut klingt, freilich niemals in die Realität umgesetzt werden wird, weil es sich einfach nicht umsetzen lässt. Papier ist geduldig. Sind es die Menschen auch?

Gegen Ende der dritten Woche nach Neujahr steht fest: Nie zuvor hat die Weltgesellschaft auf ein vernichtendes Naturereignis dermaßen solidarisch reagiert. Die Arbeit muss begonnen, die Sache – im wahrsten Sinn des Wortes – in Angriff genommen werden! Die internationale Gemeinschaft fährt mit schweren Geschützen auf: Der Erkundung durch die Experten folgt die Inbesitznahme der vermeintlichen oder tatsächlichen Katastrophengebiete durch die Diplomatie. Sonderbotschafter werden entsandt, Außenminister und Außenministerinnen lassen sich mit Helikoptern herumfliegen, UN-Reden werden geschwungen, Welt-Bank Gesandte verschickt und Geber-Konferenzen abgehalten. Dem Tsunami ist ein Medien-Tsunami gefolgt und diesem ein Cash-Tsunami. Soviel jedenfalls steht am Beginn der vierten Januar-Woche 2005 fest: Ein weltweites Spendenvolumen von vielen Milliarden US-Dollar zeichnet sich ab.

Wer schon kann sich dieser kollektiven Idee der Machbarkeit in Zeiten der Not – auch wenn diese sich woanders ereignet – entziehen? Die dritte Spendenwelle langt also Anfang Februar 2005 auf den Konten der autorisierten und akkreditierten Hilfsorganisationen ein – begleitet von furiosen Medienkampagnen, die nekrophile Bilder atemberaubend rührig und grausam zugleich zu inszenieren verstehen. Spätestens jetzt erkennen jene, die enorme Spendengelder lukrieren und die eigentlichen Profis in diesem Geschäft sind, dass es kein einfaches Unterfangen sein wird, diese Hilfsbereitschaft einigermaßen adäquat umzusetzen, die vorhandenen Mittel in realistischen, administrierbaren und vor allem längerfristig wirksamen Projekten umzusetzen. In welche tatsächlich nachhaltigen, sinnvollen und die Menschen umfassend fördernden Programme soll investiert werden? Es würde nicht einfach werden und wurde es auch nicht.

Zahlen werden gerundet, gemittelt und miteinander verglichen. Statistiken erstellt, Statistiken verworfen, Statistiken extrapoliert. Vergleichbare Szenarien hat es selten zuvor und – in Bezug auf das in so kurzer Zeit akquirierte Spendenvolumen – niemals zuvor gegeben. Die von den Spendern erwarteten raschen Resultate werden sich in der nach wie vor äußerst chaotischen Situation vor Ort kaum erzielen lassen. Zudem mangelt es den meisten Organisationen an Infrastruktur und Personal, denn auf eine Katastrophe dieses Ausmaßes war man bislang nicht eingerichtet. Bis zur vierten Februarwoche 2005 werden deshalb in der westlichen Welt eine Heerschar »Logistiker« und »Desaster-Manager« angeworben, welche die am heftigsten betroffenen Regionen alsbald stürmen und im Dienste ihrer jeweiligen Organisation vereinnahmen.

Enorme Verwüstungen durch die Flutwellen des Tsunami: An der Südwestküste blieben vielerorts nur mehr die Fundamente der Häuser, auf denen dann für die Überlebenden notdürftig Zelte errichtet wurden.

Von dem Getöse und der Hysterie bekomme ich selbst kaum etwas mit, erfahre nur durch Max' Erzählungen – wenn wir erschöpft an den Abenden zusammen sitzen, Raki trinken und auf den Indischen Ozean hinausstarren. Untertags bin ich mit Bandu Rathna unterwegs. Ich weiß, dass er seine ganze Familie an den Tsunami verloren hat – Mutter, Frau, seine beiden Töchter und seinen einjährigen Sohn –, aber er ist tapfer und will diese Arbeit unbedingt mit mir machen. Ich glaube, die tägliche Begegnung mit dem Leid, den Schmerzen und dem Grauen der anderen hilft ihm, nicht an sein eigenes Unglück ständig zu denken. Mit mir hat er bislang nicht über die Auslöschung seiner Familie gesprochen. Ich habe ihn auch nie danach gefragt. Mich freilich habe ich gefragt, wie es diesem Mann gelingt, trotz dieses unfassbaren Verlustes Tag für Tag kontrolliert, konzentriert und im Umgang mit den anderen Menschen ernst und irgendwie auch liebevoll seinen Dienst an meiner Seite zu versehen. Wir Menschen aus dem sogenannten Westen, denke ich oft, wären von diesem Leid vollkommen verzehrt worden und wenn wir uns nicht schon umgebracht hätten, säßen wir höchstwahrscheinlich in einer Psychiatrischen Klinik.

Unsere Wege in die Dörfer führen uns immer wieder an Orten vorbei, an denen es unsäglich stinkt. Verwesungsgeruch. Ob in Teichen, unter Trümmern, zwischen Büschen oder hoch oben in den Wipfeln der Bäume ... noch immer finden wir kaum identifizierbare menschliche Kadaver, deren Koordinaten wir dann den örtlichen Distriktbehörden melden. Nach rund drei Monaten ist die Region gemäß der uns gestellten Aufgaben kartographiert. Und allmählich – auch nach Klärung der Landfrage – kann begonnen werden vier Dörfer mit mehr als 700 Häusern neu zu errichten. Weitaus positiver als die erste Aufgabe, fällt mir nun die Verantwortung zu, Sozialprojekte und mittelfristige Unterstützungsmaßnahmen zu planen und durchzuführen. Die Errichtung einer Bootswerft – in der zwei Monate später jede dritte Woche ein ordentliches Schiff vom Stapel gelassen werden sollte – zählt genauso dazu wie die Etablierung von Schneidereien für Frauen, die ihre Kinder und Männer in der Flut verloren haben. Es sind schöne Aufgaben. Und Bandu Rathna hilft mir, sie im Rahmen des Möglichen zu verwirklichen.

April 1737

Zwei Wochen nachdem wir unsere Arbeit in den südwestlichen Küstenregionen Sri Lankas aufgenommen haben, komme ich zum ersten Mal in die Stadt Galle. Ich bin schockiert. Hier hat der Tsunami besonders gewütet, hat mit seinen über zehn Meter hohen Flutwellen ganze Schneisen der Verwüstung in die Neustadt gerissen, hat mehrstöckige Betonbauten umgemäht, Tempel, Moscheen, den Busbahnhof und das Rathaus. Mit Bandu Rathna würde ich später ein Amateurvideo ansehen, gedreht von dem Flachdach eines Hochhauses aus, das den gewaltigen Strom zeigt, der sich wild und mit großer Geschwindigkeit durch die Straßen der Stadt bewegt und alles mit sich reißt und vor sich herschiebt: Busse, Trümmer, Leichen, auch erschöpft Schwimmende, Masten, Mauerreste, leblose Tiere und hoffnungslos ineinander verkeilten Unrat. Vier Wochen nach der über diese Stadt hereingebrochenen Zerstörung gleicht sie noch immer einem infernalischen Trümmerfeld, sind noch immer nicht alle Leichen tief unter den zusammengestürzten Häusern, dem meterhohen Schlamm geborgen. Allein in der Stadt Galle sollen an die 4.000 Menschen in den zehn Minuten ihr Leben verloren haben.

Ich gehe durch diese Stätte des Grauens hinauf zur Festung, trete durch das Burgtor und staune nicht wenig, mich plötzlich in einer völlig anderen Welt zu befinden. Alles ist hier am rechten Fleck – die alten Villen mit den herrlich ausladenden Veranden, die Gärten, die Plätze, die Tempel, die Manufakturen, die Geschäfte, die Kirchen. Als hätte es den Tsunami niemals gegeben. Die jahrhundertealten, Meter dicken und bis zu 15 Meter hohen Mauern, die Gustav Wilhelm von Imhoff erbauen ließ, haben den Fluten standgehalten, kein einziger Stein ist aus der Mauer gebrochen. Einige wenige Flutwellen haben lediglich über die niedrigsten Zinnen geschwappt, sodass das Wasser in der Festungsstadt nicht mehr als zehn Zentimeter hoch gestanden ist. Keinen Toten hat es hier zu beklagen gegeben, wohingegen das Massensterben draußen gerade erst begonnen hatte. Die Verwüstung der Neustadt ist noch dadurch verstärkt worden, dass die riesige Wehranlage die Fluten nicht nur abgewehrt, sondern auch umgeleitet hat, sie nördlich der Mauern mit beschleunigter Zerstörungskraft auf die neuen Bauten treffen ließ.

Fassungslos stehe ich auf einer der Zinnen hoch oben auf der Wehrburg von Galle und blicke an diesem besonders sonnigen und heißen Tag auf die friedlich schaumkronentragenden Wellen des tiefblauen Indischen Ozeans. Neben mir eine verrostete Kanone, bleidatiert aus dem Jahr 1738. Wie oft mag Gustav Wilhelm hier gestanden und ebenso wie ich in die Weite geblickt haben? Wie oft mag er sich Gedanken über seine Kolonie und auch sein eigenes Schicksal gemacht haben? Er war weit gekommen in seinem Leben und war wahrscheinlich auch mächtig stolz auf diese mit hunderten Kanonen gesicherte Wehrstadt, auf diese uneinnehmbare Trutzburg – die zumindest für die nächsten einhundert Jahre die Dominanz des holländischen Kolonialismus an der Südspitze des indischen Subkontinents fortschreiben würde … Da oben stehend ist es tatsächlich unfassbar: Während links und rechts von mir eine halbe Stadt vernichtet und getötet worden ist, haben diese Festung und ihre Bewohner nicht einmal eine Schramme abbekommen!

Die Festung Galle und die aus rund 400 Kolonialbauten bestehende Altstadt, die die Flutwellen des Tsunami unbeschädigt überstanden haben.

Ein Wirrwarr aus steinernen Treppen und dunklen Gewölben. Eiserne Halterungen für Fackeln, rußgeschwärzte Stellen an den sich bauchig wölbenden weißgekalkten Wänden. Gittertore, Ketten, Zellen, in die nur schwaches Licht aus unerreichbar hohen, schlitzförmigen Maueröffnungen dringt, die in sich verjüngende Schächte eingeschlagen sind. Der Protestant von Imhoff war nicht zimperlich in der Ausschaltung seiner vermeintlichen oder tatsächlichen Gegner gewesen, besonders wenn diese katholisch waren. Aber er soll dabei – anders als seine Vorgänger – nicht pure Willkür angewandt haben. Er ließ beobachten, observieren und ging jedem Verdacht einer möglichen geheimen Revolte sofort nach. Die katholischen Europäer in seiner Kolonie waren fast allesamt Deszendenten der ehemaligen portugiesischen Herrschaftsklasse, auf die besonderes Augenmerk gelegt werden musste. Zwar war die portugiesische Herrschaft bei Imhoff's Amtsantritt als Gouverneur von Ceylon im Jahre 1736 schon seit rund 80 Jahren Geschichte, aber wer weiß ob die Portugiesen nicht schon längst erneut Gesandtschaften zu dem Kandy-König geschickt hatten – um den Spieß vielleicht doch noch umzudrehen und die Holländer mit den gleichen Waffen zu schlagen, mit denen sie selbst geschlagen worden sind!

Bedächtig steige ich die steinernen Treppen vom Verließ hinauf zum quaderförmigen, mit Kies bedeckten Hof, der auf drei Seiten von den ehemaligen Stallungen und Wagenburgen begrenzt ist. Menschenverlassen brütet der Hof in großer Hitze vor sich hin, und unwillkürlich kneife ich die Augen – aus der Dunkelheit der Gefängniswelt in das grelle Licht getreten – einmal ordentlich zu. Als ich mich dann an das hellweiße Licht einigermaßen gewöhnt habe, quere ich diesen siedend heißen Platz Richtung Westen um zu jener ausladenden Freitreppe zu gelangen, die hinauf zu den Arbeits- und Repräsentationsräumen des Gouverneurs führt. Durch ein großes schmiedeeisernes Tor mit kunstvoll blumenverzierten Glasintarsien betrete ich einen großen, aber eher schlicht gehaltenen Vorraum. Hier hängen Ölbilder und Kupferstiche von portugiesischen, holländischen und britischen Schlachten, Eroberungen und Eroberern, und von prächtig aufgeputzten Elefanten, auf denen – sind es Könige? –

herrschaftlich gekleidete Männer in ehrfurchtsgebietender Pose unter seidenen Baldachinen stolz einherreiten. Von diesem Vorraum weisen mehrere schön gearbeitete Mahagoni-Holztüren in unterschiedliche Zimmer. Unbeirrt steuere ich auf jenes zu, das mit einer, auf einem verrosteten Sockel angebrachten Tafel als »Arbeitsstätte der Gouverneurs von Ceylon« ausgewiesen ist.

Ich öffne vorsichtig die Tür. Sie knarrt. Ich will jedes Geräusch vermeiden und setze behutsam einen Schritt vor den anderen. Es ist ein sehr alter Bretterboden mit Dellen und Ritzen und Markierungen. Aber er riecht gut. Ich gehe weiter. Verstohlen blicke ich um mich. Kunstvoll bemalte Seidentapeten; wieder Ölgemälde, diesmal ausschließlich holländischer Provenienz; Seemannskisten, die sicherlich mit Goldbarren, Silberdukaten und alten Seekarten bis oben hin gefüllt sind; eine Maske aus Ebenholz, die ein furchterregendes Gesicht mit wulstigen Lippen und übergroßen Augen zeigt, das von Haaren – ich könnte schwören es sind Menschenhaare – umrahmt wird; eine herrliche Glasvitrine, in der sich eine Menge alter Flaschen mit vergilbten und teils zerrissenen Etiketten befindet; ein mannshoher Globus inmitten des Raumes, der auf einem dreibeinigen Gestell aus Elfenbein ruht; und ein gut eineinhalb Meter langes Fernrohr, das vor dem hohen Fenster auf die Zinnen der Festung und die Wellen des Indischen Ozeans gerichtet ist. Und dann, unweit dieses Fensters der mächtige Schreibtisch aus feinstem Teakholz, vor dem ein Mann mit einer beinahe bis zu seinem Gesäß reichenden weißen Perücke sitzt – und offenbar tief in seine eigenen Gedanken und Geschäfte versunken ist.

»Diese Listen mit den zu vielen Namen drauf – holländische, portugiesische, singhalesische, sogar englische. Diese verdammten Listen … Halt!« Der Mann mit der riesigen Perücke, in dem ich jetzt Gustav Wilhelm zu erkennen glaube, gesteht sich zwar zu, Listen mit zu vielen Namen zu verabscheuen, fluchen …, fluchen freilich entspricht weder seiner erlauchten Abstammung noch seinem gottesfürchtigen Gemüt und schon gar nicht dieser eminent wichtigen Position, die anzutreten er nicht nur willens sondern auch mutig genug gewesen ist. Und würde er jetzt all diese Namenslisten mit einer seiner beiläufig bestimmten und gerade deswegen gefürchteten Handbewegungen zerreißen, und würde er, der jetzt aufsteht und das Fenster – vor dem das Fernrohr ruht – öffnet, diese Papierfetzen von der starken, vom Indischen Ozean kommenden Brise in alle vier Himmelsrichtungen verwehen lassen – das Fluchen muss er sich grundsätzlich verbieten. Ich halte die Luft an, stehe jetzt unmittelbar hinter ihm. Noch will ich mich nicht zu erkennen geben. Gerade erst bin ich eingetreten – in seine Welt.

Der Gouverneur der Niederländischen Ostindien-Kompanie auf Ceylon rückt sich seine sorgfältig gepuderte Perücke zurecht. Namen, wohin er auch blickt. Namen, denen er misstrauen muss und die oft nicht einmal die Herkunft ihrer Träger verraten. All diese Namen auf diesen Listen wollen nichts anderes als Steuer- und damit Lebenserleichterungen, womit dem Schwindel grundsätzlich Tür und Tor geöffnet ist. Gustav Wilhelm lässt sich wieder auf seinem mit goldenem Damast bespannten Sessel vor dem mächtigen Schreibtisch nieder. »Pusties« – Leute europäischer Abstammung, die auf Ceylon geboren worden sind – legen sich gerne holländische Namen zu, auch wenn sie anderer Deszendenz sind; »Casties« – die Kinder dieser Leute – wählen oft die Namen ihrer Großeltern, in der Hoffnung, sie würden vielleicht einmal diese Insel verlassen und nach Europa gehen können; »Mestizen« werden die »Bastarde« genannt, die aus einer europäisch-asiatischen Verbindung hervorgegangen sind und »Tupasses« sind Abkömmlinge freigekaufter Sklaven, die oft Phantasienamen eintragen um ihre Herkunft zu verschleiern. Eine Menge Singhalesen führen zudem portugiesische Namen, denn die Portugiesen sind ja nicht nur in der Verbreitung des Katholizismus, sondern auch ihrer Samen hier in Ceylon ziemlich erfolgreich gewesen. Ein heilloses Durcheinander also. Und nicht einmal ihm, dem Gouverneur, dem Alleinregenten über die Küstengebiete, ihrer Festungen und Häfen ist es vergönnt auf dieser Insel am Ende der bekannten Welt seinen richtigen Namen zu tragen, der eigentlich – weil er aus Württembergischen Landen stammt – nicht Gustaaf Willem, sondern eben Gustav Wilhelm Baron von Imhoff ist.[38]

Münze der Niederländischen Ost-indien-Kompanie mit dem Wappen der »Vereenigde Oostindische Compagnie« (VOC), Prägung aus dem Jahr 1744 während der Regenschaft von Gustav Wilhelm Baron von Imhoff

Der Baron entnimmt einer, auf seinem prächtigen Schreibtisch stehenden Silberschatulle ein zartes Lemonengras und beginnt daran zu schnüffeln. Ich stehe hinter ihm, denke, dass er wahrscheinlich wirklich keine leichte Aufgabe hat, aber ich habe auch keine leichte Aufgabe hier auf Sri Lanka. Das Riechen am Lemonengras beruhigt Gustav Wilhelm offenbar, wahrscheinlich schnüffelt er immer daran, wenn er nervös oder aufgebracht ist, vor allem, wenn er sich über systematisch unkorrekt angelegte Namenslisten ärgern muss. Er klingelt seinem Diener. Die Tischklingel besteht aus einem bronzenen Elefantenkopf, aus dem daumenlange elfenbeinerne Stoßzähne ragen. Drückt man diese hinunter so wird eine Zahnradmechanik in Gang gesetzt, die sich im Inneren des Elefantenkopfes befindet und von Zeit zu Zeit aufgezogen werden muss. Das ertönende Signal ist keineswegs ein liebliches Klingeln, sondern ein schnarrendes schrilles Geräusch, das nicht eher verstummt, bis man die sperrigen Stoßzähne losgelassen hat. »Was für ein schönes, was für ein nützliches Stück!« Gustav Wilhelm drückt gern und lang, zumeist so lange, bis sein Diener Upali in der Tür erscheint, um die jeweilige Order entgegenzunehmen. So wie auch jetzt. Für mich ist es doch eigenartig mitanzusehen, dass dieser schnarrende Elefantenkopf, den ich von meiner Großmutter geerbt habe und dessen Mechanik ich kurz vor meiner überstürzten Abreise nach Asien habe restaurieren lassen, hier so gute Dienste leistet.

*Dienstbotenklingel
aus bronzenem Elefantenkopf*

Upali erscheint mit Portwein in einem kristallenen Kelch. Diesen leert der Gouverneur und mit einem Mal kommen ihm die vielen Namen auf den Listen nicht mehr als heimtückische Bedrohung vor, die seine Autorität auf dieser – weiß Gott – oft Gott verlassenen Insel untergraben, sondern als lächerliche Beweise einer uralten Strategie der Untertanen, sich Privilegien zu verschaffen, die sie wahrscheinlich ganz und gar nicht verdienen. Und dabei geht es zumeist nur um die Befriedigung der niedrigsten Triebe – um die Gier, den Geldsack zu füllen, auf Kosten des Souveräns! Nein, er wird diesem Spiel nicht länger zusehen.

Ermuntert von der vitalisierenden Wirkung des Portweins fühlt sich der Gouverneur über diese gierigen und zumeist gottlosen Kreaturen erhaben. Ist nicht er, Gustav Wilhelm Baron von Imhoff, der uneingeschränkte Herrscher über diese Insel, der – wie ein Chronist seiner Zeit vermerkt – den Status eines Königs innehält? Zwar gibt es da noch den anderen König, jenen des Reiches Conde Uda, das im Inselinneren, zwischen den Bergen und Hochebenen gelegen ist, aber dieser König da oben hat weder mit diesen Namenslisten etwas zu tun, noch würde er die Interessen der Compagnie sonst wie unterstützen. Vielmehr ist zu befürchten, dass der Kandy-König die Ordnungsmacht der Compagnie weiter durchkreuzt, was der gerade erst seit einem Jahr und zwei Monaten nach Ceylon entsandte Gouverneur verhindern wird – nach all den sinnlosen Schlachten, die sich die

Portugiesen, dann die Holländer mit den kampferprobten königlichen Truppen im Hochland schon geliefert haben. Der König von Conde Uda, Navendra Singha I., wird von seinen Untertanen gottgleich verehrt. Gustav Wilhelm Baron von Imhoff hingegen ist Herrscher über die Küstengebiete, ihre Plantagen, Festungen, Häfen. Dieser Herrscher bedarf keiner gottgleichen Verehrung, aber er will und wird Ordnung schaffen – in einer Kolonie, die er verlottert vorgefunden hat!

Soll ich jetzt in Erscheinung treten? Soll ich jetzt meinen Namen rufen, mit dem Gustav Wilhelm mit Sicherheit nichts anzufangen weiß, weil er mir erst zweihundert Jahre später gegeben wird? Soll ich ihm vom Tsunami erzählen, der seine Küsten – aber nicht sein vortreffliches Fort! – verschlungen hat wie kein Krieg zuvor? Soll ich ihm auf die Schulter klopfen und sagen: »Hey, da ist ein Besucher aus der Zukunft, der etwas mit dir zu tun hat, obwohl du dir seine Welt nicht annähernd vorstellen kannst!« Soll ich so tun, als wäre ich ein Bewohner seiner Zeit, der den Gouverneur aufsucht um Rat zu erbitten, seine Pläne bezüglich einer Ansiedelung auf der Insel betreffend? Aber meine Kleidung, mein sonderbares Aussehen würden mich wohl verraten. Soll ich auf mich aufmerksam machen, den Zeithorizont überschreiten, die lineare Ordnung der Genealogie verwirren? Ich bin unschlüssig.

Eure Verantwortung ergibt sich in erster Instanz Gott gegenüber, Ihr seid Diener, der zum Herrschen berufen wurde; Eure Verantwortung ergibt sich in zweiter Instanz dem Ministerialenrat der Nederlanse Ostindische Compagnie in Amsterdam gegenüber, der Euch in diese ehrenwerte Mission entsandt hat; Eure Verantwortung ergibt sich in dritter Instanz dem General-Gouvertment in Battavia auf Java gegenüber, dem ihr zwar nicht exekutiv unterstellt, dem ihr aber rechenschaftspflichtig seid. Ihr könnt Gesetze erlassen und Gesetze verwerfen und in Eurer Person vereinen sich Legislative und die Exekution der Befehle zum Wohle der Compagnie und zum Wohlwollen Gottes. Den Menschen hier, seid ihr nur insofern verantwortlich, als sie zur Erfüllung Eurer Mission beitragen, und die hehren Ziele der Compagnie, die Steigerung des Wohlstands und die Festigung der holländischen Territorien in den indischen Landen verfolgen.

Der Gouverneur hat das auf Pergament geschriebene, von dem Generalgouvernement in Batavia autorisierte Dokument zu seiner Ernennung zum Gouverneur von Ceylon einmal mehr voller Konzentration gelesen. Ja, es besteht Handlungsbedarf – und er würde seine Kompetenzen damit nicht überschreiten. Denn mit Sicherheit – der Gouverneur lehnt sich jetzt vor meinen Augen gelassen in seinen mächtigen goldenen Sessel zurück – ist er nicht für jene verantwortlich, die sich durch die koloniale Macht der Holländer und somit durch ihn – den deutschen Freiherrn – unredlich zu bereichern versuchen. Nein, die Namen auf den Listen sind Makulatur. Abermals drückt er auf die elfenbeinernen Stoßzähne des bronzenen Elefantenkopfes. Er wird Upali das neue, das alle unsystematische Namenslisten obsolet machende Gesetz diktieren.

Der Gouverneur – soviel steht fest – wird keinen einzigen auf seinen vielen Namenslisten aufscheinenden Fall mehr prüfen lassen. Er hat eine rigorose Entscheidung getroffen. Als Upali erscheint, diktiert Gustav Wilhelm ein für viele seiner Untertanen unangenehmes Gesetz, das er mit aller gebotenen Strenge exekutieren lassen wird. Für andere wiederum wird dieses Gesetz enorme Erleichterung bringen. Denn dieses Gesetz folgt der Vorstellung, dass alle Untertanen seines Reiches vor dem Gesetz gleich sind, und deshalb keine Privilegien aufgrund der Abstammung mehr zulässig sind. Und schon gar keine Steuerprivilegien. Dieses Gesetz – so mutmaße ich – wird dem Baron viele Feinde, aber auch viele Freunde bescheren. Es ist die erste Amtshandlung eines Gouverneurs von Ceylon gegen jene gierigen Europäer und deren Nachkommen, welche die Autorität der Compagnie unterminieren und deren Profite aufgrund rassischer Argumentationen schmälern wollen. »Nein, meine Untertanen, vor dem Gesetz und vor mir, seid ihr alle gleich!«

Wie jedes koloniale System der europäischen Seemächte basierte auch das holländische – bis weit in das 20 Jahrhundert hinein – auf extremem Rassismus. Lebens-, Einkommens- und Aufstiegschancen waren direkt an die Hautfarbe und Herkunft gekoppelt, wobei die indigene Bevölkerung – im damaligen Wortgebrauch die Eingebore-

GUSTAAF WILLEM
BARON van IMHOFF,
GOUVERNEUR GENERAAL van NEERL. INDIE. ÆT. XXXIX.

1748: Gustav Wilhelm Baron von Imhoff auf dem Höhepunkt seiner Karriere und Macht als Generalgouverneur von Niederländisch-Ostindien, residierend in der Festung Galle auf der Insel Ceylon.

nen – die jeweils niedrigsten Positionen der sozialen Hierarchie zugeschrieben bekam. Händlerklassen – überall in der kolonialisierten Welt vor allem indische und chinesische – bildeten einen strategischen Puffer zwischen jenen, die man maßlos ausbeutete, und jener Schicht weißer Kolonialisten, die sich als Teil der Herrschaftselite begriffen. Dazwischen gab es jede Menge weiterer Gruppierungen, deren soziale und ökonomische Relevanz wiederum nach Hautfarbe und Herkunft definiert war.

All diesen Systemen gemeinsam war, dass die gesellschaftlichen Gruppen, die nicht der Herrschaftselite angehörten, ständig gegeneinander ausgespielt wurden. Ein wesentliches Instrument dafür war das Gewähren von Privilegien, Erleichterungen, Erlaubnissen und die Durchsetzung von Verboten. Die Kolonialbürokratien achteten immer darauf, aus Unterdrückten und Beherrschten ihrerseits Unterdrücker und kleine Herrscher zu machen und am Ende dieser brutalen – ökonomisch und militärisch durchgesetzten – Hackordnung standen jene, deren Leben im Grund keinen Pfifferling wert war. Gustav Wilhelm Baron von Imhoff hatte in seiner Regentschaft dieser perfiden Herrschaftslogik einen Strich durch die Rechnung gemacht. Er begründete die Abschaffung der Privilegien, die Egalisierung des Steuersystems und das Verbot, Steuern mit Gewalt einzuheben, gegenüber seinem Direktorium in Amsterdam mit ökonomischen Argumenten. Ein genialer Schachzug. Schon im Jahr darauf – 1738 – flossen mehr Steuerleistungen in die Kassen der Kolonialverwaltung und damit der Niederländischen Ostindien-Kompanie als jemals zuvor. Das viele Geld würde all seine Kritiker und Feinde – und von denen gab es viele – vorerst zum Schweigen bringen.

Gustav Wilhelm Baron von Imhoff richtet sich in seinem mächtigen, mit goldenem Damast bespannten Sessel auf und schaut zufrieden Upali an. Diese wichtige Entscheidung will er nicht gefällt haben, ohne auf sie mit einem zweiten Kelch Portwein anzustoßen. Nicht umsonst hat man ihn im Februar des heiligen Jahres 1736 nach der Geburt des Erlösers auf dieses Eiland im Indischen Ozean entsandt! Upali läuft um den Portwein und ich trete jetzt hervor – weniger aus Entschluss, denn aus Sympathie für meinen unzeitgemäß egalitär entscheidenden Altvorderen. Ich stehe jetzt direkt neben dem sitzenden Gouverneur und meine linke Hand beginnt den auf dem wuchtigen Schreibtisch ruhenden Elefantenkopf behutsam zu streicheln. Ich beuge mich zu dem Gesetzesgeber hinunter und raune ihm vorsichtig ins Ohr: »Gut gemacht alter Junge! Und übrigens wird dein Elefantensschädel, weit über die Grenze deines physischen Lebens hinaus, abermals wichtigen Bestimmungen zugeführt werden!« Gustav Wilhelm regt sich nicht. Upali kommt gerannt mit dem kristallenen Kelch voll mit herrlichem Portwein. Gustav Wilhelm Baron von Imhof setzt ihn an die Lippen, trinkt ihn in einem Zug leer, schaut aus seinem Fenster, weit hinaus auf den Indischen Ozean. »Nichts von dem, was ich tue, werde ich jemals bereuen!«

Von der Sklavin zur Herrscherin

Heute ist die Festung Galle, das »Holländische Fort« wie sie auch genannt wird, ebenso wie die durch die Festungsmauern geschützte Altstadt UNESCO-Weltkulturerbe. Es ist die größte europäische Festung in Asien und – seitdem sich der Tourismus nach dem Tsunami wieder erholt hat – wieder ein Besuchermagnet. Dieser Ort war bis zu seinem frühen Tod im Jahr 1750 Gustav Wilhelms Arbeitsstätte und Zuhause. Nach seiner Bestellung zum Generalgouverneur von Niederländisch-Ostindien, im Jahr 1741, hatte er den Hauptsitz der Kompanie von Batavia auf Java hierher verlegen lassen.
Abgesehen davon gab es drei Entscheidungen im Leben des Barons, die völlig außerhalb der damaligen Normen, der emotionalen und strategischen Konventionen standen, und mit denen er sich auch in seiner Rolle als Herrscher extrem exponiert hat. Die erste Entscheidung betraf die Abschaffung spezifischer Privilegien und insbesondere der Steuerprivilegien in seiner Kolonie. Die zweite seiner höchst unkonventionellen Entscheidungen betraf sein Privatleben. Obgleich ein Kolonialherrscher im 18. Jahrhundert im heutigen Sinn ein solches gar nicht hatte, folgte van Imhoff seinen Emotionen und ging, nach dem frühen Tod seiner Frau Catharina Magdalena, geborene

Huysman, die 1744 gestorben war, eine in der damaligen Zeit grundsätzlich völlig inakzeptable offizielle Verbindung zu einer Frau ein,
die er wahrhaftig liebte – nämlich zu der celebischen Sklavin Helene
Pieters, die van Imhoff noch vor dem Tod seiner Frau und vor der
Übersiedlung von Batavia nach Galle freigekauft hatte.

Der ehemalige Sitz der »Vereenigde Oostindische Compagnie« in Amsterdam

Es war durchaus nichts Außergewöhnliches, dass Kolonialisten aller
Stände und Ränge Beziehungen zu einheimischen Frauen unterhielten, solange diese inoffiziell blieben und als geheime amouröse Lieb-
schaften vonstatten gingen. Dem gläubigen Christen van Imhoff,
ebenso bibeltreu wie dickköpfig, war dieses Arrangement zu doppel-
bödig und einer Weltsicht geschuldet, die Menschen aufgrund ihrer
Herkunft auseinanderdividierte. Gustav Wilhelm dürfte Helene sehr
geliebt haben, sie war Anfang zwanzig, als er sie kennenlernte, und
nicht älter als 33 Jahre, als der Generalgouverneur im Jahre 1750 in

ihren Armen starb. Zu diesem Zeitpunkt hatte Helene Baronin van Imhoff zwei Kindern das Leben geschenkt. Die Heirat erfolgte fünf Jahre zuvor, 1745 – nach Einhaltung des Trauerjahres, das van Imhoffs erster Gattin Catharina Magdalena geschuldet war.

Die Verheiratung eines amtierenden Generalgouverneurs mit einer ehemaligen einheimischen Sklavin konnte in den Direktionsetagen der Compagnie nur zu Kopfschütteln und blankem Erstaunen, wenn nicht Entsetzen führen. Natürlich wusste das der Baron, und er wusste auch, dass Dinge, die sich auf einer entfernten Insel im Indischen Ozean ereignen, noch lange keine Rechtsverbindlichkeit in Europa besitzen. Also setzte er sich mit all seiner Autorität nach der Geburt seines Sohnes Jan Willem im Jahre 1746 dafür ein, dass die Ehe und auch die dieser Ehe entstammenden Kinder in Holland rechtsgültig legitimiert werden.

Das war absolut ungewöhnlich, und erforderte neben forschem Auftreten auch viel geheime Diplomatie. Das Verfahren dauerte mehr als zwei Jahre, aber van Imhoff, der eigentlich in seinem Leben alles erreichen konnte, was er sich in den Kopf gesetzt hatte, ging auch diesmal siegreich aus der Auseinandersetzung hervor. Seine Tochter Isabella Anthonia war bereits geboren, als Willem und Helene jene Urkunden in Händen hielten, die sie auch in Europa zu rechtmäßigen Eheleuten machten und ihren Kindern die Erbschaft eines doch erstaunlichen Vermögens ermöglichen würden. Van Imhoff hatte jene, die aufgrund kultureller Vorurteile Recht sprechen, eines Besseren belehrt, und es versteht sich von selbst, dass in dem oben zitierten Nazi-Roman »Der Große Imhoff«, dieses großartige Lehrstück, das den deutschen Herrenmenschen als »Rassenschande« erscheinen musste, verschwiegen wird.

Als zwanzig Jahr später der ehemalige Offizier, Künstler, Porträt- maler und Lebenskünstler Cristoph Carl Adam von Imhoff von London aus seine große Indienreise antritt, haben sich die Spuren von Helene, Jan Willem und Isabella Anthonia van Imhoff in der Familienchronik schon weitgehend verlaufen. Den Quellen nach gesichert ist, dass zuerst Helene und dann die beiden Kinder das Erbe, das neben erklecklichen Barschaften auch stattliche Besitzungen in den Kolonien und in Holland umfasste, tatsächlich problemlos antreten konnten. Das allmähliche Verschwinden der »celebischen Verwandtschaft« aus der Familienchronik dürfte freilich mit jenem Standesdünkel zusammenhängen, den der Generalgouverneur zu seiner Zeit so erfolgreich bekämpft hatte. Helenes Todesjahr ist ebenso unbekannt wie der weitere Lebensverlauf der beiden dieser Ehe entsprungenen Kinder. Der Stammbaum schweigt darüber. Nicht geschwiegen hat Christoph Carl Adam, der weitgehend mittellose Künstler, der ja selbst zu dieser Zeit mit Marian Chapuset zusammen ist, die er nicht als standesgemäß erachtet. Christoph Carl Adam entsinnt sich vor seiner Indienreise seiner reichen Verwandten vom »anderen Ende der Welt«, die ihm doch hilfreich sein könnten, vielleicht sogar finanzielle Engpässe zu meistern. Am 2. August 1768 schreibt er seinem Bruder Julius aus London, dass er Kontakt zu den »celebischen« van Imhoffs knüpfen will. Auch ein anderes kurioses Detail soll hier nicht vorenthalten werden:

Was hilft also reich sein? Doch mögte ich gerne reich sein, wie du aus meiner weitläufigen Reise schließen wirst ... Einen Gefallen sollst du mir tun: einen Kupferstich von General-Gouverneur van Imhoff schicken und so viele Nachrichten wie möglich von dem Aufenthalt seiner Erben. Obrist Imhoff wird dir dazu am besten helfen können ... Mörlach ist doch besser zu behalten, als umsonst wegzugeben. Man kann nicht wissen, ob ich nicht Geld griege, dann will ich es nehmen. Meine Marian empfiehlt sich gehorsamst ... Gestern hatte ich das Mißvergnügen, einen Kerl von einem hohen Haus herunterfallen zu sehen, und was kuriose war, ich dachte just, wie leicht könnte so ein Kerl abfallen. Er fiel in eine gläserne Lampe, die auf einer Säule vor dem Haus stund, welche ihm den Kopf ordentlich in 3 Stücke zerbrach. Er war also tot, ehe er zur Erde kam. Ich konnte nicht helfen auf der Straße zu schreien und bin entsetzlich erschrocken. In drei, vier Tagen erwarten wir den König von Dänemark ...[39]

Das Schloss Mörlach wurde schließlich zwar nicht mit dem Geld der »celebischen Verwandten«, aber doch – wie bereits beschrieben – durch den diskreten »Verkauf« von Marian an Warren Hastings restauriert und zu einer imposanten Herrschaftsidylle ausgebaut. Jedenfalls scheiterte die Kontaktaufnahme zu den »celebischen Verwandten« im Vorfeld der großen Indienreise; und noch in Indien selbst bedauerte Christoph Carl Adam, dass die Familie keine Verbindung zu dem berühmten Generalgouverneur gehalten hatte. Am 6. April 1770 schrieb er aus Madras an seinen Bruder Friedrich Wilhelm von Imhoff: *Unser Ort ist jetzo ziemlich lebhaft. Es kommen täglich Schiffe von einem anderen Ort, und gestern kamen zwei Schiffe von England, die mit uns wegfuhren, just 12 Monate auf der Reise ... Es ist würklich ein großes Unglück, daß man nicht einen oder mehr von uns herüberschickte, wie der Gouverneur van Imhoff in Batavia lebte. Wir würden im Stand gekommen sein, unsre Familie in die Höhe zu bringen, und jetzo ist es mit uns zu spät. Wann ich auch sollte Glück haben, Geld zu machen, so bin ich schon zu weit in Jahren avanciert, viel zu machen. Und einer allein etwas zu haben, ist nicht genug. Wann aber zwei, drei Brüder Vermögen machen, so hilft es.* [40]

Gustaaf Willem van Imhoffs Entscheidung, Helene Pieters zu ehelichen und sie und ihre gemeinsamen Kinder zu legitimieren, hatte Symbolcharakter in einer Welt, die von Ressentiments und feudalständischen Vorurteilen bestimmt war. Die europäische Familie hatte nichts von des Generalgouverneurs Reichtum – dieser Reichtum verblieb in jener Welt, die er für sich und die seinen geschaffen hatte. Und damit wurde diese Welt auch dem archivarischen Vergessen der Familie überantwortet. Viel freilich findet sich in den Chroniken der Kolonialgeschichte über die dritte Entscheidung, die den Herrscher von Niederländisch-Ostindien als absolut unkonventionellen Strategen und damit Denker überliefert. Diese Entscheidung war in den Augen vieler Zeitgenossen noch viel verwegener als die Heirat mit einer ehemaligen einheimischen Sklavin: Es war der Gang zum König von Conde Uda, den van Imhoff mit dem unerschütterlichen Vertrauen in Szene setzte, Menschenleben zu retten und anhaltenden Frieden zu schaffen.

Anstatt wie die Portugiesen zuvor und die Holländer seit 80 Jahren das Königreich Conde Uda im Inselinneren grundsätzlich als Feind anzusehen und vergeblich zu bekämpfen, initiierte van Imhoff eine große Friedensmission, an deren Spitze er sich selbst setzte und im Zuge derer er – als erster Kolonialherrscher – dem Kandy-König einen Besuch abstattete. Niemand dachte damals, der Generalgouverneur und seine edle Entourage würden lebend zurückkehren. Es kam anders. Die gesamte Gesandtschaft traf nach drei Monaten wohlbehalten in Galle ein, hatte außerdem die Freilassung aller holländischen Geiseln erwirkt und eine Friedensvereinbarung getroffen, die über das Ende von van Imhoffs Regentschaft hinaus jahrzehntelang halten sollte.

Das legendäre Königreich Conde Uda: Gefangenschaft, Flucht und ein Bestseller

Die Insel Ceylon war der antiken Welt unter dem Namen Taprobane viel geläufiger als den Europäern bis zur Entdeckung der Süd-Ost-Passage um das Kap der Guten Hoffnung nach Asien. Vor der geographischen, militärischen und merkantilen Erschließung des Indischen Ozeans – an der auch die Imhoff's, wie schon erzählt, regen Anteil nahmen – sind nur zwei Reisen von Europäern nach Ceylon urkundlich bestätigt und schriftlich dokumentiert: jene des Marco Polo, der die Insel in den Jahren 1293 und 1294 aufgesucht hatte, und jene des Bischofs Johannes von Marignolli ein halbes Jahrhundert später. Die Portugiesen nahmen ab 1517 sukzessive die Küstenregionen in Besitz, bauten ein Fort nach dem anderen und wurden – wie schon dargelegt – von den Holländern im Jahr 1650 nach der Belagerung von Colombo vernichtend besiegt. Die Holländer waren mit dem in der singhalesischen Geschichte berühmten König Raja Singha II verbündet, der von 1634 bis 1687 regierte, und dessen sagenumwobenes Reich, von hohen Bergen umgeben und gut geschützt vor den Anfeindungen der Außenwelt, sich im Inneren der tropischen Insel befand. Für die Europäer war dieses Reich eine Terra Incognita. In den Küstengebieten Gefangengenommene kehrten aus diesem Reich nicht mehr zurück und auch die wenigen portugiesischen und später holländischen Gesandtschaften, wussten nicht mehr, als von einem vor Gold und Edelsteinen glänzenden Hofstaat und von pittoresk anmutenden, exotischen Empfangszeremonien zu berichten. Alles andere blieb dem europäischen Blick und der europäischen Neugierde verborgen.

Dies sollte sich schlagartig ändern, als der englische Kapitän Robert Knox ein Buch über seine 19 Jahre dauernde Gefangenschaft im Königreich Conde Uda veröffentlichte. 1679 war ihm – soweit wir wissen als erstem Europäer – eine spektakuläre Flucht gelungen, zwei Jahre später erschien sein Bericht erstmals in London. »Nineteen Years Captivity in the Kingdom of Conde Uda in the Highlands of Ceylon, sustained by Captain Robert Knox; between March 1660 and October 1679: together with his Singular Deliverance from this Strange and Pagan Land« sollte ein Bestseller werden.[41] 1692 gab es erste Übersetzungen in das Holländische, 1693 wurde das Werk ins Französische übertragen und 1747 – 27 Jahre nach Robert Knox' Tod – erschienen mehrere Ausgaben auf Deutsch. Robert Knox war im Alter von 19 Jahren gemeinsam mit seinem Vater nach einem Schiffsbruch in der Bucht von Cottiar in Ceylon von Getreuen des Königs von Conde Uda gefangen genommen und in das sagenumwobene Reich verschleppt worden. Bis zu seiner spektakulären Flucht würden fast zwanzig Jahre vergehen.

Als junger Mann erwachte Robert Knox in einem Königreich, das von Bergen bis zu 1.800 Metern umgeben, nur über einige wenige Pässe zugänglich war, zu denen tief eingeschnittene und gut einsehbare Dschungeltäler führten. Auch aufgrund der ausgefeilten Kriegskunst seiner Kämpfer trotzte das Königreich 300 Jahre lang dem europäischen Eroberungsgeist. Erst 1815 sollte es den Engländern gelingen – nach Jahren des zermürbenden Krieges – Conde Uda, das auch bis heute Kandy-Reich genannt wird, zu invasieren.

Die Uneinnehmbarkeit des damaligen Reiches, und damit die vermeintliche Unmöglichkeit, seinem damaligen Gefängnis zu entkommen, beschreibt Robert Knox wie folgt: *The Kingdom of Conde Uda is strongly fortified by nature. For which way soever you enter into it, you must ascend high and vast mountains, and descend little or nothing. The ways are many but very narrow, so that but one can go abreast. The hills are covered with wood and great rocks, so that it is scarcely possible to get up anywhere, but only on the paths, in all which there are gates made of thorns, the one at the bottom, the other on the top of the hill, and two or three men always set to*

Robert Knox als Bestsellerautor im Jahre 1711, 32 Jahre nach seiner spektakulären Flucht aus dem Königreich Conde Uda.

watch, who have to examine all that come and go, and see what they carry, that letters may not be conveyed, nor prisoners and other slaves run away … There are constant watches set in convenient places in all parts of the country, and thorn gates, but in time of danger, besides the ordinary watches, in all *towns, and in all places, and in every cross road, exceeding thick, that it is not possible for any to pass unobserved.*[42]

Robert Knox schildert in seinem Bericht mit Akribie und geradezu wissenschaftlicher Sachlichkeit vor allem das Leben dieser exotisch anmutenden Gesellschaft: ein komplexes Herrschaftssystem, ein prunkvoller Hofstaat, dessen Zeremonien und Rituale allesamt darauf abgestimmt waren, den gottgleichen König zu ehren und zu würdigen, ein aus drei Adigars bestehender Weisenrat, der auch die Heerführung innehat, das Oberste Gericht konstituiert, vom König eingesetzt, aber auch jederzeit wieder abberufen werden kann, ein straff organisierter Militärapparat mit Chargen und Orden und Belobigungen aufgrund außerordentlicher Leistungen, eine jahrhundertealte Schriftkultur, die sich auch in Bibliotheken und öffentlichen Lesungen manifestiert, ein elaboriertes Geld- und Lehenswesen, eine mächtige Priester-Mönchs-Klasse, die maßgeblich Einfluss auf den König nimmt, eine entwickelte arbeitsteilige und nach Berufsklassen differenzierte Wirtschaft mit erstaunlichen Kenntnissen in der Landwirtschaft, im Handwerk, selbst in der Mechanik und im Instrumentenbau.[43]

Schlecht ist es dem jungen englischen Kapitän in Conde Uda keineswegs ergangen. Ihm wurde ein großes Haus mit Atrium zugeteilt, ein Diener zur Seite gestellt, er konnte sich innerhalb des Reiches frei bewegen und wurde vom König zur Audienz empfangen, der sich für die Gebräuche, Lebens- und Denkweisen, für die Religion und die Architektur des Herkunftslandes seines unfreiwilligen Gastes besonders interessierte. König Raja Singha II bot Robert Knox nicht nur eine hohe Beamtenposition an, sondern er drängte ihn auch zur Verheiratung mit einer der jungen Frauen seines Reiches – beides lehnte der Kapitän freilich dankend ab. Die Exotik und Andersartigkeit dieses orientalischen Königreiches haben wohl dazu geführt, dass Knox in seiner Schrift von den »Halbzivilisierten« spricht. All die Jahre war er bemüht, seine europäische Identität nicht zu verlieren, sich nicht zu vermischen und überhaupt seine Flucht vorzubereiten. So ist auch überliefert, dass er das Angebot, eine Frau zu heiraten, auch deshalb ausschlug, weil er Angst hatte, eine Bindung könnte ihm – wie er das selbst ausdrückt – *die Flucht erschweren.*[44]

Der Pomp und die Pracht im Hofstaat der Könige von Kandy suchten auch unter den Maharadschas und Fürsten Indiens ihresgleichen. Ein historischer Bericht, der im 19. Jahrhundert − nach der Eroberung Conde Udas durch die Engländer − alle damals verfügbaren Quellen zusammentrug, resümiert: *There was perhaps no other Court among the ruling princes of India, that used more barbarous pomp, and gaudy apparel and where more complicated and funny etiquette was more strictly observed as at the Court of the Kings of Kandy. The throne in the audience hall was inlaid with gold and precious stones. The King appeared in a sort of armour resplendent with rubies, saphires and emerald, and he wore besides, almost priceless jewels, and to enhance the splendour of the apparel he gave as a rule his audiences at night. The marks of respect shown to the Sovereign, were rather those for a God than a King and in fact his subjects called him God, and the greatest dignitaries of the land, spoke to him prostrated to the ground.*[45]

Robert Knox hatte großes Glück, dass er Engländer und nicht Holländer war. Denn König Raja Singha II fühlte sich von den Holländern über alle Maßen betrogen und ausgenützt. Er hatte die Holländer bei der Vertreibung der Portugiesen und bei der letztlich siegreichen Belagerung Colombos militärisch in dem Glauben unterstützt, er würde seine kolonial vereinnahmten Territorien außerhalb der Bergfestung Conde Uda zurückerstattet bekommen. Dies war ihm von der Gesandtschaft des holländischen Generals Gerard Hülft urkundlich verschriftlicht zugesichert worden. Als dieser am 30. September 1655 mit einem Geschwader von 26 Kriegsfregatten, 3000 europäischen und weiteren 1000 malaysischen Soldaten von Batavia kommend in Galle eintraf, hatte der König seine Kämpfer schon Richtung Colombo geschickt, um die Stadt einzukesseln und sie von allen Nachschubwegen abzuschneiden. Als der Sieg über die Portugiesen nach äußerst verlustreichen Kämpfen am 12. Mai 1656 schließlich errungen war, wollten sich die neuen Herren über Ceylon an kein dem König gegebenes Versprechen mehr erinnern. Es war nur der militärischen Überlegenheit der Europäer zu verdanken, dass sich Raja Singha II in sein Bergreich zurückziehen musste.

Er sann freilich auf Rache – bis zum Ende seiner langen Regentschaft. Dass diese Kränkung ausgerechnet ihm widerfahren musste, erfüllte ihn wieder und wieder mit Wut und Verzweiflung – wovon auch Robert Knox zu berichten weiß. Raja Singha II war der 172. König seit dem legendären Vijaya, der im Jahre 483 vor Christi mit 700 Gefolgsleuten Palibotha am heiligen Fluss Ganges verließ, um als seinerseits »betrogener« Prinz auf der Insel vor der Südspitze des Subkontinents sein eigenes Reich zu gründen.[46] Die Ankömmlinge nannten sich Singhalesen – Löwensöhne – und beriefen sich so auf Vijayas Vater, der aus der Vereinigung eines Löwen mit einer Prinzessin hervorgegangen sein soll.

Jetzt waren die Löwensöhne von den Holländern bis aufs Blut gedemütigt worden und in den nächsten Jahrzehnten führten sie eine Art Untergrundkampf, der aus Provokationen und militärischen Nadelstichen bestand, immer in der Hoffnung, den Holländern würde es zu dumm werden und sie würden sich verleiten lassen, das Königreich anzugreifen. In den Bergen würden die Singhalesen ein leichtes Spiel haben, endlich Rache zu nehmen und den Feind vernichtend zu schlagen. Die Holländer ließen sich nicht in die Falle locken. Im Gegenteil, wie in der oben zitierten Chronik zu lesen ist: *The Dutch Governors sent him ambassadors who, on bended knees presented him, wrapped in precious silks letters full of humility in which the Governor protested that the Dutch were his most humble vassals and faithful servants. That it was only to show their loyality and to prove their subjection that they constructed forts along the coasts of Ceylon, only to prevent the enemies of the King from invading the country.*[47]

Rituelle Demütigung, Friedensschluss und die Reise des Generalgouverneurs vor die Füße des Königs

Noch bevor Gustav Wilhelm von Imhof nach Ceylon aufgebrochen war, hatte er das Buch von Robert Knox mehrmals gelesen. Die vielen Notizen, die er sich in seiner englischsprachigen Ausgabe zu den einzelnen Kapiteln gemacht hatte, zeugen noch heute von einer enormen

Akribie, mit der er den Text studiert hat und auch von der Hochachtung, die er dem orientalischen Königreich entgegenbrachte. Er war ab 1725 in Batavia, der heutigen indonesischen Hauptstadt Jakarta stationiert gewesen, und als er 1732 zum ersten Mal nach Ceylon kam, war seit rund fünf Jahren ein gleichsam historischer Friede zwischen dem singhalesischen Königshaus und den Kolonialherren geschlossen worden.

Auch wenn es seit dem Sieg über die Portugiesen und dem Wortbruch der Holländer ständig Scharmützel und auch verlustreichere Kampfhandlungen gegeben hatte, kam der damals 27-jährige Imhoff in ein vorerst befriedetes Land. Das mochte zwei Gründe gehabt haben. Raja Singha II. war am 6. Dezember 1687 im Alter von 80 Jahren nach 53-jähriger Regentschaft gestorben, und sein zum König inthronisierter Sohn Wimala Dharma Surya führte im Namen seines Vaters die Feindschaft gegenüber den Holländern fort. Als dieser 1707 starb und den Thron seinem Sohn Sreeweera Praakrama Narendra Singha, genannt Kundesala, überließ, lag der Betrug der Holländer schon geraume Zeit zurück und überhaupt war Kundesala aus einem anderen Holz geschnitzt als sein Vater und sein Großvater. Er war ein den Künsten und der Poesie zugeneigter Autokrat, der schließlich beschlossen hatte, den ständigen Feindseligkeiten ein Ende zu bereiten.

Dieser Entschluss reifte erst nach und nach. Aber er schloss im April 1727 Frieden – in den Augen der Europäer freilich nicht ohne rituelle Demütigung des ehemaligen Feindes. Immerhin hatten die Holländer seine Vorfahren betrogen und ausgenutzt, hatten Land und Ressourcen geraubt und hatten sich zudem immer als Schutzpatron des Kandy-Reiches aufgespielt. Nachdem eine geheime Botschaft an den damaligen Gouverneur von Ceylon, Versluuys, ergangen war, schickte dieser einen seiner fähigsten Diplomaten, Jan Texel, als bevollmächtigten Gesandten nach Conde Uda. Der Holländer mochte einiges erwartet haben – immerhin waren in den letzten Jahrzehnten nur wenige aus dem Reich zurückgekehrt –, aber mit so einem Empfang hatte er wahrscheinlich nicht gerechnet. Die Chronik berichtet:

According to the etiquette of the Court of Kandy Texel had to wait one hour at the gate of the palace and another hour in the inner courtyard. The night was very cold. Finally they drew aside the first of the seven curtains which hid the majesty of the King, then the second and the third with an interval of ten minutes between each. Between two of these curtains, there was a kind of tent made of precious silk, and so small that only one man could stand in it. Texel was invited to enter, and they made him understand that it was a special honour, never as yet granted to an ambassador. His suite remained outside and, whilst they were shivering in the cold after an exposure of nearly three hours, they saw that Texel seemed ill at ease, and noted that he was all covered with perspiration. The Kandyan Chiefs seeing this were telling them: See how great is our King, and how your ambassador perspires of emotion, that he will soon find himself in his presence. They had surrounded the small tent with burning coal-pans and the unfortunate Texel remained there broiling till at last they drew aside the next curtain.[48]

Nach Gustaaf Willem van Imhoffs unfreiwilligem Aufenthalt in Europa – er war ja im Dezember 1740 in Ketten gelegt worden und kehrte erst im Mai 1743 als Generalgouverneur triumphal in die Tropen zurück –, und nach der Verlegung des Generalgouvernements von Batavia auf Java nach Galle auf Ceylon hatte sich das Blatt grundsätzlich gewendet. König Kundesala, der Frieden mit den Holländern geschlossen hatte, war 1739 – ohne einen männlichen Nachkommen zu hinterlassen – verstorben. Es würde ein ganzes Jahr und viele Ränke dauern, bis der Edelsteinthron wieder besetzt sein sollte.

Mit der Ernennung des Bruders der Witwe Kundesalas zum König ging vorerst die Geschichte einer mehr als tausendjährigen Dynastie von singhalesischen Kandy-Königen zu Ende. Sri Wijaya Raja stammte wie seine Schwester aus der tamilischen Dynastie der Nayaka-Könige von Madura in Südindien und hatte deshalb keine direkte genealogisch-historische Verbindung zu dem Königreich Conde Uda. Die Chroniken sind sich einig darüber, dass die drei Adigars, die den neuen König erwählt hatten, weil kein männlicher Nachfahre vorhanden war, von seiner Schwester – der Witwe Kundesalas – mit einer gigantisch hohen Summe bestochen worden waren. Es sollte also ein 75 Jahre andauerndes tamilisches Interregnum werden, das – glaubt man den Chroniken – hinduistische Prinzipien vorwiegend in Tyrannei gegenüber anderen Religionen, vor allem gegenüber dem singhalesischen Buddhismus durchzusetzen versuchte.

Der frisch gekürte Generalgouverneur Gustaaf Willem Baron van Imhoff sah sein Reformwerk und den Bestand seiner Kolonie durch diese neuen Entwicklungen in dem Königreich also ernsthaft gefährdet. Gerüchte breiteten sich aus. König Sri Wijaya Raja verfolgte offenbar eine ziemlich kompromisslose hinduistische Herrschaftspolitik und es war nicht sicher, ob er die Koexistenz zwischen Holländern und seinem Reich überhaupt fortführen würde. Aggressive Akte, Überfälle, Geißelnahmen und Brandschatzungen europäischer Siedlungen ließen eher das Gegenteil vermuten.

Also bestand rascher Handlungsbedarf, und der Generalgouverneur beschloss, sich so bald wie möglich in das Königreich der Löwensöhne zu begeben, obwohl der neue Herrscher gar nicht mehr zu deren Sippe gerechnet werden konnte. Als Gustav Wilhelm seinem Diener und Schreiber Upali den Aufruf zu einer umfassenden Friedensmission diktierte, konnte dieser den Worten seines Herren gar nicht glauben. »Lord Buddha, hier an den Küsten haben wir ja unsere selige Ruhe, lasst doch die Wilden da oben im Bergland tun was sie wollen ...« Aber der Herrscher über die Küsten blieb unbeirrt. Gab es tatsächlich einen Feind, der sein Reich bedrohte, musste er ihm – von Angesicht zu Angesicht – gegenübertreten. So kam es, dass die Gesandtschaft der Holländer zum neuen König von Conde Uda von niemand anderem angeführt wurde als von dem Generalgouverneur von Niederländisch-Ostindien selbst. So etwas hatte es zuvor noch nie gegeben. Ein tatsächlich risikoreiches Unterfangen.

35 Soldaten, 60 Träger und Maultierführer, 30 Maultiere, zwei Köche, 5 Botschafter mit jeweils einem schwarzen Hengst und Gustav Wilhelm Baron von Imhoff auf einem herrlichen Schimmel – so brach die Truppe im Februar 1744 auf. Sechs lange Wochen kämpfte sich der Tross auf schmalen, oft zugewachsenen Pfaden durch den feuchttropischen Regenwald des Flach- und Hügellandes der Insel, bevor er die steilen Anstiege zu den in das Königreich führenden Pässen end-

lich erreichte. Wie zuvor vereinbart worden war, wurden die 30 Soldaten am Fuße der Berge mitsamt dem Proviant, den Köchen und der Hälfte der Lasttiere zurückgelassen. In der Morgendämmerung des nächsten Tages begannen die fünf Botschafter mit dem Generalgouverneur an der Spitze des Zuges den mühseligen Aufstieg – teils hoch zu Ross, teils zu Fuß. Ihnen folgten 15 Träger und 15 Maultiere – vollgepackt mit Kisten und Truhen, die jene wunderbaren Schätze bargen, die König Sri Wijaya Raja zum Geschenk gemacht werden sollten. Sie kletterten zwischen steil abfallenden Geröllhalden und bizarr in die Höhe ragenden Felsformationen immer weiter – geradewegs in den azurblauen Himmel hinein. Geier und riesige Steinadler kreisten über ihren Köpfen und es sollte acht Stunden dauern, bis sie zum ersten Vorposten gelangten.

Es war schon später Nachmittag, als sie zu der Befestigung kamen. Gut zehn Meter hohe Holzbalustraden, durch die ein einziges Tor führte, versperrten den Weg. Imhoff stieg von seinem Schimmel, nahm ihn am Zügel und sah jetzt die ersten Soldaten mit bunten Wollmützen und bodenlangen goldbestickten Mänteln vor die Balustrade treten. Zu seinem großen Erstaunen stellten sie sich in Reih und Glied auf und – Imhoff und seine Begleiter trauten ihren Augen nicht – salutierten auf europäische Art. Das Tor öffnete sich wie von selbst und Gustav Wilhelm ging ruhig weiter, den Schimmel mit seiner Linken führend. Als er die salutierenden Soldaten erreicht hatte, blieb er stramm stehen und salutierte seinerseits. Ihm war nicht entgangen, dass die Soldaten immer wieder auf sein Pferd schielten – ungläubig, amüsiert, auch verängstigt, denn mit Sicherheit hatten die meisten von ihnen nie zuvor ein Pferd gesehen. Die Kunde, dass König Sri Wijaya Raja von dem weißen König neben vielen anderen wundersamen Dingen einen weißen Hirsch ohne Geweih als Geschenk erhalten hatte, verbreitete sich rasch im ganzen Reich Conde Uda.

Die Kritiker und Feinde des Generalgouverneurs, die in Niederländisch-Ostindien lebten, hatten die Nachricht von dieser Mission mit Häme und Freude entgegengenommen. Sollte dieser protestantische Fanatiker, der auch die Singhalesen mit seiner gedruckten Bibelübersetzung in Landessprache bekehren wollte, doch nur in sein eigenes Verderben rennen. Und als die Kunde von dieser verwegenen Mission das Direktorium der Compagnie in Amsterdam erreichte, wurde in einer eilends einberufenen Direktoren-Sitzung schon stundenlang die Frage diskutiert, wer als sein Nachfolger zu bestellen sei. Alle hatten Robert Knox gelesen und waren überzeugt, dass die Holländer im Königreich Conde Uda nach wie vor als Todfeinde angesehen wurden.

Baron van Imhoff wurde freilich so feierlich empfangen wie der Kaiser von China, hätte dieser jemals dieses Bergreich betreten. König Sri Wijaya Raja ordnete ein zweiwöchiges Staatsfest an, niemand sollte arbeiten, jedem seiner Untertanen wurden zehn Silberlinge spendiert und die Banketts, die Tänze, die Zeremonien, die Gesänge und Lobpreisungen wollten einfach kein Ende nehmen. Gustav Wilhelm, in den Augen Sri Wijaya Rajas selbst ein großer König, der über ein Land voll der wunderbarsten Dinge und Erfindungen regierte, hatte nichts anderes getan als Mut bewiesen.

Gustav Wilhelm war bei der ersten Audienz, die in der Nacht nach ihrer Ankunft stattgefunden hatte, vor den Edelsteinthron getreten, hatte sich verbeugt, hingekniet und schließlich mit seinem Haupt vor den Füßen des Königs als Zeichen der Würdigung den gestampften Lehmboden berührt. Dann hatte er seine Begleiter angewiesen den weißen Hirschen ohne Geweih in den Audienzsaal zu führen und überreichte dem König – ohne ihm in die Augen zu sehen – die Zügel des Schimmels. Schließlich ließ er unter dem erstaunten Gemurmel des Hofstaates die Kisten und Schatztruhen öffnen. Wundersamste Dinge und Gerätschaften kamen zum Vorschein – kostbare Uhren, magische Sextanten, lange Röhren, die die Welt vergrößerten, schaute man durch sie hindurch, Karten, die die ganze Insel zeigten, herrlich verzierte Stahlschwerter mit Klingen, die niemals stumpf würden, und vieles vieles mehr. Nie zuvor war dem König von Conde Uda von Seiten eines Europäers so großer Respekt entgegengebracht worden. Die Feindschaft mit den Holländern hatte ein definitives Ende genommen. Der jahrzehntelange Frieden auf der Insel endete erst, als die Engländer die Holländer von der Insel vertrieben hatten und im Jahr 1815 das Königreich Conde Uda in Schutt und Asche legten.

Dharma und balinesischer Suizid

Als wir nach monatelanger Arbeit im April 2005 dann endlich soweit sind die ersten Grundsteine für den Wiederaufbau der durch den Tsunami zerstörten Dörfer zu legen, merken wir rasch, dass dies gar nicht so einfach ist. Denn jeder Grundsteinlegung müssen umfassende spirituelle und astrologische Vorbereitungen und Entscheidungen vorangehen. Die Mönche, Priester und Astrologen müssen konsultiert werden und sich mit den Lebensbestimmungen jener Menschen und Familien auseinandersetzen, die in das betreffende Haus einziehen werden, um in Berücksichtigung der astronomischen Konstellationen den richtigen Zeitpunkt zu bestimmen, an dem im Rahmen einer großen Zeremonie der Grundstein gelegt werden kann. Bei rund 700 Häusern, die wir zu errichten beabsichtigen, kein einfaches Unterfangen. Aber es ist berührend mitanzusehen, wie eng hier die materiell sichtbare Welt der Dinge mit der immateriellen Welt und der Verfassung des gesamten Universums verbunden ist. Immer geht es um die Schaffung oder um den Erhalt von Harmonie. Harmonie, die durch den Tsunami in so radikaler Weise erschüttert und gleichzeitig auf die Probe gestellt worden ist.

Während der vielen Monate, die wir gemeinsam arbeitend verbrachten, habe ich nur ein einziges Mal mit Bandu Rathna über den Verlust seiner Familie gesprochen. Es war nach der feierlichen Grundsteinlegung seines eigenen neuen Hauses.

»Das Haus wird schön – sehr schön!«

»Sicherlich wird es das, und es wird auch Strom haben!«

»Ja Strom, aber wer wird diesen Strom gebrauchen können?«

»Strom ist für vieles gut, Wasserkocher, Reiskocher, Radio …«

»Aber das Haus wird leer bleiben! Niemand mehr wird in dem Haus wohnen.«

Ich sah Bandu Rathna unsicher von der Seite an. Er kaute an einem gerösteten Maiskolben und sah verloren über das mit bunten Bändern markierte Grundstück. Irdene Gefäße, in denen viele Räucherstäbe steckten, standen in den vier Ecken, ein schwerer süßlicher Duft lag in der Luft.

»Du wirst in dem Haus wohnen, Bandu Rathna«, bemühte ich mich um Optimismus, »und sicher kommen auch wieder bessere Zeiten«. Jetzt sah er mich verstört und geradezu vorwurfsvoll an:

»Ich bin nur ein Geist, ein Geist, der seine Geschichte in einer anderen Welt lebt!« Und dann fügte er fast trotzig hinzu:

»Das schöne Haus wird für immer leer bleiben!«

Einweihungszeremonie für neu errichtete Häuser an der Südwestküste Sri Lankas.

Viele westliche Besucher der Insel Sri Lanka besuchen in Colombo und auch in Bangalore in Südindien Palmblattbibliotheken, um dort etwas über sich, ihre Beziehungen, ihre Zukunft und ihre Vergangenheit in früheren Leben zu erfahren. Sie suchen spirituelles Verständnis, vielleicht auch spirituelle Erlösung in einer Welt, die für sie grundsätzlich unerklärbar geblieben ist. Ich glaube bei aller Vorsicht, dass für Bandu Rathna die Welt und auch sein Schicksal erklärt war. Diese Welt war für ihn erklärt, weil er sein Schicksal angenommen hatte. Mit geradezu außerweltlicher stoischer Ruhe. »Nilupa, Ravi, Bevi und Ajantha … Singh!« Mutter, Frau, zwei Töchter und seinen geliebten Sohn hatte ihm der Tsunami entrissen und er war eben zu einem Geist geworden, der seine karmischen Bestimmungen erst in weiteren Reinkarnationen verwirklicht finden würde.

»Es macht nichts, wenn dein schönes neues Haus leer bleibt …«, meine Stimme klang brüchig und wohl auch ein wenig verzweifelt. Dann legte ich meinen Arm um Bandu Rathnas Schulter.

»Aber irgendwann, irgendwann später wird es sich wieder füllen.« Es war ein sehr flüchtiges, vielleicht auch versöhnliches Lächeln, das ich kurz um seine Lippen gelegt sah. Und dann stand Bandu Rathna auf, um mit einem der rauchenden Gefäße sein Grundstück erneut zu segnen.

Die Geschichte mit den Leben, deren Schicksale in einem Palmblatt-archiv aufgezeichnet sind, habe ich immer für ziemlichen Unsinn gehalten. Der Zufall ist keine hypothetische Erklärung des philo-sophischen Rationalismus und Empirismus, um die Menschen aus der Gängelei der religiösen Vorhersehung zu befreien – der Zufall ist eine mitunter grausame Entität, die sich unser aller Kontrolle entzieht. Seitdem es Menschen gibt, ist der Zufall der Grund jeder Angst und jeder Täuschung, denn das, was zufällig geschieht – und magisch oder religiös erklärt werden kann oder will – durchkreuzt die Vorstellung von unserem eigenen Sein in fundamentaler, oft brutaler Weise. In meinem Denken ist die Welt auf Zufälligkeit gebaut, die sich weder religiös noch magisch erklären lässt – und auch die Herrschafts-systeme sind dazu da, die Zufälligkeit der menschlichen Ordnung, wenn schon nicht auszuschalten, so zumindest zu reduzieren. Gerade deswegen hat mich Bandu Rathnas Ruhe angesichts seines eigenen Schicksals so fasziniert.

Vielleicht ließe sich in einer deterministischen Welt besser leben, vielleicht wären wir tatsächlich glücklicher oder zumindest selbst-verständlicher auf dieser Welt, wenn unsere Bewegungen auf Palmblättern oder in Gottes weiser Vorhersehung festgeschrieben stünden. Vielleicht gleicht diese karmische Gewissheit dem beruhigenden Verzicht auf jene Entscheidung, den Zufall als Teil des »Weltenplanes« zu akzeptieren. Aber sind wir nicht stets verwundbare, stets bedrohte Tiere, die all ihre Lebensinstinkte einsetzen, um den Schikanen des Zufalls doch irgendwie ein Schnippchen zu schlagen? Sind wir nicht Wesen, die – mit überlebensnotwendiger Aggressivität ausgestattet – den Zufall in die Schranken weisen, ihn endgültig verbannen wollen? Wesen, die Herrschaft ausüben, damit über sie nicht Herrschaft ausgeübt wird? Oft scheint es in der Geschichte der Menschheit und in jener meiner Familie so gewesen zu sein – aber es gab immer auch das andere, das verweilende, das sich hingebende Prinzip: du musst nicht in die Schlacht gegen den Zufall ziehen, du kannst wachen Auges dir und der Welt zusehen, wissend, dass jeder Schritt, den du setzt, zufällig durchkreuzt sein kann. Und du brauchst bis hin zur letzten Konsequenz – deinem eigenen Tod – keine Angst vor diesen Schritten zu haben.

Ich habe, so wie Gustav Wilhelm Baron von Imhoff, viele Listen in meinem Leben geschrieben, und mit jedem Beginn einer neuen Liste – seien sie nun analog oder später digital entstanden – dachte ich, die mich umgebende Wirklichkeit systematisiert und in meine eigene Rationalität ein stückweit eingeordnet zu haben. In frühen Forschungen im Hochland von Papua Neuguinea verfertigte ich Listen von Stadtmigranten, um sie hernach statistisch und analytisch auswerten zu können. In Sri Lanka nach dem Tsunami protokollierte ich akkurat Todeslisten, ging von Trümmerhaus zu Trümmerhaus, sah was noch übriggeblieben war, und verzeichnete die verstorbenen Angehörigen mit einem roten Punkt auf meinen letztlich hunderte Seiten umfassenden Listen. Bei einer Forschung im »Golden Triangle«, dem Dreiländereck zwischen Thailand, Myanmar und Laos fertigte ich 2008 auf laotischer Seite in der Provinz Bokeo abermals Listen von Menschen und ihren Dörfern an, die in den Karten der Provinzregierung nicht verzeichnet waren. Zwei Monate fuhren wir auf verschwiegenen Dschungelflüssen durch den tropischen Regenwald, um jene Menschen nach Maßgabe ihres Alters, ihres Geschlechts, ihrer Sprache, ihrer Kultur und Ethnie auf Listen zu setzen, die bislang – seit mutmaßlich tausenden von Jahren – nicht auf Listen aufgeschienen waren. Mittlerweile habe ich, so wie auch Gustav Wilhelm, die Erstellung und das Führen von Listen aufgegeben. So bin ich in eine Welt geraten, die zwar unsystematisch, dafür umso liebenswerter erscheint.

Vielleicht haben die vielen Listen meinen Blick auf die Welt geschärft. Vielleicht macht es Sinn, Dinge sichtbar zu machen, die bislang für die Herrschaft unsichtbar blieben. Vielleicht spiegeln uns aber all die Listen eine falsche Realität, die wir durch emsiges Tun konstruieren, um ja nicht jenem Abgrund näherzukommen, der uns von Gelassenheit trennt. Denn es könnte sich herausstellen, dass all diese in Listen eingetragenen Systematisierungen vollkommen blind gegenüber den wahren Bildern und Bedürfnissen jener Welt sind, die wir bewohnen. Mein keinesfalls finales Resümee schaut folgendermaßen aus: Ich glaube nicht mehr an den Wahrheitsgehalt von Listen, und ich glaube auch nicht an idealistische oder spirituelle Konzepte, die die mysteriöse Macht des Zufalls außer Kraft setzen wollen und ständig in ihrer rituellen Praxis darauf hinweisen, dies auch tatsächlich zu können.

Die Weihnacht 2015 verbringe ich im Süden der Insel Bali, in Sanur – ebenfalls ehemaliges holländisches Kolonialgebiet –, um an diesem Buch zu arbeiten. Auf den hier massenhaft von Touristen bevölkerten Stränden gibt es alle 300 Meter eine »Tsunami-Emergency«-Tafel, die mit einfachen und leicht nachvollziehbaren Illustrationen Auskunft darüber gibt, was zu tun ist, wenn das Meer wieder über die Köpfe und Häuser steigt. Vor zehn Jahren hat es an den Stränden des Indischen Ozeans keine Hinweisschilder gegeben – hätte es sie gegeben, wären wahrscheinlich signifikant weniger Menschen gestorben. Das, was einmal im Bewusstsein von uns Menschen ist, ist handlungsbestimmend, vor allem in Notsituationen.

Damals, an dem Sonntag in Sri Lanka, als sich die Wasser des Ozeans zurückzogen, folgten die Menschen dem zurückflutenden Meer, gingen sogar weit hinaus in die Brache – aus Neugierde, auf Suche nach zurückgebliebenen Fischen und Krustentieren. Der Ozean war verschwunden, teilweise bis hinter den sichtbaren Horizont, und die diesem Ozean folgenden Menschen haben gewusst, dass sich hier

Unglaubliches, ja niemals in ihrem Leben zuvor Erfahrenes ereignet. Aber sie haben wohl nicht daran gedacht, dass sich der Ozean in schrecklicher Weise an ihrer Leichtfertigkeit rächen wird, dass er mit wilden, nie zuvor erlebten Fluten zurückkehren und Familien, Häuser, Schiffe und Hoffnungen vernichten wird. Lernen wir Menschen aus Erfahrung? Manchmal schon.

Was haben meine Vorfahren, was habe ich aus der Geschichte meiner Familie gelernt? Ich weiß es nicht, und doch glaube ich es in seltenen Augenblicken zu erahnen. Aber diese Ahnung ist kurzfristig, anfechtbar und mit jenen Elementen der Unsicherheit ausgestattet, die keinesfalls die Verrichtung des Lebens erleichtern. Gustav Wilhelm Baron von Imhoff hat im Dienste einer der damals mächtigsten weltlichen Organisationen seine Kolonialpolitik konsequent betrieben, ich habe nunmehr 30 Jahre lang Forschungen in außereuropäischen Ländern in Afrika, Ozeanien, der Karibik, in Indien und Südostasien durchgeführt, auch administrativ und logistisch begleitet. So habe ich meine Systematisierungen – ohne das zu wollen – auch in den Dienst einer Wissens- und Wissenschaftshegemonie gestellt, die seit langem als politisches Instrument zur Durchsetzung »westlicher« Interessen wahrgenommen wird. Was verbindet mich mit dem Generalgouverneur? Die Neugierde und Lust an der Terra Incognita vielleicht, und der Versuch, die eigene – zuweilen brüchige – Wirklichkeit mit den jeweils fremden Wirklichkeiten in Einklang zu bringen. Sind wir daran gescheitert? Wahrscheinlich. Jedenfalls wollten wir beide – in ganz unterschiedlicher Weise – Herrschaft über etwas erlangen, was sich nicht beherrschen lässt. Die Vielfalt des Lebens.

Im balinesischen Sanur, im Dezember 2015, steige ich in einem alten Kolonialschuppen ab, der auf einem Tempelgelände steht. Hier regieren Vishnu, Brahma, Shiva ... und das karmische Prinzip der existentiellen Verbundenheit mit einer Vergangenheit, die das Leben im Diesseits auch wesentlich bestimmt. Darüber hinaus gibt es jede Menge anderer Gottheiten, die Götter und Göttinnen der Ahnen, des Feuers, des Wassers, der Berge, die bedeutende, lebensspendende und allgegenwärtige Reis- und Fruchtbarkeitsgöttin Devi Sri und viele, viele mehr.

In hinduistischen und auch buddhistischen Gesellschaften, ob in Indien, Nepal, Laos, Bhutan oder Sri Lanka, habe ich die Fiktion der Götter- und Göttinnengabe zu schätzen gelernt. Die reichhaltige, tägliche, olfaktorisch und visuell beeindruckende Darbietung und Ehrerbietung an die göttlichen Fürsten des Lichts, aber auch der Finsternis. In Bali wird viel dem Teufel geopfert, um das Adharma – das Böse und Schlechte, das Unglück und die Verneinung – im Zaum zu halten. Der Geruch der Räucherstäbe, der Opfergaben, die im Wind wehenden Wimpel und Banner, die tranceartig anmutenden Gesänge der Priester, der Mönche, der Tänzer und Tänzerinnen führen mich, den ehemaligen Ministranten, schon seit Jahrzehnten in eine bunte Welt der widerstreitenden Kräfte, Mächte und Dämonen, in denen nicht alles, aber doch vieles nach Schwarz und Weiß festgelegt zu sein scheint. Lange bleiben diese Gesänge und Gottesehrerbietungen im Gedächtnis, aber nichts, was ich dabei gefühlt habe, konnte ich in der Welt des rasenden Europas für die Sicherheit und Gewissheit meines Lebens geltend machen.

Reis- und Fruchtbarkeitsgöttin Devi Sri aus Sanur, Bali

In Sanur auf Bali holt mich – ungeachtet der spirituell anmutenden Erlebnisse – die holländische Kolonialpolitik rasch ein. Meine Recherchen relativieren eine Hoffnung, die ich mir doch zugestanden habe. Hatte die konziliante, antirassistische Politik eines Gustaaf Willem van Imhoff einen Einfluss auf die zukünftige Kolonialstrategie des holländischen Imperiums in Südostasien? Hatte sie Vorbildwirkung? Mitnichten!

Im Jahre 1597 gehörten holländische Seeleute zu den ersten Europäern, die Bali betraten. Der Kapitän und Kommandant Cornelius de Houtman schloss Freundschaft und Frieden mit dem König von Bali, der 200 Frauen besaß und seinen vergoldeten Streitwagen von zwei weißen Büffeln ziehen ließ. Überdies verfügte er über eine aus 50 Zwergen bestehende Entourage, deren Körper man systematisch so gekrümmt hatte, dass sie dem Griff eines traditionellen Dolches – Kris genannt – ähnlich waren. Die Geschichte nahm also ihren Verlauf und Bali wurde von Java aus in das niederländische Kolonialterritorium integriert. 1894 kam es zu kriegerischen Auseinandersetzungen zwischen Holländern, Balinesen und den Bewohnern der Insel Lombok, die ein weiteres schreckliches Kapitel der Verwüstung einleiten würden. Immer wieder gab es auch Debatten um die Plünderung gekenterter Schiffe. Es war ein chinesisches Schiff, das vor Sanur auf Grund gelaufen und angeblich geplündert worden war, das den Ausschlag für die ultimative Vernichtung geben würde. Die Holländer forderten von König Rajah von Badung 1904 einen Schadenersatz für diese Plünderung in der Höhe von 3000 Silbertalern. Der König weigerte sich, diese Summe zu bezahlen und schaufelte sich damit sein eigenes Grab und das seiner Untertanen.

Die Holländer invasierten mit großer Truppenüberlegenheit daraufhin den Süden Balis. Sie landeten an den Stränden von Sanur – und waren wild entschlossen diesem Königreich zu zeigen, wer die wahren Herrscher sind. Am 20. September 1906 begann die holländische Artillerie die balinesische Hauptstadt Denpasar zu beschießen. Der König und die Prinzen erkannten sofort, dass sie der technologischen und militärischen Übermacht nicht standhalten würden. Aber Kapitulation, Gefangennahme und Exil kamen für sie nicht in Frage. Sie wählten den heroischen Tod, den »puputan« – den althergebrachten, stolzen Selbstmord. Noch während die holländischen Geschosse auf die Hauptstadt niederprasselten, zündeten die Herrscher von Bali ihre Paläste und Tempel, die Wohnstätten und Stallungen an. Dann schritten der König, die Prinzen, die Prinzessinnen, die Mitglieder des Königshauses und des Hofstaates, die Priester und Astrologen mitsamt ihrer Familien – gekleidet in den prachtvollsten Gewändern, die sie ihr Eigen nannten, und geschmückt mit den wunderbarsten Edelsteinen – den Holländern singend entgegen. Die gesamte balinesische Aristokratie wurde in diesem Gemetzel ausgerottet – mindestens 4000 Balinesen starben im Kugelhagel der Europäer.[49]

TEIL IV
Die Waffen nieder

Die Bücher der Unsrigen, die Familiengruft

Meine Großmutter Annemarie wurde zwei Jahre vor dem Gemetzel im Süden der südostasiatischen Insel Bali in Wien geboren. Sie hatte als Zehnjährige – kurz vor Ausbruch des Ersten Weltkrieges – Franz Joseph I. Kaiser von Österreich, König von Ungarn, bei einer Audienz im Schloss Schönbrunn in Wien erlebt und war zu Ende des ersten Krieges gerade einmal vierzehn Jahre alt. Meiner Großmutter waren die Kriege, von denen sie hörte, und jene zwei großen, die sie miterleben musste, zutiefst zuwider. Es waren für sie allesamt die Kriege von »blöden« Männern, also jenen, mit denen sie keinesfalls »ins Bett gehen« wollte.

Die wenigen Male, wo ich sie vom Krieg reden hörte, schwang stets tiefe Abscheu und teils auch völlige Verständnislosigkeit über soviel Leid und Vernichtung mit. Aber dann versuchte sie auch ihr Unverständnis und wohl auch ihre bitteren Erfahrungen ein wenig zu kaschieren: »Ist halt so, diese Männer müssen halt immer ihr Dings machen – und das führt dann halt eben zu verheerenden Katastrophen!« Aber immerhin, so dachte ich mir damals, hatte sie das Wesentliche erkannt: Es waren tatsächlich immer die Männer, die glaubten Krieg führen zu müssen. Was meine Großmutter von Königen und Königinnen oder von der europäischen Aristokratie generell hielt, das habe ich niemals so richtig in Erfahrung bringen können. Ich glaube, sie hat sich wenig darum gekümmert. Ich glaube, sie war sich selbst in der von ihr vorerst eroberten, dann erschaffenen Welt genug.

Einigen Königinnen und Königen bin ich begegnet – in afrikanischen Hofstaaten, denn da ist es für Normalsterbliche leichter ihnen von Angesicht zu Angesicht gegenüber zu treten. Mich haben das dynastische Zeremoniell, die noble Distanz, das kultische Geschehen und die damit verbundenen spirituellen Projektionen zu faszinieren vermocht. König und Königin – diese Symbole genealogischer Ordnung der Herrschaft, die metaphysisch überhöht werden, um Zeit und Raum einer rational nicht hinterfragbaren Herrschaft unterzuordnen! Welch eine herrliche Erfindung der Despotie!

Fast überall, auf allen Kontinenten, wo wir heute von Nationalstaaten sprechen, hat sich dieses Modell der sakrosankten Herrschaftsbeanspruchung zumindest in einigen historischen Zeiten durchgesetzt. Der historische Prunk des Royalismus, mit dem wir uns in der republikanischen Welt – wenn überhaupt – ab und an museal auseinandersetzen, verweist auf nichts anderes als auf eine militant und radikal gezogene Demarkationslinie: Jene, die sich unterhalb dieser sozialen Grenze befinden, dienen, jene, die sich oberhalb befinden, herrschen. Herrschaft ist vererbbar: Im Royalismus, aber auch – seltsamerweise noch immer – in der Republik. Die Realität des Zwergstaates Österreich – zerbrochen an einem unsäglichen Krieg, der selbst vom Zaume gebrochen worden war – zeigt die Vererbbarkeit der Herrschaftsbefähigung auch nach dem Interregnum der nationalsozialistischen Diktatur. »Tu felix Austria« ist ein Land, in dem Parteien jene Führungskräfte rekrutieren, denen man als Bürger in Ökonomie, Politik, Kultur etc. ziemlich hilflos ausgeliefert scheint. König und Königin sind Vergangenheit – Proporz auf allen gesellschaftlich relevanten Ebenen und Parteisekretariate die Gegenwart.

Ein kleiner, aber nicht unwesentlicher Teil meiner Bibliothek stammt von meiner Großmutter, der Baronin. In dieser Sektion findet sich neben der Erstausgabe von Oswald Spenglers »Der Untergang des Abendlandes« und Egon Fridells »Kulturgeschichte der Neuzeit«, neben ledergebundenen alten Kolonialgeschichten, Folianten und Atlanten auch teils legitimistische Literatur – und kreuzbraves, katholisch motiviertes Nachkriegspolitikgeplaudere, das stets und seltsam ermüdend um die Frage einer österreichischen Identität kreist. Meine Großmutter wäre ja selbst gerne angetreten, sich als eine der ersten weiblichen Abgeordneten der Unsrigen im Parlament dieser Identitätsdiskussion zu stellen – ihr wurde dieses Angebot tatsächlich unterbreitet –, aber die patriarchale Haltung meines Großvaters hat ihr dieses Ansinnen verunmöglicht.

Neben den belanglosen Österreich-Büchern findet sich dann auch noch das Segment der subversiven Elemente, die mir in meiner Jugend so wichtig waren. Herrliche Elixiere, von denen sich meine Großmutter, wie ich annehme, niemals berauschen ließ. Und noch zwei Bücher von Franz Rosenthal, dem Bruder meiner Urgroßmutter Hildegard, der den Nazis rechtzeitig entkommen konnte und in Brasilien sein Auslangen gefunden hatte. Er war mit Stefan Zweig befreundet und widmete sich in Brasilien als Ingenieur erfolgreich dem Ausbau des Eisenbahnnetzes. Zudem schrieb er in seiner Freizeit elegische Gedichte. Den in brasilianischem Portugiesisch geschriebenen Gedichtband ließ ich mir einmal von einem aus Rio stammenden Freund übersetzen. Nachher stand unwiderruflich fest, dass Franz jedenfalls besser Bücher über Eisenbahnnetze als Gedichte schreiben konnte. Nach dem Krieg kam er zurück nach Österreich, war aber zu diesem Zeitpunkt schon schwer krank. Er ist genauso wie sein Vater Bernhard, seine Mutter Maria und seine Schwester Hildegard in der Döblinger Familiengruft bestattet. Sein Bruder Otto ist in einem nationalsozialistischen Konzentrationslager ermordet worden.

Es gab immer wieder Momente in den letzten dreißig Jahren – seit dem Tod meiner Großmutter Annemarie –, in denen ich die kreuzbraven »schwarzen« Bücher, die Bücher von den vermeintlich »Unsrigen« und die legitimistische und revisionistische Literatur aus meiner Bibliothek verbannen wollte. Ich würde dieses Zeug ja ohnedies nie lesen und war nicht nur einmal in eine gewisse Verlegenheit geraten, wenn ein gesellschaftspolitisch aufgeschlossener Besucher meine Bibliothek musterte und ich verunsichert bemerkte, wie sich plötzlich dessen Stirn sorgenvoll in Falten legte. Die rechtfertigende Floskel »... also diese Bücher sind von meiner Großmutter übriggeblieben!«, konnte nicht immer die Beunruhigung meiner Besucher zerstreuen.

Dennoch habe ich es letztlich nie über das Herz gebracht, die Bücher meiner Großmutter zu entsorgen. Hatte ich mich doch in meiner Jugend vor vielen von ihnen solange im Kreis gedreht, bis mir so schwindelig war, dass ich auf den Boden stürzte und liegenblieb. Es war als läge ein fühlbarer Schleier der Aura meiner Großmutter über diesen Büchern. Es war als hätte sich ein Seelenteil meiner in Gestalt gerade dieser Bücher in meinem Salon heimisch gemacht, es war als spräche aus ihnen anderes als ihr verkorkster, unzeitgemäßer Inhalt. Jedes Mal, wenn ich zur Tat schritt, wenn ich also die Bücher aus den Bibliotheksregalen genommen hatte, um sie zwecks endgültiger Entsorgung aufzustapeln, überkam mich das entsetzliche Gefühl eines Verrats. Ich würde mit diesen Büchern meine Großmutter ein zweites Mal zu Grabe tragen. Panisch begann ich, die Bücher wieder auf ihren angestammten Platz zu befördern. Die Beklemmung in mir löste sich und wich einem heiteren Gefühl der Erleichterung. Ja, da gehört ihr hin! Da sollt ihr bleiben! Bis zum nächsten Entsorgungsanfall würde einige Zeit vergehen und bis dahin sah ich über meine eigene Kleinkariertheit gelassen hinweg.

Meine Großmutter wurde in der Familiengruft im jüdischen Teil, in der Israelitischen Abteilung des Döblinger Friedhofs am 25. Januar

Familiengruft – Döblinger Friedhof, Israelitische Abteilung

1989 bestattet. Es war ein ruhiger, schöner Wintertag, ab und an zeigte sich eine kalte Sonne zwischen den Wolken. Schnee gab es keinen. Jede Menge feine Leute und auch solche, die sich dafür hielten oder es noch werden wollten waren gekommen, um der Baronin die letzte Ehre zu erweisen. Ein würdiger Trauerzug folgte dem schwarzen Sarg, der über und über mit weißen Gladiolen bedeckt war. Das Grabmal war von dem Großvater meiner Großmutter, Bernhard Rosenthal im Jahr 1905 vorausblickend errichtet worden, denn noch im gleichen Jahr sollte er in der von der ägyptischen Mythologie inspirierten Architektur seine letzte Heimstätte finden. Das Grabmal wird in einem Buch über die historischen Denkmäler auf diesem Friedhof beschrieben: ... *Dieses Monument schließt mit einem papyrusförmigen Fries ab. Die senkrechten Rinnen gemahnen an den Tempeleingang (Pylon). Auch hier wieder die in den Torbogen versetzte Tafel mit den Angaben über die Verstorbenen.*[50]

Heute ziert ein feines, fragiles, beinahe vor den Augen des Betrachters verschwindendes Kreuz das Grabmal, das zwischen kupferner Tafel und weißem Fries in den Carrara-Marmor ziseliert worden ist – 57 Jahre nach Bernhards Tod freilich. Am 12. März 1962, einen Tag nach dem Tod meines Großvaters Paul, hatte seine Gattin Annemarie verfügt, das Kreuz auf dem Monument anbringen zu lassen, mit jener Begründung, die mir mein Onkel Georg Imhof überliefert hat: »Es muss unbedingt ein Kreuz dahin, denn ohne Kreuz kann man in der Gruft ja gar nicht liegen!«

An dem Tag des Begräbnisses meiner Großmutter dachte ich freilich weder an die Familiengeschichte, noch an deren konfessionelle Konsequenzen. Ich – der damals 28-Jährige – war traurig und verwirrt und konnte das Gefühl nicht loswerden, dass meine Großmutter, die sich noch vor Kurzem quicklebendig von Dings und Dangs hatte hofieren lassen, eigentlich zu früh, zu unerwartet und überhaupt gänzlich sinnlos gestorben war. Sie war 85 Jahre alt geworden, hatte von 1904 bis 1989 gelebt und dieses Leben sowie die Leben der sie umgebenden Anderen mächtig beeinflusst. Gerade auch in den letzten Jahren hatte sie sich mit ihrem »sozialen Hilfswerk« unermüdlich im Charity-Bereich engagiert, war voll von Plänen und lebensbejahender Energie gewesen. Dann eine kurze schwere Krankheit, der Ruf nach ihren Kindern – dem alle außer meinem Onkel Georg noch folgen konnten – und jetzt der Sarg mit den hunderten weißen Gladiolen vor dem Tempeleingang zur ewigen Ruhe. Ruhen und meine Großmutter – das ging in meinem Hirn überhaupt nicht zusammen.

Mein Blick fiel auf die kupferne Tafel, in die einige Namen meiner Vorfahren mütterlicherseits graviert sind:

Bernhard Rosenthal, geb. am 25.12.1847 in Würzburg, gest. am 19.01.1905 in Wien;

Maria Rosenthal, geborene Pringsheim, geb. am 15.12.1854 in Breslau, gest. am 4.09.1919 in Feldkirch;

Alfred Heinsheimer, geb. am 14.09.1874 in Mannheim, gest. am 24.05.1935 in Wien;

Franz Rosenthal, geb. am 15.11.1890 in Wien, gest. am 21.05.1953 in Wien;

Hildegard Heinsheimer, geborene Rosenthal, geb. am 10.08.1881 in Wien, gest. am 19.09.1968 in Wien.

Damit ist der Platz, den diese in den Torbogen versetzte Tafel bietet, aufgebraucht. Deshalb sind links und rechts neben dem Grabmal in die grasbewachsene Wiese schon vor geraumer Zeit weiße Marmortafeln eingelassen worden, auf der linken Tafel befinden sich die Namen meines Großvaters, Dr. Paul Imhof, 1890–1962, und des zweiten Mannes meiner Großmutter, Dr. Gerd Obst-Tarrawehr, 1909–1985.

Angesichts der unsichtbaren Anwesenheit des Schuppenbarons schweiften meine Gedanken ab, ich sah uns, meine Familie und mich an dem sonntäglichen, reichlich beladenen Esstisch sitzen und auf Onkel Gerd und Großmutter warten, die ja immer zu spät kamen, bis der Tod auch dieser Marotte ein definitives Ende bereitete. Als unter Gebeten und schrillem Glockengebimmel meine Großmutter zu ihren beiden Ehegatten in die Gruft hinabgelassen wurde, stellte ich mir noch kurz deren Wiedersehen vor. Meine Großmutter würde ja beiden viel zu erzählen haben und wenn diese ihr dann irgendwann ins Wort fallen sollten, würde sie die beiden sicherlich nicht ausreden lassen. Ich konnte mir meine Großmutter im Jenseits gar nicht anders vorstellen als im Diesseits – nicht einmal diese dunkle Kammer des Schweigens würde ihr beredtes, kundiges und stets geschäftiges Naturell verstummen lassen.

Rauschende Feste, Bankiersfamilien und überall Kunst und Wissenschaft

Meine Ururgroßeltern mütterlicherseits Bernhard Rosenthal und Maria Rosenthal, geborene Pringsheim, unterhielten zum Zeitpunkt der Errichtung der Familiengruft, also um 1900, ein gesellschaftlich hoch angesehenes großbürgerlich-jüdisches Haus. Maria, war eine Tante von Katia Pringsheim, die als Katia Mann, Frau des deutschen Literaturnobelpreisträgers von 1929 Thomas Mann, eine legendäre Figur der Literatur- und Zeitgeschichte werden sollte. Auch die Münchner Linie der Pringsheims zeichnete sich durch außerordentlichen Reichtum aus, ein Teil davon floss in die Förderung von Kunst. Marias Nichte Katia Pringsheim wuchs mit ihren vier Geschwistern in äußerst wohlhabenden und liberalen Verhältnissen auf. Die Münchner Villa in der Arcisstraße 12, in der die Familie ab 1890 wohnte, hatte eine Fläche von 1500 Quadratmetern. Im Musiksaal wurden Konzerte aufgeführt, Bälle und Soirées gegeben, im Theatersaal zeitgenössische Stücke gespielt und die Bibliothek der Pringsheims galt als größte Privatbibliothek der Stadt. Zudem gab es im Haus von allem Anfang an Strom, was damals äußerst selten war. Das Palais Pringsheim blieb lange der gesellschaftliche Mittelpunkt Münchens. Neben Prominenten aus Wirtschaft, Politik, bildender Kunst und Musik zählten auch Walther Rathenau, Franziska zu Reventlow, sowie Else Lasker-Schüler und Hugo von Hofmannsthal zu den Stammgästen. Die nazistischen Umtriebe bereiteten schließlich auch diesem kulturellen Zentrum der Stadt ein brutales Ende.

Nicht nur Katia Pringsheim konnte in die Ehe mit dem angehenden weltberühmten Schriftsteller ein halbes Vermögen einbringen, sondern auch ihre Tante Maria Pringsheim – meine Ururgroßmutter

– hatte durch ihre Heirat mit Bernhard die Schatztruhe der Rosenthals bereichert. Thomas und Katia Mann führten die Pringsheim'sche Tradition der großen Feste auf ihre Weise fort. Meine Urgroßmutter Hildegard berichtete von rauschenden Festen und wunderbaren Lesungen im Münchner Haus von Thomas und Katia Mann, zu der sie und ihre Mutter geladen waren. So vollkommen still es in dem Haus sein musste, wenn der »Zauberer« – wie ihn seine älteste Tochter Erika und bald schon die ganze Familie nannten – in seinem Arbeitszimmer war und schrieb, so ausgelassen, bunt und laut waren die Feste, bei denen oft Kostüme getragen wurden. Und viele Kinder gab es da auch immer, nicht nur die von Thomas und Katia Mann – innerhalb von vierzehn Jahren, zwischen 1905 und 1919 waren Erika, Klaus, Golo, Monika, Elisabeth und Michael geboren worden –, sondern auch die Kinder der halben Nachbarschaft in der Poschingerstraße am Herzogpark.

Bernhard, mein Ururgroßvater mütterlicherseits kam aus dem Bankenzweig der Familie und war selbst Banker, Investor und Direktor einer kleinen, aber feinen Rosenthal-Privatbank. So fügte es sich vortrefflich, dass seine Tochter Hildegard schließlich mit Alfred Heinsheimer verheiratet werden konnte, der als gewiefter Investor und erfolgreicher Aktienexperte galt und schließlich auch Direktor des Wiener Bankvereins wurde. Hildegard und Alfred, meine Urgroßeltern mütterlicherseits, wurden in meiner Familie später liebevoll Großi und Groki genannt. Und dass sie nur ein Kind – eben meine Großmutter Annemarie – bekamen, sollte sich letztendlich, angesichts der Nazi-Diktatur und deren antisemitischen Irrsinnigkeiten als äußerst hilfreich, wenn nicht als überlebenswichtig erweisen.

Um 1900 war der kulturelle und ökonomische Einfluss des jüdischen Großbürgertums in Wien am Höhepunkt angelangt. Die grauenhaften Verschattungen, die die Zukunft bringen sollte, waren noch nicht absehbar, und die Metropole des Habsburgerreiches war zum »Nabel der Welt« geworden. Hier blühte die Kunst – in all ihren ermesslichen und durchaus avantgardistischen Formen – hier triumphierten Wissenschaft, Medizin, Philosophie, Architektur, Literatur, Mathe-

Die vierjährige Annemarie mit ihrer Mutter Hildegard,
geborene Rosenthal

matik, Physik, Malerei, hier erschien am 4. November 1899 Sigmund Freuds frühes Hauptwerk »Die Traumdeutung«, interessanterweise vordatiert auf 1900. Hier also bereitete sich der Siegeszug jener Seelenforschung vor, die in den unterschiedlichsten Varianten die Welt und ihre Bewohner bis heute in Atem hält – ein unglaubliches Unterfangen: verstehen zu wollen, was uns in unserem zutiefst Verborgenen ausmacht, was uns als triebhafte Menschen bewegt, ungeachtet der Kultur, in der wir gelernt haben uns selbst als denkende und damit auch als kontrollierende Menschen zu begreifen!

Freud arbeitete an den Grundpfeilern der Psychoanalyse und der Arzt und Schriftsteller Arthur Schnitzler führte die Folgen der Sexualtheorie in seinen vom Publikum begeistert aufgenommenen Stücken spielerisch vor – obwohl beide in der gleichen Stadt lebten, und insbesondere Freud Schnitzler besonders verehrte, kam es nie zu einer direkten Begegnung zwischen dem Schriftsteller und dem außerordentlichen Professor für Neuropathologie. Während also das »moderne« Konzept der Seele, mit all seinen Höhen und Untiefen, begann auf verschlungenen Pfaden den Siegeszug über die Welt anzutreten, werkten Arnold Schönberg und seine Schüler an jener neuen »Reizung«, die das spätromantische Selbstverständnis einer saturierten Hörerschaft mehr als nur relativieren und unter dem Begriff »Atonalität« in die Musikgeschichte eingehen würde. Es waren diese Töne, die der neuen Relativität des Ichs am sinnfälligsten Ausdruck verliehen.

Dabei ging es in radikaler Weise darum, den Einzelnen nicht nur in neues Wissen, sondern auch in die neue Ästhetik einer dynamischen, maschinengetriebenen und zudem unendlich Ich-verlorenen Zeit einzubinden. Und was eignete sich dafür vortrefflicher als Musik? Arnold Schönberg nahm im Oktober 1904 den 19-jährigen Autodidakten Alban Berg in einen seiner Kompositionskurse auf, auch Anton von Webern studierte als Privatschüler sechs Jahre lang bei dem schon früh renommierten Vertreter der »musikalischen Moderne«. Auch der heute weniger bekannte Egon Joseph Wellesz wurde in den Kreis der Auserwählten aufgenommen und vertiefte sich in die »Lehre des Kontrapunkt« bei Schönberg.

Alexander von Zemlinsky verband mit Arnold Schönberg eine lebenslange Freundschaft. Er hatte ihm Kompositionsunterricht erteilt und in die Wiener Musikszene eingeführt. Wenn die Kompositionen der »Zweiten Wiener Schule« zusammen mit Werken von Zemlinsky zur Aufführung gelangten, dann wurden in der schillernden Metropole regelmäßig Kulturkämpfe ausgetragen. Überall war Musik – Mozart, Beethoven, Bach, Brahms, Schubert, Haydn … Aber brauchte die Welt die neue Musik, die »Musik der Moderne«? Als Schönberg später die »Komposition mit zwölf Tönen« vorstellte und »hoffähig« machen wollte und am 31. März 1913 im Goldenen Saal des Musikvereins ein Konzert mit Werken von ihm selbst, Webern, Zemlinsky, Berg und Mahler dirigierte, kam es zum Skandal: Das als »Watschenkonzert« in die Musikgeschichte eingegangene Spektakel endete nach der Pause – gerade als Alban Bergs neue Lieder hätten ertönen sollen – mit einem Publikumstumult, der ein gerichtliches Nachspiel hatte.

Die Stadt fieberte im neuen Zeitgeist, sie dehnte sich und wuchs, und die Industrialisierung mitsamt den Arbeiter- und auch Elendsvierteln hatte die Außenbezirke voll in ihren Bann geschlagen. Von überall aus der Monarchie migrierten Menschen, auf Arbeit und Besserstellung ihrer Leben hoffend, in die Donaumetropole. Damals war Wien – gemessen an der hier wohnenden Bevölkerung – etwa so groß wie heute wieder: 2 Millionen Menschen, mehr als ein Drittel des Deutschen nicht oder nur bruchstückhaft mächtig. Eine große, schöne, pulsierende Stadt – eine Stadt, in der Armut und Reichtum nicht nur eng beieinander lagen, sondern, so wie heute, durch imaginäre Zonen und Grenzen voneinander getrennt waren. Noch immer gibt es die Arbeiterbezirke, die noblen Außenbezirke Döbling, Hietzing, Währing und den Gürtel als Demarkationslinie. Wer es diesseits des Gürtels schafft, der hat in seinem Leben was erreicht, wer jenseits des Gürtels bleibt, der kann sich zwar über niedrigere Mieten freuen, aber richtig angekommen in der Metropole ist er – noch? – nicht.

Das jüdische Großbürgertum hatte der Metropole spätestens seit Ende des 18. Jahrhunderts ein unverwechselbares Gesicht verliehen.

Auch die Familien der Rosenthals und der Heinsheimers waren »große Häuser« – es gab hunderte vergleichbare in der Reichshaupt- und Residenzstadt Wien. Die Stadtpalais dienten der Pflege des gesellschaftlichen und kulturellen Lebens, beträchtliche Vermögen hatten sich gebildet, die nicht nur die Architektur der Stadt seit Mitte des 19. Jahrhunderts – und seit dem Schleifen der alten Wiener Wehranlagen – verändert hatten, sondern auch zur systematischen Förderung von Kunst und Wissenschaft eingesetzt wurden. Der neue Wiener Ring, wo die alten Festungsmauern und Glacis gewesen waren, war allmählich zu einer wahren Prachtstraße ausgebaut wor- den, auf der Professor Freud gerne um die Innenstadt flanierte. An jeder Ecke und vor jedem monumentalen Gebäude – Rathaus, Parla- ment, Oper, Museen, Börse, Neue Hofburg und so weiter – wurden die Hüte mit nobler Geste gezogen, kurz konnte man im Gespräch verweilen, den neuesten Klatsch der Stadt teilen oder verträumt den Pferdekutschen mit den prächtig aufgeputzten jungen und auch älteren Damen nachblicken, bevor man seinen Weg fortsetzte oder in eines der zahllosen Wiener Cafés einkehrte, in denen Zeitungen aus aller Herren Länder auf Leser warteten.

Den kulturellen, wissenschaftlichen und ökonomischen Leistun- gen zum Trotz hielten die österreichische Aristokratie und der Wiener Hof samt seinem zahlenmäßig beachtlichen Beamtenstab die jüdischen Mitbürger auf distinkte Distanz, vielleicht gerade weil man von ihnen in vielfältiger Weise abhängig war. Und im sogenannten Volk, das oft neidisch auf ökonomisch oder sonst erfolgreiche Juden schielte, war der Antisemitismus weit verbreitet. Dass das kein öster- reichisches Spezifikum war, sondern die »deutschen Lande« insge- samt betraf, lässt sich aus einem Brief erschließen, den das Jahrhun- dertgenie Gustav Mahler im Januar 1895 an Friedrich Löhr adressierte: *Mein Judentum verwehrt mir, wie die Sachen jetzt in der Welt stehen, den Eintritt in jedes Hoftheater. – Nicht Wien, nicht Berlin, nicht Dresden, nicht München steht mir offen. Überall bläst der gleiche Wind.*[51] Zwei Jahre später konvertierte Mahler zum Katholizismus und ließ sich am 23. Februar 1897 gemeinsam mit seinen beiden Schwestern Justine und Emma in der Hamburger St. Ansgarkirche taufen.

Damit hatte er jenen Schritt gesetzt, der seiner leidenschaftlichen Karriere zum größten weltlichen Höhepunkt verhelfen würde – denn die Stellung des ersten Kapellmeisters und des Direktors der Hofoper in Wien war zweifellos die exzellenteste Position des Musiklebens in Europa. Diese Stellung hatte Mahler bis 1907 inne, und als es im Dezember des gleichen Jahres vom Westbahnhof aus in die Neue Welt, nach New York an die Metropolitan Opera ging, kamen mehr als zweihundert Menschen um dem großen Komponisten einen gebührenden Abschied zu bereiten. Unter ihnen waren Gustav Klimt, Alban Berg, Anton von Webern, Arnold Schönberg, Alfred Roller, Carl Moll und Bruno Walter. Seine 19 Jahre jüngere Frau Alma erinnert sich später: *Sie standen, als wir ankamen, alle schon da, die Hände voll Blumen, die Augen voll Tränen stiegen sie in unser Coupé, bekränzten es, die Sitze, den Boden, alles. Als sich der Zug in Bewegung setzte, sprach Gustav Klimt aus, was viele dachten: Vorbei!*[52]

Gustav Mahler war vom Judentum zum Katholizismus konvertiert, um volle Assimilation und gesellschaftliche Anerkennung zu erlangen. Seiner Zeit und seinen schweren Lebenskrisen gemäß konsultierte er auch den Begründer der Psychoanalyse, von dem er sich, wenn schon nicht Heilung, so doch Kenntnis seiner Seele versprach. Im Sommer 1910 hatte ihn die Liebesaffäre seiner Frau Alma mit dem jungen Architekten Walter Gropius an den Rand eines seelischen Zusammenbruchs gebracht, und so traf er Professor Freud in der holländischen Stadt Leyden. Auch im letzten Jahr seines dichten Lebens war Mahler ein gehetzter, ständig von Zeitnot geplagter Mensch, und unterzog sich einer Kurz-Analyse, die nicht länger als einen Nachmittag dauerte. Die digitale Enzyklopädie weiß von einem Brief zu berichten, den Sigmund Freud 1933 an Theodor Reik geschrieben hat und in dem er auf diese Begegnung Bezug nimmt: *Wir haben in höchst interessanten Streifzügen durch sein Leben seine Liebesbedingungen, insbesondere seinen Marienkomplex (Mutterbindung) aufgedeckt. Ich hatte Anlass, die geniale Verständnisfähigkeit des Mannes zu bewundern. Auf die symptomatische Fassade seiner Zwangsneurose fiel kein Licht. Es war wie wenn man einen einzigen, tiefen Schacht durch ein rätselhaftes Bauwerk graben würde ... Er sucht in jeder Frau seine Mutter, die doch eine arme, leidende und gepeinigte Frau gewesen sei.*[53]

Sigmund-Freud-Park im 9. Wiener Gemeindebezirk

Bis zum 8. November 1984 hat es gedauert bis meine Heimatstadt Wien dem genialen jüdischen Seelendoktor, der 1939 im Londoner Exil verstorben ist, einen Park gewidmet hat. Der Sigmund-Freud-Park befindet sich heute vor der Wiener Votivkirche, unweit der Berggasse 19, wo er so lange residiert hat, bis ihn die braunen Uniformen vertrieben haben. Nationalismus, Antisemitismus, Nazismus und später das Verschweigen und Verleugnen der eigenen unrühmlichen Geschichte waren das lange verborgene Grauen jenes Österreichs, in dem ich in unmittelbarer Nachbarschaft zum Eisernen Vorhang aufgewachsen bin. Die kollektive Verrohung und die das ganze 20. Jahrhundert begleitenden Schatten hatten sich schon früh begonnen abzuzeichnen, auch wenn damals das ganze Ausmaß der Verwüstung, der Verheerung und der Kapitulation – auch der Seelen – keineswegs absehbar gewesen war. Gustav Mahler war nicht der einzige gewesen, der aus berechtigter Angst vor Hindernissen und Demütigungen zum Katholizismus konvertierte. Unzählige versuchten durch den konfessionellen Wechsel jene gesellschaftliche Gleichwertigkeit zu erlangen, die den Juden in Europa Jahrhunderte lang vorenthalten worden war. Dieser Versuch der Vermeidung des offenbar Unvermeidlichen und der Erlangung ungeteilter gesellschaftlicher Anerkennung wurde auch in meiner Familie mütterlicherseits exekutiert.

Zwei reiche Jüdinnen werden zwei reiche Katholikinnen, Traumhochzeit und Dokumentenschwindel

Am 3. Mai 1924 konvertierten meine Urgroßmutter Hildegard und ihre Tochter Annemarie – meine Großmutter – vom jüdischen zum katholischen Glauben und wurden getauft. Wie ehedem für Gustav Mahler ein folgenschwerer Schritt. Jetzt würde der reichen Familie gleichsam wirklich alles offenstehen – selbst der Aufstieg in die allerhöchsten gesellschaftlichen Kreise. Das Ziel war die Aristokratie, die es ja eigentlich, gemäß dem am 3. April 1919 erlassenen »Adelsaufhebungsgesetz«, in dem zum Zwergstaat geschrumpften Österreich offiziell gar nicht mehr gab. Dass zu dieser Zeit schon illegale Nazis ihr Unwesen trieben, Lesungen von jüdischen Schriftstellern regelmäßig durch Zwischenrufe und Tumulte gestört wurden, jüdische Professoren, Assistenten und Studierende an der Universität Wien schikaniert wurden und sich der braune Zeitgeist der radikalen Vertreibung und Vernichtung der unerwünscht anderen verschrieb, mag – obwohl familiär nicht direkt überliefert – zu diesem folgenreichen Schritt ebenfalls beigetragen haben.

Meine Großmutter Annemarie und meine Urgroßmutter Hildegard wurden im Jahre 1924 – noch vor ihrer gemeinsamen Taufe – von der bedeutenden jüdischen Künstlerin Malva Schalek in Öl porträtiert. Und zwar in deren Atelier über dem Theater an der Wien, aus dem sie unter Zurücklassung ihres gesamten Werkes im Juli 1938 fliehen musste. Die Nazis wurden ihrer dennoch habhaft, deportierten sie in das Konzentrationslager Theresienstadt, wo sie mehr als einhundert naturalistische Gemälde und Zeichnungen mit Wasserfarben über das Lagerleben anfertigte. Als ihr herausragendes Talent von den Nazis entdeckt wurde, weigerte sie sich NS-Ärzte und KZ-Wächter zu porträtieren. Sie wurde nach Auschwitz gebracht und dort ermordet. Es grenzt an ein Wunder, dass ihre Theresienstadt-Bilder nicht vernichtet wurden und im Zuge der Befreiung des Konzentrationslagers sichergestellt werden konnten. Ihr Werk gilt als vollständigste künstlerische Sammlung, die im Schrecken des Holocaust entstanden ist und diesen überdauert hat. Der größte Teil der Kunstsammlung befindet sich heute im »Haus der Ghettokämpfer« im Kibbuz Lochamej haGeta'ot in Israel.

Ölgemälde von Malva Schalek: Hildegard Heinsheimer (rechts) und ihre Tochter Annemarie 1924

Jedenfalls waren am 3. Mai 1924 aus zwei reichen Jüdinnen zwei reiche Katholikinnen geworden – und der geliebten Tochter Annemarie stand jetzt der Heiratsmarkt der durch die Republik formell abgeschafften Aristokratie unlimitiert offen. Die Wahl fiel auf Paul

Baron Imhof von Geisslinghof, dessen Familie zwar nicht wirklich verarmt, aber verglichen mit dem einstigen Reichtum doch ziemlich abgewirtschaftet war. Eine ordentliche Finanzspritze konnte da nicht schaden. Dieses Arrangement hatte es schon Jahrzehnte zuvor gegeben – assimiliertes, konvertiertes jüdisches Großbürgertum heiratet in alten Adel ein und lässt sich diesen gesellschaftlichen Aufstieg auch einiges kosten. Abgesehen von dem Zugriff auf einen Teil des Rosenthalschen-Heinsheimerischen Vermögens setzte mein Urgroßvater Alfred seinem angehenden Schwiegersohn Paul – meinem Großvater – auch eine beträchtliche Apanage aus, damit er das neue Familienglück richtig genießen konnte.

Vermögen getauscht gegen rechtlich gar nicht mehr existentes Adelsprädikat und – zumeist überschätztes – gesellschaftliches Ansehen; die Namen der Kinder für den Stammbaum aufbereitet, in den eingeheiratet wurde, einer antizipierten Integration wegen, die scheinbar nach oben hin alle Wege eröffnete: Das war der Deal! Ein Deal, dessen innere Logik schon zehn Jahre danach gehörig ins Wanken geriet – als grölende, hetzende Gruppen durch Wien zogen und bereit waren alle Andersgesinnten und alles Andersgedachte mit ihren dreckigen braunen Stiefeln zu vernichten. Aber noch war es nicht soweit. Eine wunderbare, märchenhafte Hochzeit konnte gefeiert werden – am Imhof'schen Familiensitz in Salmannsdorf, dort wo sich heute die Amerikanische Schule befindet. Das Geschehen vergegenwärtigt sich anhand braun vergilbter Schwarz-Weiß-Fotografien, die in dicken grünen Alben aufbewahrt worden sind. Hunderte Gäste, eine Tafel, die auch versierten Gourmets lange in Erinnerung blieb, dann ein halbes Dutzend Flugzeuge, die wieder und wieder über dem Anwesen kreisten, vorerst hunderte weiße Rosen, schließlich hunderte bunte Luftballons abwarfen. Wie sich meine Großmutter gefühlt haben musste, als sie endlich zur Frau Baronin initiiert worden war?

Ich weiß auch nicht wie meine Großmutter Annemarie und mein Großvater Paul tatsächlich zueinander gestanden hatten, ob sich aus dem Arrangement jemals so etwas wie Liebe oder wirkliche Anteilnahme und Respekt füreinander entwickeln konnten. Darüber gibt es

Hochzeitsbild von Dr. Paul und Annemarie Imhof vor dem Familiensitz in Salmannsdorf, 24. Juni 1925

natürlich viele Geschichten, und die meisten wissen eher von einer »unerfüllten Ehe« zu berichten, die zwar den gesellschaftlichen Konventionen, nicht aber den Bedürfnissen der beiden entsprochen hat. Aber diese Geschichten sind allesamt zu diffus und auch zu widersprüchlich, als dass Verlass auf sie wäre. Das, was vor meinen Augen entsteht – ist das Bild einer Traumhochzeit: Ich sehe Annemarie vor mir, mit einem weißen Blütenkranz im blonden Haar und einem edlen weißen Hochzeitskleid, dessen Schleppe die einer angehenden Königin sein könnte – meine Mutter hat das gleiche Kleid bei ihrer, weitaus bescheideneren Hochzeit getragen –; und ich sehe Annemarie sehr aufgeregt von Gast zu Gast laufen, dann wieder verklärt lächelnd inmitten all dieses unvorstellbaren Trubels stehen, irgendwie ungläubig hinauf in den Himmel blinzeln, in dem diese tollen Flugzeuge ihre Kunststücke offerieren und ihr zum Geschenk die schönsten Rosen und Luftballons über dem Schlösschen ihrer Mutter Hildegard abwerfen. Ein Meer von Menschen, Farben – und sehr wahrscheinlich auch Zuversicht.

Die 1920er Jahre sind als Mythos der reichen Gesellschaft in die kollektive Erinnerung eingeschrieben: Bewegung, Tanz, Gatsby, mächtige Autoschlitten, Champagner, und auch – zumindest in den Künstlergemeinschaften – sexuelle Freizügigkeit. Nach der Vernichtung des Krieges in Europa, noch vor der Wirtschaftskrise und inmitten der wieder aufflackernden Renationalisierung begannen die Vermögen der ohnedies schon Reichen wieder ordentlich zu wachsen. Aber in Wien, das nicht Berlin und schon gar nicht New York war, regierten noch immer Konvention, Tradition, Standesdünkel – und eine durchaus neue, fundamentale, nationale Verunsicherung.

Aus dem ehemals riesigen und mächtigen Habsburgerreich war mit Ende des großen Krieges eine Miniaturrepublik geworden, deren Existenz politisch von rechts nach links und gesellschaftlich von arm bis reich grundsätzlich in Frage gestellt wurde. Nicht nur führende österreichische Sozialdemokraten setzten sich für die Vereinigung mit »Großdeutschland« ein, sondern auch ein guter Teil des Adels, der ja formell mit der Gründung der Republik bereits abgeschafft worden war, konnte sich nicht vorstellen, dass dieses – in ihrer Wahrnehmung

– mikroskopisch kleine und politisch ohnmächtige republikanisch-nationale Konstrukt überlebensfähig sein könnte. Ganz zu schweigen von den politisch extrem Rechten, die ihren Fahrplan in das Tausend-jährige Reich schon Mitte der 1920er Jahre festgelegt hatten. In diesen unsicheren Zeiten gab es in Wien weder Romantik, noch Exzess. Alles ging wohlgeordnet – und immens aufmunitioniert mit diversen Ideologien – auf den kommenden Abgrund zu.

Dennoch gibt es aus dieser Zeit ein schönes Ölgemälde, das meine Großmutter Annemarie zeigt: Hier sitzt die junge, knapp zwanzig-jährige Annemarie in einem weißen halblangen Satinkleid. In gleich-sam verhaltener Pose scheinen die Finger ihrer linken Hand mit den Enden der zweireihigen, ihr in den Schoß fallenden Perlenkette zu spielen. Ihre blonden Haare – fassoniert in einer modischen Kurzhaar-frisur – rahmen ein gleichermaßen Ruhe, Nachdenklichkeit und zögerliche Heiterkeit ausstrahlendes Gesicht. Annemaries große blaue Augen und ihr leicht geöffneter Mund verraten mehr Sinnlich-keit als Strenge. Ungeachtet kommender Gefahr, wirkt sie jugendlich selbstsicher. Eine junge Madame, der vieles zugetraut wird und die sich dessen auch mehr als bewusst zu sein scheint. Dieses Gemälde hängt heute in der amerikanischen Küstenstadt Santa Barbara in Kalifornien, und zwar in der Empfangshalle des Hauses 234 West Islay Street, das meinem Cousin Peter Imhof gehört – dem Sohn meines Onkels Eckard, dem erstgeborenen Bruder meiner Mutter. Und das Gemälde meiner Großmutter scheint mir dort, in dem herrlich intensiven pazifischen Licht, mit Blick auf die imposanten Wellen des Ozeans bestens aufgehoben zu sein.

Geht man von der Familiengruft in der Israelitischen Abteilung des Döblinger Friedhofs ein paar Schritte auf einem schmalen Kiesweg Richtung Friedhofsmauer und biegt dann entlang der Mauer rechts ab, so gelangt man nach einigen weiteren Gräbern zur ehemals letzten Ruhestätte von Theodor Herzl und seiner Eltern – Jacob und Jeanette. Es ist ein besonders schönes, in Schwarz und zierlichem Gold gehalte-nes Grab, vor dem stets – und zu allen Jahreszeiten – frische Blumen liegen, als hätte die Gründung des Staates Israel erst gestern statt-

Annemarie 1923

JACOB HERZL
GEB. 14. APRIL 1835
GEST. 9. JUNI 1902.

JEANETTE HERZL
GEB. 28. JULI 1836
GEST. 20. FEBRUAR 1911

DR THEODOR HERZL
SOHN
VON JACOB UND JEANNETTE HERZL
GEB. 2. MAI 1860
GEST. 3. JULI 1904

פ"נ
ד"ר בנימין זאב העציל

תנצבה

IN DIESEM GRABE WURDE AM 3. JULI 1904
DR THEODOR HERZL
ZUR LETZTEN RUHE BESTATTET
IN DEM GLEICHEN GRABE RUHTEN SEINE ELTERN
JACOB UND JEANETTE HERZL
AM 14. AUGUST 1949 WURDEN DIE STERBLICHEN
ÜBERRESTE DR HERZLS UND SEINER ELTERN EXHUMIERT
UND, DEM WUNSCHE DR HERZLS ENTSPRECHEND
NACH ISRAEL ÜBERFÜHRT

Ehemaliges Grab von Dr. Theodor Herzl und dessen Eltern in der Israelitischen Abteilung des Döblinger Friedhofs gefunden. Die Grabinschriften sind deutsch und hebräisch: Jacob Herzl, geb. 14. April 1835, gest. 9. Juni 1902: Jeanette Herzl, geb. 28. Juli 1836, gest. 20. Februar 1911; Dr. Theodor Herzl, geb. 2. Mai 1860, gest. 3. Juli 1904. Darunter in goldenen Lettern: *In diesem Grab wurde am 3. Juli 1904 Dr. Theodor Herzl zur letzten Ruhe bestattet. In dem gleichen Grab ruhten seine Eltern Jacob und Jeanette Herzl. Am 14. August 1949 wurden die sterblichen Überreste Dr. Herzls und seiner Eltern exhumiert und, dem Wunsch Dr. Herzls entsprechend, nach Israel überführt.*

Der Journalist und Schriftsteller Theodor Herzl begründete in seinem kurzen Leben den politischen Zionismus und organisierte 1897 den »Ersten Zionistischen Weltkongress« in Basel, auf dem das Programm zur »Schaffung einer öffentlich-rechtlichen Heimstätte für das jüdische Volk in Palästina« beschlossen wurde. Er veröffentlichte eine ganze Reihe programmatischer Schriften – allen voran »Der Judenstaat«, der 1896 erschien. 50 Jahre sind für die Verwirklichung großer Ideen keine lange Zeitspanne, aber ein halbes Jahrhundert danach fand Herzls Vision tatsächlich Verwirklichung. Ebenso wenig konnte er ahnen, dass zwischen seinem frühen Ableben und der Gründung Israels die Shoa liegen würde. Dem Mann mit dem langen Bart und den lebendigen Augen, der stets auf ein elegantes Äußeres bedacht war, blieb diese entsetzliche Erfahrung erspart.

In der Zeit der unvorstellbaren Nazi-Barbareien und der nationalsozialistischen Verbrechen an der jüdischen Bevölkerung Österreichs lässt sich die Geschichte meiner Familie nur recht vage beschreiben. Und diese Grauzone führt – bis zu der Generation meiner Kinder – dann wiederum zu recht vagen Mutmaßungen, die niemand so recht einzuordnen weiß. Viel ist nicht bekannt. Fest steht aber, dass Teile der jüdischen Familie rechtzeitig emigriert sind, andere Familienmitglieder wiederum – etwa der Bruder meiner Urgroßmutter Hildegard – in Konzentrationslagern ums Leben gekommen sind.

Die Imhofs gingen ab März 1938 »auf Tauchstation« – wie man das im »Wienerischen« zu sagen pflegt. Weder emigrierten sie, noch wurden ihr Eigentum und Vermögen konfisziert, aber an die nazistischen Umtriebe und die kriegshetzerischen Nazi-Ideologien versuchten sie ebenfalls nicht anzustreifen. Ganz im Gegenteil: Mein Großvater Paul wurde nach dem Anschluss Österreichs an das »Deutsche Reich« als Ministerialrat im Finanzministerium suspendiert. Trotz »altdeutschem Adelsprädikat« war den Nazi-Bürokraten seine Nähe zum »jüdischen Geldadel« hinreichend suspekt vorgekommen. Er galt sofort als »unzuverlässig«. Dass die beiden wichtigsten weiblichen Protagonistinnen dieser Familie – meine Urgroßmutter Hildegard und meine Großmutter Annemarie – schon 14 Jahre zuvor zum Katholizismus konvertiert waren, half vielleicht, neben anderen noch zu erzählenden Ereignissen, die schlimmste Katastrophe abzuwenden.

Jedenfalls zogen meine Großeltern kurz nach dem »Anschluss« von ihrer Wohnung in der Metternichgasse, 1030 Wien, ganzjährig in das Familien-Schlösschen nach Salmannsdorf. Und mein Großvater Paul begab sich obendrein in die innerösterreichische Emigration: Er würde trotz seiner »Rehabilitierung« durch den Reichsminister für Finanzen am 3. März 1941 bis zum Kriegsende auf dem Familiengut stillhalten, Kartoffeln und Gemüse anpflanzen, Ziegen und Schafe züchten. Denn die »politische Unzuverlässigkeit« war durch diese »Rehabilitierung« nicht aufgehoben. Ermöglicht wurde dieses Überleben durch einen zweifachen Dokumentenschwindel, der seine Frau Annemarie »nur« als »jüdischen Mischling zweiten Grades« auswies. Die Zurruhesetzung des Ministerialrates im »ehemaligen österreichischen Ministerium für Finanzen« war damit aufgehoben.

Als späte »Wiedergutmachung für die Unbilden durch den Nationalsozialismus« sollte mein Großvater Paul nach dem Ende des Zweiten Weltkrieges vorerst zum Sektionschef im Finanzministerium, schließlich zum Gouverneur der Österreichischen Postsparkasse berufen werden. Damit wurde er zum Generaldirektor einer der damals größten österreichischen Bankinstitute. Bei den ehemals jüdischen, ab 1924 zum katholischen Glauben konvertierten Frauen der Familie war die Sache mit den Nazis schon heikler. Um »Rassenreinheit« nachzuweisen musste dieser zweifache Dokumentenschwindel inszeniert werden, bei dem – aller Wahrscheinlichkeit nach – auch viel Bestechungsgeld floss, was sich aber niemals faktisch nachweisen ließ.

Der Reichsminister
der Finanzen

VI 888

Es wird gebeten dieses
Geschäftszeichen und
den Gegenstand bei wei=
teren Schreiben anzuge=
ben.

Berlin W 8, 3.März 1941
Wilhelmsplatz 1/2
Fernsprecher:120015
Postscheckkonto:Berlin Nr.25955

V e r f ü g u n g :

    Die Entscheidung des Reichsstatthalters in Österreich vom
5.Dezember 1938 über die Zurruhesetzung des Ministerialrats im
ehemaligen österreichischen Ministerium für Finanzen Dr. Paul
I m h o f wird aufgehoben. Sie gilt als nicht ergangen.

G r ü n d e :

    Ministerialrat Dr I m h o f wurde auf Grund des § 3
Absatz 1 der Verordnung zur Neuordnung des österreichischen Berufs=
beamtentums vom 31. Mai 1938 (RGBl I S. 607) in den Ruhestand ver=
setzt, weil nach den urkundlichen Ausweisen seine Ehefrau Annemarie
geb. Heinsheimer als Jüdin anzusehen war. Durch den Abstammungsbe=
scheid der Reichsstelle für Sippenforschung, Zweigstelle Wien, vom
19. Dezember 1939, der vom Direktor der Reichsstelle für Sippenfor=
schung Berlin bestätigt worden ist, ist festgestellt, daß Frau Anne=
marie Imhof nur Mischling zweiten Grades ist. Die Entscheidung des
Reichsstatthalters vom 5. Dezember 1938 war deshalb aufzuheben.

    Die Zuständigkeit für diese Entscheidung ergibt sich aus § 1
Ziffer 2 der Siebenten Verordnung zur Änderung der Verordnung zur
Neuordnung des österreichischen Berufsbeamtentums vom 26.April 1940
(RGBl I S. 693).

        Im Auftrag

        Schlüter
          eh.

Diese Abschrift stimmt mit der mir vorliegenden
Urschrift überein. Wien, am zehnten April Neun-
zehnhunderteinundvierzig. Geb. RM -.27.

Verfügung, Der Reichsminister für Finanzen, Berlin 3. März 1941

Ein Schwindel freilich, der meiner Urgroßmutter Hildegard, meiner Großmutter Annemarie und schließlich meiner eigenen Mutter und deren Geschwistern definitiv das Leben rettete.

Dieser zweifache Dokumentenschwindel hatte aus meiner Großmutter Annemarie einen »jüdischen Mischling mit einem der Rasse nach volljüdischen Großelternteil« und aus meiner Urgroßmutter Hildegard einen »jüdischen Mischling mit zwei der Rasse nach volljüdischen Großelternteilen« gemacht. Das Diktum des »Leiters der Reichsstelle für Sippenforschung – Zweigstelle Wien« wurde am 19. Dezember 1939 gezeichnet. Was war geschehen? Beiden Dokumenten lag die eidesstattliche Erklärung von zwei aufrechten Ariern vorgerückten Alters mit unzweifelhafter politischer NSDAP-Gesinnung zugrunde, die wortgewandt bestätigten, dass Annemarie und Hildegard ihren germanischen Lenden und nicht jenen meines Urgroßvaters Alfred Heinsheimer und meines Ururgroßvaters Bernard Rosenthal entsprungen waren. An dem Beginn der Götterdämmerung des Tausendjährigen Reiches waren die Wiener Imhofs der Vernichtung gerade noch entkommen.

Meine standesbewusste Großmutter Annemarie, durch die Fälschung als »außereheliches Bankert« – wie man auf Wienerisch sagt – punziert, bemühte sich trotz Behördenschikanen nicht weiter aufzufallen und eine Person abzugeben, die arischen Ursprungs war. Das Misstrauen der Nazi-Bürokratie war dadurch noch nicht zerstreut. Ihre damals drei Kinder – neben Maria und Eckard auch die Älteste, meine Mutter Helga – wurden als vermeintliche oder tatsächliche »Vierteljuden« zum Reichsrassenamt zitiert, wo ihnen die Nasen vermessen wurden, um zu verifizieren, ob das Jüdische aus dieser Familie großteils getilgt worden war. Meine Mutter hatte es vergleichsweise einfach. Denn obwohl sie aus dem Mädchengymnasium Billrothstraße im 19. Wiener Gemeindebezirk hinausgeworfen worden war, weil sie den allmorgendlichen »Heil-Hitler-Gruß« verweigert hatte, konnten auch die strengsten Rassenhüter an ihr keine Merkmale des verhassten semitischen Volkes ausmachen: Mit ihrem hellblonden Lockenkopf und den strahlend blauen Augen, die sie beide von ihrer Mutter,

Der Leiter der

Reichsstelle für Sippenforschung

Zweigstelle Wien

Nr. O 3218/b/Ro

Es wird gebeten, dieses Geschäftszeichen und den
Gegenstand des weiteren Schreibens anzugeben.

Wien I., den 19.Dezember 1939.

Bräunerstr.2/IV.

Abstammungsbescheid

Die Ehefrau Annemarie Melanie Hildegard I m h o f geb.

------------ Heinsheimer ----------------------------

in   Wien XIX., Salmannsdorferstr.4 ----------------------

geboren zu   Wien -------------------- am 4.April 1904 ------

ist jüdischer Mischling mit einem der Rasse nach volljü-

dischen Großelternteil ---------------------------------

im Sinne der Ersten Verordnung zum Reichsbürgergesetz vom 14. November 1935 (RGBl. I
S. 1333).

Die Abstammung wurde hier nachgeprüft.

Die ausführliche Begründung steht den hierzu befugten
Stellen zur Einsicht zur Verfügung.

Im Auftrage

gez.Dr.Schultze-Naumburg

Beglaubigt

Kanzleiangestellten

X 220, 11. 38. 3000

40629

*Reichsstelle für Sippenforschung/Zweigstelle Wien: Abstammungsbescheid
meiner Großmutter Annemarie, der sie als »jüdischen Mischling mit einem der
Rasse nach volljüdischem Großelternteil« ausweist, 19. Dezember 1939*

meiner Großmutter Annemarie geerbt hatte, erschien sie geradezu als Prototyp deutscher Ästhetik und arischer Rassenreinheit.

Kurzum: Für die Nazis war also sehr wahrscheinlich, dass der Großvater meiner Mutter tatsächlich der aufrechte Arier und nicht der jüdische Großkapitalist und Bankier Alfred Heinsheimer war. Dieser hatte offenbar die ebenfalls einer »Mischehe« entstammende Hildegard Rosenthal samt unehelichem Kind bei sich aufgenommen und beide in einer aufrechten Ehe legalisiert. Nach weiteren Vorladungen und Befragungen – samt höchstwahrscheinlich weiteren großzügigen finanziellen Erkenntlichmachungen – ließen die Nazis meine Familie schließlich in Ruhe. Die Wiener Imhofs versanken in jener inneren Emigration, die ich mir heute als unruhigen, albtraumhaften Schlaf vorstelle, aus dem sie erst mit der Befreiung Wiens erwachten.

Überlebt:
Die Urgroßmutter des
Autors, Annemaries
Mutter Hildgard
Heinsheimer, geborene
Rosenthal, nach
Kriegsende

Offiziere, Freunde des Kaisers und die Flucht der roten Bertha

In meiner Kindheit wurden mir die Nazis immer als menschliche, Tod und Verderben bringende Monstren vorgeführt. Ja, da gab es keinen Zweifel: Die Nazis waren noch schrecklicher als die Roten! Dass viele Rote die Nazis bekämpft und dafür mit dem Tod bezahlt hatten, darüber wurde wenig gesprochen. Vielmehr erfuhren wir von katholischen Priestern und zeitgenössischen »katholischen Heiligen«, die sich den Nazis entgegengestellt hatten und dafür ermordet worden waren. So sind wir – meine Schwestern und ich – in einem starken antifaschistischen und pazifistischen Geist aufgewachsen, der durch meinen Onkel Candid Baron von Suttner – dem Mann meiner Tante Maria, der jüngsten Tochter meiner Großmutter Annemarie – konterkariert wurde. Candid hielt bis zuletzt der »Offiziersehre« die Treue. Keine Geschichte über eine österreichische Familie ohne das »Ewiggestrige« und die damit verbundenen Ressentiments. Lernen braucht Zeit. Lernen geht immer über Generationen. Und die Macht des Faktischen ließ den hier verhandelten Protagonisten zuweilen nur enge Spielräume für andere – als die jeweils erlernten – Weltinterpretationen. Ist es überhaupt möglich, eine einzige Familie in dieser alpinen Republik zu finden, die nicht durch die Geschehnisse der Vergangenheit – weit mehr als sie wissen kann – in ihrem vergangenen und jetzigen Tun belastet ist?

Jedenfalls fand ich mich Mitte Mai des Jahres 2005 auf der ausladenden Terrasse des Suttner'schen Gutes in Wilfersdorf ein und saß mit meinem Onkel Candid, dem Mann von Maria Suttner, der Schwester meiner Mutter, bei etlichen Gläsern Wein. Vor uns – im schönen Licht des Frühsommers – zeichnete sich die stille hügelige Waldlandschaft ab, die Candid sein Eigen nannte, hatte er doch diese Ländereien gekauft, um eine etwaige Bebauung und damit Störung des »Ausblicks« zu verhindern. Auf dem massiven Glastisch vor dem steinernen Kamin standen zwei Flaschen seines Lieblingsveltliners »Loibner Räuschl«, zwei halbvolle Kristallaschenbecher und daneben lag – wie zumeist – ein großer Feldstecher in einem grünen Lederetui. Candid, der Zeit seines langen Lebens viel geraucht und zumindest einen Liter Wein täglich getrunken hatte, hatte sich in all den Jahrzehnten, in denen ich ihn nun schon kannte, kaum verändert: Blonde Haare, die auch in seinen späten Achtzigern nur leicht angegraut waren, blaue, von roten Äderchen durchzogene Augen, kantiges Gesicht, hellbraunes Khakihemd, grüne Hose, dunkelbraune Lederschuhe mit doppelter Sohle. Immer sah Candid so aus, als würde er gerade zur Jagd aufbrechen, oder von der Jagd kommen. Und tatsächlich verging keine Woche, in der er nicht zumindest an zwei Tagen dem Pirschen und dem Schießen frönte.

»Weißt ...«, Candid beugte sich nach vorne und stützte den Ellbogen seines rechten Armes auf seinem Schenkel auf, wie er es immer tat, wenn er Gewichtiges zu sagen glaubte. »Weißt ... in meiner Familie sind wir alle Offiziere gewesen. Jetzt kannst dir vorstellen wie wir uns über die rote Bertha g'freut haben!« Ich hatte gerade begonnen eine Radiosendung anlässlich des hundertsten Jahrestages der Verleihung des Friedensnobelpreises an Bertha von Suttner vorzubereiten[54], überdies würde es im Schloss Harmannsdorf, in dem Bertha eine Zeit lang gelebt hatte, ein »Internationales Bertha von Suttner-Symposium 2005« unter dem Motto »Friede-Fortschritt-Frauen« geben. Zu diesem Symposium hatten die Veranstalter auch die verbliebenen Familienmitglieder, so auch meinen Onkel Candid und seine Frau Maria geladen. Da sie überhaupt nichts von sich hören ließen, nicht einmal eine Absage geschickt hatten, wollte ich mehr über ihre Beweggründe in Erfahrung bringen.

Allein, der arische Baron war außerstande oder nicht willens, seine Abneigung gegenüber Friedensbewegten zu erläutern. Trotz mehrmaligem Nachfragen blieb es bei dem lapidaren Satz über die »rote Bertha«. Und obgleich mir die rechten Positionen meines Onkels natürlich bekannt waren, war ich doch erstaunt, in welch minimalistischer Weise sich eine Jahrhundertpersönlichkeit abhandeln ließ. Der Militarismus verbunden mit Nationalismus und patriarchalen Machtattitüden, unter denen Bertha im Hause Suttner vor mehr als hundert Jahren selbst so gelitten hatte — wie ihren autobiographischen Schriften zu entnehmen ist — , hatten sich in Gestalt meines Onkels unverändert und ungeniert bis ins 21. Jahrhundert erhalten.

Bertha Gräfin Kinsky, die für damalige Verhältnisse ungewöhnlich, im »vorgerückten Alter« von 29 Jahren nach zwei gescheiterten Verlobungen noch unverheiratet war, trat im Jahre 1873 die Stelle einer Gouvernante im Hause Suttner an. Und zwar im Landschloss Harmannsdorf im Weinviertel, damals etwa 50 Kilometer von Wien entfernt, das der Familie als Sommersitz diente. Das ehemalige Wasserschloss aus dem 17. Jahrhundert war von Baron Karl Gundaccar von Suttner auf 44 herrschaftliche Zimmer prächtig erweitert worden. Im französischen Garten befanden sich eine Orangerie und ein Privattheater. Der französische Garten wiederum wurde von einem englischen Park umfasst, der sich in den Weiten der Weinviertler Felder und Wälder verlor.

Das Schloss Harmannsdorf heute

Karl Gundaccar, Vater von drei Söhnen – und Urgroßonkel meines im Jahre 2007 verstorbenen Onkels Candid – und jenen drei Mädchen, die Bertha zur Obsorge anvertraut waren, war ein sehr reicher und nicht nur beim Wiener Hof außerordentlich angesehener Mann. Als Kaiser Ferdinand I. im Oktober des Revolutionsjahres 1848 aus dem umkämpften Wien nach Olmütz floh, war es Baron Suttner gewesen, der den irritierten Hofstaat am ersten Abend der Flucht standesgemäß in seinem Gut Zogelsdorf empfing. Hier konnten sich die verängstigten Habsburger sicher fühlen. Auch die aus mehreren hundert Mann bestehende Soldateska wurde festlich bewirtet. Und als sich der Tross am nächsten Tag Richtung Olmütz in Bewegung setzte, läuteten alle Glocken in dieser kleinen Ortschaft – um dem heiligen Gottesgnadentum ein gutes Omen mit auf den Weg zu geben. Auch der nach Abdankung Ferdinand I. mit nur 18 Jahren im Olmützer Exil gekrönte Kaiser Franz Joseph I. nahm die Gastfreundschaft der Suttners bei seiner Rückkehr nach Wien im Februar 1849 in Anspruch. Eine Rückkehr, der – ganz im Sinne der Suttners – kaiserliche Restauration folgen sollte.

Der Kaiser erwies sich der Suttner'schen Loyalität dankbar. 1866 wurde der bisherige »Ritter von Suttner« in den Freiherrnrang erhoben und sollte im Zuge des Ausbaus der Wiener Ringstraße ein Vermögen verdienen. So sind etwa die beiden Hofmuseen am Ring – heute das »Kunsthistorische« und das »Naturhistorische Museum« – aus Steinen der Suttner'schen Steinbrüche bei Zogelsdorf erbaut, von wo auch die Steine der mächtigen Herkulesfiguren, die den Eingang zur Neuen Hofburg am heutigen Michaelerplatz flankieren, stammen.

Bertha Gräfin Kinsky kam also in ein Haus, in dem es an nichts mangelte, außer an Schöngeistigkeit – trotz aus Suttner'schen Steinen gefertigte Kunstwerke und dem Privattheater im französischen Garten. Hier herrschten patriarchale Strenge, Militarismus, eine absolute Loyalität zum Kaiserhaus und eine grundsätzliche Verweigerung sich modernen Strömungen – sei es nun liberales oder ansatzweise demokratisches Denken – zu öffnen. Bertha war diese Weltanschauung keinesfalls fremd, sie kannte sie aus ihrer eigenen Familie. Berthas Vater Franz war ebenso wie seine drei Brüder k.u.k. General gewesen. Wie dies in ihren Memoiren wieder und wieder erzählt wird, litt Bertha im Hause Suttner unter dieser ignoranten Strenge, obwohl sie hier schon bald eine neue, verschwiegene Heimat finden würde, die so ganz und gar nichts mit den gesellschaftlichen Konventionen der Offiziere und Generäle zu tun hatte. Arthur Gundaccar nämlich, der jüngste der Suttner-Buben, der – als Bertha in sein Haus kam – ein verbummelter Jus-Student war, teilte mit ihr den geheimen Widerstand gegenüber den konservativen Regeln seines aristokratischen Status. Auch er litt unter dem autoritären Regime dieser patriarchalen Ordnung. Bertha verliebte sich in den um sieben Jahre jüngeren Arthur, den Bruder ihrer Zöglinge, und Arthur auch – folgenschwer – in Bertha. Es war klar, dass die Familien dieser unheiligen Allianz niemals zustimmen und niemals eine Heiratserlaubnis erteilen würden.

Arthur und Bertha gelang es ihre Liebschaft drei Jahre lang geheim zu halten, obwohl in dem Schloss neben Arthurs älterem Bruder Karl mit seiner Familie auch jede Menge Kammerdiener, Stubenmädchen, Näherinnen, Köche und Küchenmädchen, Kutscher, Gärtner und Portiere zugegen waren. Richard Gundaccar, der Großonkel meines Onkels Baron Candid Freiherr von Suttner – wie er sich gerne titulieren ließ – und der älteste Bruder von Arthur, lebten damals schon auf dem niederösterreichischen Schloss Stockern, das auch noch heute im Suttner'schen Besitz ist.

Die illegitime Liebe zwischen Bertha und Arthur führte zur Flucht in den Kaukasus. Obwohl der reichste Mann der damaligen Welt, der Waffen- und Sprengstoffproduzent Alfred Nobel, sich für Bertha interessiert und ihr schließlich einen Heiratsantrag unterbreitet hatte, entschied sich Bertha – nach einem kurzen Aufenthalt bei Alfred Nobel in Paris – für den jungen Arthur. Er war talentiert, den schöngeistigen Dingen zugetan wie sie und liebte sie aus tiefstem Herzen, achtsam und stets auch voll Bewunderung für diese starke, auch eigensinnige Frau. Der Heirat im Geheimen folgten entbehrungsreiche Jahre, die zumindest Bertha freier und noch selbstbestimmter machen würden.

In ihren Memoiren erinnert sich Bertha: *Alle Welt wusste, dass wir einen harten Kampf um unsre Existenz zu bestehen hatten. Wahrhaftig Grund genug zum Grämen, Murren, Vorwerfen, Klagen, Ungeduldigwerden hätte uns das Schicksal geboten: aber je schlechter es uns ging, desto näher schmiegten wir uns aneinander – eins das andere tröstend, aufrichtend, erheiternd – obwohl wir eigentlich nicht trostbedürftig waren, denn wir hatten zwar viel Unglück, waren aber bei Gott nie unglücklich ... Es hat Tage gegeben ..., wo wir nichts zum Mittagsessen hatten; aber Tage, wo wir miteinander nicht gescherzt, gekost und gelacht hätten, die sind nicht vorgekommen ... Wir waren arm wie die Kirchenmäuse, besaßen selten mehr, als was aus der Hand in den Mund reichte; dabei kamen wir mit viel reichen und glänzenden Leuten zusammen, aber es geschah nicht ein einziges Mal, dass wir den Wunsch empfunden hätten, mit N. oder X. zu tauschen.*[55]

Verkompliziert wurde die Lage der beiden durch den Ausbruch des Russisch-Türkischen Krieges 1877 – ein Jahr nach ihrer Ankunft in Georgien. Der Kaukasus war zum Kriegsschauplatz geworden, ein für die beiden Literaten gefährliches Szenario. In dem aufgeheizten nationalistischen Klima waren auch jene besonders suspekt, die weder Georgisch bzw. Mingrelisch, noch die Staatssprache Russisch gut genug sprachen, um nicht »zwischen die Fronten« zu geraten.[56] Berthas Sympathien waren auf der russischen Seite – »es galt, slawische Brüder zu befreien, das war die um uns herum ausgegebene Parole und wir nahmen sie gläubig hin«. Später sah die Friedensaktivistin diesen Konflikt differenzierter, in dem zum ersten Mal die Ideologie des Panslawismus deutlich zutage trat, die uns bis heute in der einen oder anderen Weise beschäftigt.

Es war nicht dieser Krieg, der Bertha zu der wesentlichen Proponentin der Friedensbewegung gemacht hat. Es waren die Literatur, die zu einer eigenen Philosophie gemachten persönlichen Erfahrungen und der unbändige Wunsch, die Welt in einer Weise zu verändern, die geteilt und gutgeheißen werden konnte. Als die Liebschaft zwischen ihr und Arthur im Hause Suttner ruchbar geworden war, quittierte Bertha im Herbst 1875 ihren Gouvernanten-Dienst. Sie hatte sich bei dem »allgemein geachteten und berühmten Erfinder des Dynamits«, bei Alfred Nobel in Paris beworben, mit dem sie schon zuvor in Briefkontakt gestanden hatte. Nobel war Schwede, seine zweite Muttersprache Russisch und er parlierte in großer Korrektheit zudem in Deutsch, Französisch und Englisch. Er suchte eine

Privatsekretärin. Im Jahre 1867 hatte er – mit knapp 33 Jahren – das wichtigste seiner damals insgesamt 355 Patente angemeldet: »Nobel's Safe Gun Powder« würde das Antlitz der Welt grundlegend verändern – nicht nur im Krieg, sondern auch in Friedenszeiten, denn der Panama-Kanal und der Bau unzähliger Eisenbahntunnel wären ohne diese Erfindung ebenso unmöglich gewesen wie die tödliche Erweiterung der Kriegsarsenale. Die Produktion des Dynamits in eigenen Fabriken, die schon bald zu einem internationalen Imperium gehörten, machte Alfred Nobel zum Bill Gates seiner Zeit.

Wie muss das alles auf Bertha gewirkt haben? Sicherlich sehr aufregend und sehr widersprüchlich! Der Mann, bei dem sie überlegte, Privatsekretärin zu werden, charakterisiert sich selber in einem Brief an die zusehends verehrte und dann auch mehr und mehr geliebte Gräfin Kinsky: *Bin Misanthrop und doch äußerst wohlwollend ... es sind eine Menge Schrauben bei mir los, und ich bin Überidealist ... verdaue Philosophie besser als Essen ... Meine Ansprüche sind schrecklich: ausgezeichnet Englisch, Französisch, Deutsch und Schwedisch, Stenographie usw., usw. ..., aber ich gehöre nicht zu denen, die Unmögliches verlangen, und wenn mir jemand sympathisch ist, lasse ich verschiedene meiner Ansprüche wie ein Kartenhaus zusammenfallen ... Das kommt daher, dass ich, obwohl selbst eine Art wertloses Grübelinstrument, doch den Wert anderer erkennen und würdigen kann.*[57]

In der Pariser Zeit verbrachten Bertha und Alfred Nobel – wenn er nicht auf Reisen war – etwa zwei Stunden täglich miteinander. Dabei ging es, den Quellen nach[58], weniger um Korrespondenz oder Geschäftliches, sondern vielmehr ums Plaudern – über Gott und die Welt. So widersprüchlich und irreal es klingen mag, Alfred Nobel verband mit Bertha pazifistische Gedanken, Beweggründe. Denn Nobel erklärte wieder und wieder, was er mit seinen Erfindungen, den immer vernichtender und tödlicher werdenden Sprengstoffen, im Schilde führte: *Ich möchte einen Stoff oder eine Maschine schaffen können von so fürchterlicher, massenhaft verheerender Wirkung, dass dadurch Kriege überhaupt unmöglich werden!*[59] Nobel stellte also die Erfindungen seiner Tötungsmaschinerien in den Dienst der Friedenssicherung und fand dabei – knapp ein Jahrhundert vor dem atomaren Schrecken des

»Kalten Krieges«, der als Realisierung seiner Ideen angesehen werden kann – in Gräfin Kinsky eine zumindest teilweise empathische und begeisterte Anhängerin: *Er wusste so fesselnd zu plaudern, zu erzählen, zu philosophieren, dass seine Unterhaltung den Geist ganz gefangen nahm. Mit ihm über Welt und Menschen, über Kunst und Leben, über die Probleme von Zeit und Ewigkeit zu reden, war ein geistiger Hochgenuss!*[60]

Alfred Nobels Heiratsanbot schlug die Gräfin aus, womit ihre Zeit bei dem großen Erfinder und Vernichtungsingenieur gezählt war. In aller Heimlichkeit wurde die Rückkehr aus Paris und die anschließende Flucht mit dem in Harmannsdorf zurückgelassenen Arthur vorbereitet. Über die Pariser Zeit sollte Bertha später resümieren: *Ich war unglücklich. Einfach steinunglücklich. Ein Heimweh, ein Sehnsuchtsweh, ein Trennungsweh machte mich leiden, wie ich nicht glaubte, dass man leiden kann ... Wenn ich allein war, konnte ich nur weinen, oder nach Hause (nach Harmannsdorf) schreiben, oder von Herzeleid stöhnen.*[61]

Literarische Anfänge und der Hochmut
der österreichischen Aristokratie

Bertha hatte sich also gegen die »beste Partie« ihrer Zeit und für den um sieben Jahre jüngeren Arthur entschieden, der keinen ordentlichen Beruf hatte. Damit hatte sie sich auch gegen das typische Frauenleben im 19. Jahrhundert und für ein unsicheres, aber abenteuerliches Leben entschieden. Ohne den Segen der Familie war Arthur mittellos, und ohne den Segen der Familie konnte sie in der österreichischen Aristokratie nur als »Paria« gelten. All das nahm Bertha in Kauf – sehenden Auges, dennoch nicht an ihrem Entschluss zweifelnd. Die Historikerin Brigitte Hamann berichtet von diesen dramatischen Ereignissen: *Der Schmerz überwältigte sie ...: »Die Sehnsucht nach dem Manne meines Herzens wuchs bis zur Unerträglichkeit«, schreibt sie in den Memoiren. Sie wusste von den Suttner-Mädchen, dass auch Arthur in schlechter Verfassung war. »Die Schwestern schrieben, dass Arthur nicht zu kennen sei, er spreche kein Wort, er sei wie in Trübsinn verfallen.« Da erhielt sie zwei Depeschen, die eine von Nobel aus Stockholm: »Glücklich*

angekommen, bin in acht Tagen wieder in Paris« und die andere von Arthur
aus Wien: »Kann ohne dich nicht leben!«[62]

Bertha verabschiedete sich von Alfred Nobel schriftlich, dankte
ihm »für alles erwiesene Vertrauen und Freundlichkeit«, schrieb,
dass sie die Stelle der Privatsekretärin nicht annehmen könne, machte
sich auf, Arthur in Wien zu treffen. Von dort gingen Arthur und
Bertha nach Georgien. Beide wollten schreiben, lesen, philosophieren und vor allem einander hingebungsvoll lieben – ohne gesellschaftliche Konventionen, ohne Restriktionen. All der Schwierigkeiten zum Trotz hatten sich zwei verwandte Seelen auf einen völlig
unvorhersehbaren Weg begeben. Ein Weg, der bis zu Arthurs
frühem Tod, am 10. Dezember 1902, ein gemeinsamer und letztlich
liebevoller blieb, auch wenn Arthur unter der sich schon bald ein-
stellenden Berühmtheit seiner Frau litt und in späteren Jahren
eine innigliche Liebesbeziehung zu seiner Nichte Maria Louise von
Suttner einging.

Vorerst teilten sich beide den Erfolg. Mit Beginn des Russisch-
Türkischen Krieges konnte Arthur erfolgreich Berichte über Land
und Leute und über das Kriegsgeschehen in deutschen Wochenblät-
tern veröffentlichen und auch Bertha hatte unter dem Pseudonym
B. Oulot großen publizistischen Erfolg. Vielleicht war das die Zeit, in
der die beiden begonnen hatten »um die Wette zu schreiben«, vielleicht aber war es weniger Konkurrenz als Liebe, die den beiden die
Kraft verlieh, aus einem doch ziemlich entlegenen Teil der damaligen
Welt, Aufmerksamkeit und Resonanz in den Zentren der Macht zu
erlangen. Bald war Bertha die publizistische Form der tagesaktuellen
Berichterstattung nicht genug – sie begann leidenschaftlich Erzählungen und Romane zu schreiben. Im Schreiben war sie ebenso kom-
promisslos wie in ihrem privaten Leben. Für sie ging es nicht um
Attitüde, sondern um die kritische Benennung und Aufarbeitung von
drängenden Problemen und Missständen. Bertha war drauf und dran
zu der berühmtesten und am meisten rezipierten Bestseller-Autorin
ihrer Zeit zu werden. Im kaukasischen Exil entstand die Idee einer
radikal-pazifistischen Forderung an alle Mächtigen und Ohnmächti-
gen der Welt, die durch die Kriege und Verbrechen des 20. Jahrhun-

derts mehr als nur konterkariert, nämlich bis heute in den Rang einer scheinbar uneinlösbaren Utopie erhoben wurde.

An einer Stelle ihrer Memoiren führt Bertha von Suttner aus, auf welchen literarischen Fundus ihr eigenes schriftstellerisches Werk aufbauen konnte: *Den ganzen Shakespeare, den ganzen Goethe, den ganzen Schiller und Lessing, den ganzen Victor Hugo … Anastasius Grün, Hamerling, Grillparzer, Byron. Shelley, Alfred Musset, Tennyson unter den Dichtern; und von den Romanschriftstellern kannte ich den ganzen Dickens, den ganzen Bulwer … Im Französischen die Romane der George Sand, Balzac, Dumas – das Theater der Corneille, Racine, Molière, …, Augier, Sardou … auch ethnographische, chemische, astronomische und philosophische Werke. Diese und noch andere, deren Namen ich hier nicht alle aufzählen kann, waren meine geistigen Genossen, in deren Gesellschaft ich eine glückliche, meinen persönlichen Erlebnissen entrückte Doppelexistenz führte, in der sich mir die Seele wohlig weitete.*[63] Bertha begann sich intensiv mit der modernen Literatur des Realismus auseinanderzusetzen, insbesondere mit den Werken Emile Zolas. In ihrem Aufsatz »Wahrheit und Lüge«, der in Michael Georg Conrads neuer Kunstzeitschrift »Die Gesellschaft« in München erschien, schrieb sie über die Aufgabe der Literatur in der modernen Zeit – die Wirklichkeit, auch das Hässliche, Abstoßende, Unmenschliche soll benannt werden, die Wirklichkeit darf nicht mehr hinter dem Schleier eines gefälligen Ästhetizismus verborgen bleiben.

Ihrem ersten Roman »Hanna«, der 1882 erschien, war nur bescheidene Aufmerksamkeit zuteil geworden, doch ihr zweiter Roman »Inventarium einer Seele«, der 1883 in Leipzig erschien, wurde von einigen Rezensenten mit Lobeshymnen bedacht. So schrieb etwa die »Neue Illustrierte Zeitung«*: Statt vieler Worte nur eine Tatsache: das Buch hat uns so gefesselt und uns einen solchen Respekt vor dem Talent des Autors eingeflößt, daß wir uns beeilt haben, uns einer größeren Arbeit aus seiner Feder zu versichern, mit deren Abdruck wir in einigen Monaten zu beginnen gedenken. Das ist auch eine Rezension, die beste, die wir zu geben vermögen.*[64] Bertha begann also regelmäßig für die Zeitschrift zu schreiben, was die finanzielle Situation des Suttner'schen Haushaltes im georgischen Mingrelien deutlich verbesserte. Im »Inventarium«

hatte Bertha gegen die Idee polemisiert, dass der Krieg gleichsam zur Natur des Menschen gehört. Wirklichen Fortschritt könne es nur dann geben, wenn die Humanität über die Banalität und Gewalt der Barbarei endlich gesiegt hat.

Keinesfalls verschwieg Bertha die Bedeutung des Kampfes im menschlichen Leben, machte aber einen grundlegenden Unterschied zwischen Kampf und Krieg. Kämpfen bräuchte man nicht zwangsläufig mit Waffen, gekämpft werden könne auch mit den *Kampfwerkzeugen des Geistes, der Schönheit, der Geschicklichkeit, der Veredelung überhaupt. Und so kann man sich ganz gut im Lauf der Zeit den Kampf der sich immer mehr und mehr verfestigenden Humanität gegen die Barbarei vorstellen: ein allmähliches Ausrotten der kriegführenden Stämme durch friedliebende Nationen; ein Aussterben des Völkerhasses durch Umsichgreifen kosmopolitischer Ideen; ein Abnehmen der militärischen Ehren angesichts wachsenden Ruhmes des Wissens und der Künste; ein sich immer enger verbrüdernder Bund der Weltinteressen gegenüber der kleinlichen, verschwindenden Sonderinteressen; und auf diese Art kann und wird durch den gesetzmäßigen ewigen Kampf der Preis des ewigen Friedens errungen werden.*[65]

Auch eine Reaktion von Alfred Nobel, der zu dieser Zeit schon in eine unselige Liebschaft mit einem 20-jährigen Blumenmädchen verstrickt war, das ihn nicht nur fortwährend betrog, sondern schließlich auch um ein hübsches Sümmchen erleichtern sollte, ließ nicht lange auf sich warten: *Ich bin noch ganz unter dem Charme Ihres köstlichen Buches. Welcher Stil und welche philosophischen Gedanken, getragen von einem tiefen Gefühl! ... Nehmen Sie mit meiner respektvollen Huldigung auch meine tiefe Ergebenheit an, beseelt von einer unausgelöschten Erinnerung und Bewunderung!*[66] Bertha dankte artig, freute sich, dass dieser Mann, den sie allein sitzen gelassen hatte, weder nachtragend noch zu sehr verletzt war, um nicht – wie sich herausstellen sollte – eine lebenslange Freundschaft mit ihr zu teilen.

In den ersten Büchern arbeitete Bertha auch ihre ambivalent kritische Beziehung zur österreichischen Aristokratie systematisch auf: *Die englische Aristokratie habe ich stolz gefunden, die französische eitel – aber die österreichische ist hochmütig.*[67] Die Schriftstellerin, die im Kaukasus Abstand von den beengenden Umgangsformen und Weltanschauungen der konservativen Adelskreise gewinnen konnte, zählt in dem 1886 in München erschienenen Roman »High Life« einen Kanon der Ignoranz auf, den sie der österreichischen Aristokratie zuschreibt. Hier heißt es etwa, dass in der Welt der Hocharistokratie *ein seliges Nichtwissen all der Dinge herrscht, die das Jahrhundert bewegen.*[68] Und noch in ihren Memoiren geißelt sie die hoffärtige Selbstgefälligkeit einer sich allein Tradition und Standesdünkel zu Gute haltenden Gesellschaft:

Die Entwicklung, die die Sozialwissenschaft zu nehmen beginnt, wird als »Sozialismus« in die Verbrecherkategorie gereiht, und man setzt ruhig voraus, dass ein paar Ausnahmegesetze damit fertig werden. Die Bewegung der Wissenschaft, die nach allen Seiten die Darwinsche Methode anzuwenden strebt, wird als lächerliche Gelehrtenschrulle unbeachtet gelassen; das Werk der Kritik, das sich mit unwiderstehlicher Zersetzungskraft an alte Glaubensüberlieferungen herannaht, wird unter dem Vorwand: »über heilige Dinge soll man nicht diskutieren«, als verbotener Gegenstand nicht einmal einer Gegenwehr gewürdigt; die Tendenz, welche in Literatur und Kunst nach immer größerem Realismus führt, wird nicht wahrgenommen, denn zum Lesen hat man einmal wenig Zeit ... An der Welt etwas ändern wollen – welch ein Frevel! Eine Welt, die so schön, so ordnungsgemäß, so harmonisch, so traditionsgeheiligt und vorsehungsgeleitet ist! Und tugendhaft! Strotzen wir – wir, die Repräsentanten des Status quo, strotzen wir denn nicht von Tugenden? Loyalität, Frömmigkeit, Tapferkeit, Opfermut, Vaterlandsliebe: das ist uns alles geläufig ... Also lasset uns mit euren ewigen Änderungsgelüsten und euren Beschuldigungen in Ruhe![69]

Jagd, Wein, Waffen; wieder ein Bestseller und offener Antisemitismus in Wien

Als die ausgezeichnete, von der 2016 verstorbenen Historikerin Brigitte Hamann geschriebene Biographie »Bertha von Suttner. Ein Leben für den Frieden« 1986 herauskam, staunte ich nicht wenig über die Treffsicherheit der Darstellung jener »alten Welt«, welche die Ablehnung meiner eigenen Lebensweise und Weltsicht durch

»versnobte« und »konservative Kreise« um mich herum widerspiegelte. Es war zwar ein Jahrhundert vergangen, aber die Selbstgefälligkeit und die Ignoranz jener, die sich nur allzu gerne um meine Großmutter, die Baronin scharten, schienen der gleichen Logik zu folgen wie ihre Vorfahren. Wie konnten sich Standesdünkel, Hochmut, aristokratische Selbstgefälligkeit trotz des Zusammenbruchs des Habsburgerreiches, der zwei Weltkriege, der Shoa und der neuen emanzipatorischen globalen Bewegungen in den 1960er Jahren gleichsam unverändert erhalten haben, sich folgenlos von Generation zu Generation perpetuieren?

Wie konnten denkende, zumeist gut ausgebildete Menschen, die ihr Leben auf zumeist solidem Wohlstand gründeten, sich derart versponnenen Anachronismen hingeben, ja sie zur Maxime ihres eigenen Lebens machen? Die Antwort darauf war nicht einfach, und sie beschäftigte mich eine ganze Weile. Wie heute dachte ich damals, dass es wahrscheinlich um die banalste Form der Abgrenzung gegenüber den jeweils anderen ging: Denn wer von Geburt an »die Nase höher trägt«, der braucht auch den tiefsten Fall nicht zu fürchten. Zweifellos hatte sich das republikanische Denken und ein auf Gleichheit basierender Umgang mit den anderen in diesen Hirnen nicht etablieren können, und sicherlich war das nicht unbedingt persönliches Versagen, sondern ein distinktes soziales Konzept, das mehr einem Kastensystem glich als dem Versuch, eine offene Gesellschaft zu begründen.

Bertha von Suttner hatte maßlos unter der Ignoranz und aristokratischen Selbstgefälligkeit ihrer Zeit und Herkunft gelitten. Aber sie war mutig genug gewesen, diesen Hochmut literarisch an den Pranger zu stellen und durch ihre eigenen Lebensentscheidungen fundamental zu konterkarieren. Hundert Jahre später war Österreich ein unbedeutender mitteleuropäischer Kleinstaat geworden, in dem es nicht viel Mut brauchte, seine eigenen Wege zu gehen, seine eigenen Vorstellungen zu verwirklichen. Nach der Verwüstung Europas konnte die Herrschaftsgeschichte der in ihrem Werk beschriebenen »alten Welt« getrost hinter sich gelassen werden und dennoch begegneten wir dieser in unserer Familie immer wieder auf Schritt und

Dr. Paul und
Annemarie Imhof, 1950,
Großeltern des Autors

Tritt. Und sei es in Gestalt meiner Großmutter, die sich natürlich inniglich mit der aristokratischen und so wenig mit der jüdischen Linie ihrer Genealogie identifizierte. Dass die Bibliothek meiner Großmutter üppig und dem intellektuellen Stand ihrer Zeit angemessen war, verdankt sich meinem Großvater Paul, der sich als liberaler Aristokrat zumindest mit den Werken des aktuellen Diskurses umgab, auch wenn er diese Bücher wahrscheinlich niemals gelesen und sich – in seiner verschwiegenen und ziemlich rätselhaften Art – an diesen Diskursen auch nicht beteiligt hatte.

In dem Wilfersdorfer Gut meines Onkels Candid Suttner – dem Großneffen von Arthurs Bruder Richard Gundaccar von Suttner –, in dem ich vor allem in jungen Jahren oft zu Gast war, befand sich freilich kein einziges Buch, das zu lesen wert gewesen wäre. Bis zu dem Verkauf des Gutes nach dem Tod meines Onkels im Jahre 2007 herrschte hier das vollkommene intellektuelle Vakuum. Geredet werden konnte über die Jagd, den Krieg, über Wein und Waffen aller Art und vor allem über die starken Motoren prächtiger Autos, Motorräder, Lastwägen, Traktoren und Flugzeuge. Versuchte ich das Gespräch – immer von heftigem Rebensaft- und Zigarettengenuss beflügelt – auf jene Gedanken zu bringen, die mich bewegten, so erntete ich völliges Unverständnis oder lakonische Bemerkungen: »Die Roten, die Weltverbesserer, die Neger, die Schwulen, die Schmarotzer, das Volk, die Ignoranten, die Hippies ... die Blöden, die gar nicht wissen, wie blöd sie sind, und dennoch die Geschicke des Staates, der Nation, des Volkes lenken wollen!«

Zeitgenössische Karikatur »Der Friedensapostel« –
Frau Suttner: So, Du schleifst Dein Bajonett und das nennst Du,
den Frieden wollen? Der Russe: Ich schwöre dir, so lange ich das
Bajonett schleife, wünsche ich den Frieden. Berlin 1899

Hundert Jahre vor meinen Erlebnissen im Haus Suttner schrieb Bertha aus ihrem kaukasischen Exil jene Sätze, die ich – mich ihr verwandt fühlend – besonders gut nachvollziehen konnte: *Dass ich auf die Anteilnahme meiner Hausgenossen* (im Suttner'schen Schloss Harmannsdorf; Anm.) *... verzichten muß, fällt mir nicht schwer. Es ist mir sogar lieber, dass diese meine Schriften gänzlich ignorieren, viel lieber, als wenn sie – von ihrem Standpunkt aus, der von dem meinen so gegenfüßlerisch entfernt ist – mich mit Urteilen, Ratschlägen, Fragen und Erörterungen behelligen wollten. Literatur ist ein Feld, das ihnen fremder ist als die Kraterlandschaften des Mondes. Besonders, daß es ein zeitgenössisches, von modernem Geist durchdrungenes Schrifttum geben kann, das wissen sie nicht; sie räumen ein, daß Homer ein großer Dichter war, dass Shakespeare Genie besaß und es bewundernswerte deutsche Klassiker gibt, welche sehr lesenswert sind – wenn sie dieselben auch nicht gelesen haben ...* [70]

Mit dem Roman »Die Waffen nieder! Eine Lebensgeschichte«, der im Jahr 1889 in Dresden erschien, wurde Bertha von Suttner weltberühmt und begründete ihre Position als Gallionsfigur der Friedensbewegung. Innerhalb kurzer Zeit wurde diese leidenschaftliche literarische Streitschrift gegen Militarismus, Nationalismus, Gewalt und Völkerfeindschaft in fünfzehn Sprachen übersetzt. Arthur und Bertha kehrten nach Mitteleuropa zurück. Eine vorerst triumphale Rückkehr. Bertha standen jetzt alle Tore, auch jene der Herrschenden und Mächtigen weit offen. Sie begann ihre unermüdliche Vortrags- und Agitationstätigkeit im Dienste des Friedens, die sie an alle Höfe Europas bis hin zum russischen Zaren und in ihrem letzten Lebensjahr auch noch auf eine weitläufige Tournee durch die Vereinigten Staaten führte. So selbstbewusst, gestärkt und durch die öffentliche Anerkennung ermutigt Bertha zu dieser Zeit auftrat, so sehr muss die Wiederbegegnung mit Teilen der österreichischen Aristokratie und der Enge hiesiger Verhältnisse auf sie wie ein Déjà-vu gewirkt haben. Hofierten ihr wesentliche Teile der aufgeklärten intellektuellen europäischen Gesellschaft und auch die grundsätzlich an politischen Lösungen interessierten Staatskanzleien und Herrscher, so wurde sie als »rote Friedens-Bertha« von den konservativen nationalistischen Kreisen der Naivität bezichtigt und regelmäßig auch derb verspottet

– was sich nicht zuletzt an den vielen zeitgenössischen Karikaturen zeigt. Die starke Frau tat dies alles mit einem Kopfschütteln ab, und Arthur war ja an ihrer Seite – auch bei den vielen arbeitsintensiven Reisen.

Cover - Die Waffen nieder!, Ausgabe aus dem Jahr 1990

In der Reichshaupt- und Residenzstadt Wien, in die Bertha und Arthur immer wieder zurückkehrten, mussten sie miterleben, wie der christlich-klerikale Antisemitismus in Gestalt des Demagogen Karl Lueger begonnen hatte den Nährboden für den späteren Siegeszug der braunen Stiefel und des nationalsozialistischen Gedankenguts aufzubereiten. Lueger predigte Hass gegen Juden, machte sie in seinen ausschweifenden Reden zu Menschen zweiter Klasse und ging – nicht trotzdem, sondern gerade deswegen – bei der Wiener Gemeinderatswahl von 1895 als Sieger hervor. Viermal weigerte sich der katholische Kaiser Franz Joseph, diese Wahl zu bestätigen und konnte so immerhin zwei Jahre Lueger als Bürgermeister verhindern – und das obwohl dieser im Namen und mit Billigung der katholischen Kirche agierte und durch eine demokratische Wahl legitimiert war.

Luegers antisemitische Demagogie, in der der junge Adolf Hitler begeistert ein nachahmenswertes Vorbild fand, musste dem Kaiser und apostolischen König zutiefst zuwider gewesen sein. Sie widersprach dem wesentlichsten Prinzip seines Vielvölkerreiches: nämlich allen Bürgern seines Reiches das gleiche Recht zu gewähren und immerfort geltend zu machen – seien sie nun Christen, Juden oder Muslime. Lueger fand vielfältige Würdigungen, etwa durch die von ihm 1893 gegründete »Christlichsoziale Partei«, aber auch in der programmatischen Schrift Adolf Hitlers: *Jedenfalls lernte ich langsam den Mann und die Bewegung kennen, die damals Wiens Schicksal bestimmten: Dr. Karl Lueger und die christlich-soziale Partei. Als ich nach Wien kam, stand ich beiden feindselig gegenüber. Der Mann und die Bewegung galten in meinen Augen als ‚reaktionär‘. Das gewöhnliche Gerechtigkeitsgefühl aber mußte dieses Urteil in eben dem Maße abändern, in dem ich Gelegenheit erhielt, Mann und Werk kennenzulernen; und langsam wuchs die gerechte Beurteilung zur unverhohlenen Bewunderung. Heute sehe ich in dem Manne mehr noch als früher den gewaltigsten deutschen Bürgermeister aller Zeiten.*[71]

Trotz aller Bedenken beugte sich der Kaiser schließlich der großen Popularität Luegers und dem Druck seiner Wähler. Er bestätigte die Wahl und machte damit für Lueger den Weg frei in das Wiener Bürgermeisteramt, das er bis 1910 innehatte. Arthur von Suttner schrieb daraufhin eine Protestnote in der »Neuen Freien Presse«: …

Der Antisemitismus in Schrift, Wort und Tat ist eine gemeingefährliche, das Wesen der Staatsordnung, die Staatsgrundgesetze schwer verletzende Bewegung. Er kann von einer Regierung ebenso wenig geduldet werden wie der Anarchismus oder andere Bestrebungen, die dahin gehen, den inneren Frieden durch Gewaltmaßregeln zu stören und einen Bürgerkrieg herbeizuführen.[72] Und die über die kaiserliche Entscheidung empörte Bertha schrieb an ihren Freund Alfred Nobel: *Lueger, das Idol der bigotten Antisemiten, bald Bürgermeister von Wien, ist in einer Audienz vom Kaiser empfangen worden, siegreich, mit einem Wort – und im Grund ist das die menschliche Dummheit, die siegreich ist. Und weil ich weiß, wie Sie diese Dummheit verabscheuen, denke ich geradewegs an Sie ...*[73]

Vielleicht sollte hier noch hinzugefügt werden, dass ich selbst im Hauptgebäude der Universität am »Dr.-Karl-Lueger-Ring« studierte und später als Assistent des Instituts für Soziologie in diesem Lehrveranstaltungen abhielt. Meine Heimatstadt Wien hat bis zum 5. Juni 2012 gebraucht, um diese Straße durch einen Beschluss des Gemeinderatsausschusses für Kultur und Wissenschaft in »Universitätsring« umzubenennen. Dieser kommunalpolitischen Entscheidung waren jahrelange, hoch emotionale Diskussionen vorangegangen, konnte

Ehemals Dr.-Karl-Lueger-Ring, heute Universitätsring

dem Wirken Luegers doch zu Gute gehalten werden, dass er die Stadt in seiner Amtszeit grundlegend modernisierte – von kommunalen Großprojekten wie dem Bau der II. Wiener Hochquellwasserleitung und der Kommunalisierung der Gas- und Elektrizitätsversorgung über die Einführung und Inbetriebnahme der Straßenbahnen, bis hin zum Bau von Sozialeinrichtungen, dem Psychiatrischen Krankenhaus am Steinhof oder dem Versorgungsheim Lainz.

1896 erschien in Leipzig und in Wien Theodor Herzls »Der Judenstaat«. Ein persönlich gewidmetes Exemplar seines neuen Buches schickte Herzl an Bertha von Suttner, entschuldigte sich gleichzeitig in einem Brief dafür, dass er leider nicht in ihrer Friedensgesellschaft mitarbeiten könne: *Ihre großmütigen Bestrebungen verfolge ich natürlich schon seit Jahren mit bewundernder Aufmerksamkeit ... Wenn ich mich Ihnen dennoch nicht öffentlich anschließen kann, so hat das seinen Grund darin, daß ich soeben auch in einen »verrückten« Krieg gezogen bin. Wofür ich narrenmäßig guerroyiere, das werden Sie aus meiner Schrift »Der Judenstaat« sehen, die ich mir erlauben will, Ihnen einzusenden. In aufrichtiger Verehrung Ihr sehr ergebener Th. Herzl.*[74]

Für Theodor Herzl war die zionistische Idee der Gründung eines Judenstaates keine religiöse oder soziale, sondern vor allem eine nationale Frage. In dem neu zu gründenden Staat würden alle bedrängten Juden der Welt Zuflucht finden und gemeinsam an der Vision einer besseren Zukunft im Gelobten Land Palästina arbeiten können. Bertha stand dem jüdischen Nationalismus mit Skepsis gegenüber. Sie, die sich als Europäerin und Kosmopolitin definierte, zweifelte daran, dass die Konstruktion neuer Nationalstaaten zur Lösung von Problemen – und seien die noch so dringlich – beitragen könne. In einem Brief, anlässlich der Gründung der Zeitschrift »Die Welt« im Jahre 1897 schreibt Bertha an Theodor Herzl: *Die Welt-Probenummer und überhaupt Ihr ganzes Vorgehen flößt mir großen Respekt ein ... Herz ist drin; Offenheit, Klarheit, tiefer, fester Wille – der Blick auf Großes und Helfendes gerichtet. Achtung und Zweifel aber ... ich weiß wirklich nicht, ob Assimilation nicht besser wäre, als eine neue Staats- und Nationalitätsgründung. Ich wollte ja, daß alle vernünftigen Menschen sich dem höheren Typus*

»Europäer«, »Kulturmensch« assimilierten, der jetzt im Werden begriffen ist und der über die nationalen, religiösen, sozialen Eigendünkeleien und Fanatismen hinaus ist.[75]

Bertha war Kosmopolitin und Vordenkerin eines transnationalen kulturellen und politischen Agierens. Dass sie dabei oft auf verlorenem Posten stand und viel Häme über sich ergehen lassen musste, versteht sich von selbst. Ihr Wirken ereignete sich in einer Zeit, die als Zenit des nationalistischen Denkens und der nationalstaatlichen Machtentfaltung bezeichnet werden kann. Zu diesem Rausch nationalistischer europäischer Dominanz trugen auch die europäischen Kolonien bei: Zu Ende des 19. Jahrhunderts befanden sich 80% der Weltterritorien in der Verfügungsgewalt von sieben europäischen Ländern – zählt man die damals bereits unabhängigen Länder Amerikas und die Binnenkolonialisierung des zaristischen Russlands hinzu. Eine Entfaltung von Macht und nationalstaatlicher Monopole, die schließlich in Europa zu zwei verheerenden Kriegen führen sollten, die zudem – in der einen oder anderen Weise – auf der ganzen Welt ausgetragen wurden.

Ménage à trois, rechtzeitiges Ende und Schießen beim Onkel hinter dem Haus

Schatten, die auf Berthas Liebe zu Arthur fielen, verdunkelten ihr die großen Erfolge und stahlen ihr im Innersten die Souveränität, mit der sie sich in der äußeren Welt behauptete. Berthas Tagebuch am 31. Mai 1898 gibt beredt Auskunft über diese schwierige Zeit: *Das darf man nicht veröffentlichen, wenn es wahr ist, aus Rücksicht für mich; wenn es nicht wahr, dann doppelt, auch aus Rücksicht für sich selber ... Heiße Szenen der Umarmung schildern – das ist ja gegen jedes Anstandsgefühl.*[76]

Bertha nimmt hier Bezug auf das Buch »Wie es Licht geworden«, geschrieben von Arthurs Nichte Maria Louise von Suttner, und sogar in ihrem eigenen Verlag in Leipzig veröffentlicht, ohne von ihr vorher eingehend geprüft worden zu sein. Die damals 23-jährige Maria Louise schreibt unverblümt über ihr Liebesverhältnis zu dem 24 Jahre älteren Arthur. Als 14-Jährige war Maria Louise nach Schloss Harmannsdorf gekommen und aus einer väterlichen Verbindung zu ihrem Onkel war mit den Jahren eine leidenschaftliche Affäre geworden, die Bertha stets ahnte, Arthur ihr gegenüber aber immer verleugnete. Mit dem Erscheinen des Buches waren die Karten definitiv auf den Tisch gelegt.

Das Verhältnis war, indem wir drei immer beisammen waren, sozusagen durch meine Flagge gedeckt – man mußte sich sagen, die dritte im »Kleeblatt« ist wie ein Adoptivkind – und da kommt dieses Buch und sagt, o nein: wir liebten uns, er weinte zu meinen Füßen, den Kopf in meinem Schoße, darüber, daß wir uns nicht besitzen dürfen – ich war sein Alles – und ich küßte leidenschaftlich den Boden, wo er gestanden.[77] Bertha ist zuweilen völlig verzweifelt, Todessehnsucht ist in ihr. Wie besessen notiert sie all ihre diesbezüglichen Gefühlsregungen in ihrem Tagebuch und erhofft sich Erlösung von ihrem Liebesleid: *Dadurch kann der Meune einmal ganz klar in meiner Seele lesen; beim Sprechen geht es ja leider nicht, weil er auf mein Leid nicht eingeht, nicht eingehen kann. Wenn ich tot bin, wird er's lesen.*[78] *... Sagte dem Meunen, daß ich Lust zu sterben hätte und daß er einst in meinem Tagebuch die Aufzeichnung meines Kummers finden werde.*[79]
Es sollte aber alles ganz anders kommen. Zwei Jahre später war offensichtlich, dass Arthur an einer schweren Krankheit litt und immer hinfälliger wurde. Bertha wurde nun milder und ihre letztlich bedingungslose Liebe zu Arthur ist in einer Tagebucheintragung vom März 1900 nachzulesen: *Es* (die Stunden mit Maria Louise, Anm.) *ist ein Element von Meunes Lebensglück und Lebenskraft. Der Arme! Der Kranke! So viel möglich der Freude, die er haben kann, habe er. Was ich ihm nicht zu geben vermag, das soll ihm wenigstens von mir nicht genommen werden.*[80] Und im Mai fügte sie ihrem Tagebuch hinzu: *Daß ich ihm nicht alles bin, weiß ich nur zu gut ... Heute nach langer Zeit hab' ich wieder einmal den Mut gefaßt, in der Nähe in den Spiegel zu schauen. Weiß, alt, ganz alt. Das ist auch ein Grund abzuschließen mit vielem und andere Richtung zu nehmen für die paar übrigen Jahre.*[81]

Zu diesem Zeitpunkt waren Maria Louise 26, Arthur 50 und Bertha 57 Jahre alt. Ein ziemlich diverses Trio, das sich nicht nur gemeinsam auf kostspielige Kuren begab, um Arthur wieder gesund pflegen zu lassen, sondern sich schließlich – nachdem all diese Unternehmungen zum Scheitern verurteilt waren – in einiger Harmonie um dessen Sterbebett einfand. Arthur Baron von Suttner starb am 10. Dezember 1902 – zwei zutiefst um ihn trauernde Geliebte hinterlassend. Wie sie in ihren Memoiren schreibt, fand Bertha schließlich großen Trost in jenen Worten und Aufforderungen, die ihr Arthur in einem an sie adressierten Brief mit auf den Weg gegeben hatte:

Dank. Du hast mich glücklich gemacht, Du hast mir geholfen, dem Leben die schönsten Seiten abzugewinnen, mich desselben zu

Maria Louise von Suttner, Foto aus dem Jahr 1896

erfreuen. Keine Sekunde der Unzufriedenheit hat es zwischen uns gegeben, und das danke ich Deinem großen Verstande, Deinem großen Herzen, Deiner großen Liebe! ... Du weißt, daß wir in uns die Pflicht fühlten, unser Scherflein zum Besserwerden der Welt beizutragen, für das Gute, für das unvergängliche Licht der Wahrheit zu arbeiten, zu ringen. Mit meinem Heimgang ist für Dich diese Pflicht nicht erloschen. Das gute Andenken an Deinen Gefährten muß Dich aufrechterhalten. Du mußt in unseren Intentionen weiterarbeiten, um der gute Sache willen die Arbeit fortsetzen, bis auch Du am Ende der kurzen Lebensstation anlangst. Mut also! Kein Verzagen! In dem, was wir leisten, sind wir einig, und darum mußt Du trachten, noch viel zu leisten![82] Eine Woche nach Arthurs Tod wurde das restlos verschuldete Schloss Harmannsdorf zwangsversteigert – mit all seinen Tieren und in der Umgebung verstreuten Anwesen. Die Hausangestellten wurden entlassen und Bertha bezog eine kleine Wohnung in der Heugasse 20 in Wien.

Theodor Herzl hatte in seiner zionistischen Vision die Gründung des Staates Israel antizipiert, die schließlich auf den Trümmern des Zweiten Weltkrieges und auf der systematischen Vernichtung von mehr als sieben Millionen Juden realisiert wurde. Am 11. Mai 1949 wurde Israel das 59. Mitglied der Vereinten Nationen. Bertha von Suttner hatte etwas vorausgedacht, was sie mit aller Kraft schreibend zu verhindern suchte – sie sah im Machtrausch des Nationalismus bereits den Irrsinn kommenden Tötens, die millionenfach Leben vernichtende Schlächterei. 1905 erhielt sie den Friedensnobelpreis und es blieben ihr noch neun emsige Jahre, in denen sie die Welt und vor allem deren Mächtige wieder und wieder wissen ließ, dass kollektiv auf einen Abgrund zugesteuert wird. Sie sollte in all ihrem unermüdlichen Schaffen Recht behalten, aber der Sturz in den Abgrund, den sie zeitlebens vorausgesehen hatte, blieb ihr erspart. Sie starb am 21. Juni 1914 in Wien – sieben Tage vor dem tödlichen Attentat auf den Thronfolger Österreich-Ungarns, Erzherzog Franz Ferdinand, und etwas mehr als einen Monat vor der den Beginn des Ersten Weltkrieges markierenden Kriegserklärung Österreich-Ungarns an Serbien.

So leidenschaftlich Bertha von Suttner insbesondere die österreichische Hocharistokratie kritisierte, so sehr blieb sie zeit ihres Lebens »Gräfin«. Das kam ihr nicht nur im Umgang mit den Mächtigen der Welt zugute, sondern auch in dem Auf und Ab ihres erstaunlich unkonventionellen Lebens. Sie hatte stets großen Respekt vor gesellschaftsverändernden Ideen und vor allem auch gegenüber jenen Menschen, die diese vertraten. Und ihre Noblesse öffnete ihr – nachdem sie sich als Romanautorin und Friedensaktivistin in der damaligen intellektuellen Welt hervorgetan hatte – alle, mitunter auch die geheimsten Türen.

Auch wenn sie die Ignoranz der nationalistisch orientierten Aristokratie in ihren zahlreichen Werken anprangerte, hegte sie doch eine gewisse Faszination für jene »alte Welt«, aus der sie selbst stammte und die sie hinter sich gelassen hatte. So mutet die Beschreibung jener Adelsresidenz, die sie aufgrund ihrer Liebe verlassen musste, dann aber, nach triumphaler Rückkehr aus dem Kaukasus bis zur Zwangsversteigerung nach Arthurs Tod zu ihrem eigenen »Sitz in der Welt« gemacht hatte – geradezu sentimental, wenn nicht anachronistisch an:

Da sind die Galerien mit den Bildern der ... Vorfahren; da ist die Rüst-
kammer mit den Waffen, die von heerführenden Mitgliedern des Hauses getra-
gen wurden; da sind die Zimmer, wo königliche Gäste gewohnt haben; da sind
ganze Museen von Pretiosen, Pergamenten und Dokumenten, die von der
historischen Herrlichkeit des Hauses zeugen: da spricht alles von Macht,
Glanz und Ruhm. Von der höchsten Zinne des Turmes, wo in den Wappenfar-
ben die Fahne weht, bis hinab in das Gruftgewölbe, wo jahrhundertalte
Gerippe in steinernen Särgen ruhen: alles kündet die Hoheit des hier walten-
den Geschlechtes. Der Respekt, den das Alter einflößt; der fromme Schauer, den
die sichtbare Spur längst verflossener Zeiten in jeder Seele weckt; die Achtung
vor der melancholischen, aber ehrfurchtsgebietenden Majestät der Vergangen-
heit – diesen Zoll von Gefühlen, die das prächtige, traditionsreiche Schloß
jedem Beschauer abzwingt, den zollt der Besitzer seiner eigenen Geburt, die
ihn zum Erben und zum Repräsentanten aller gehäuften Ehren seines Hauses
eingesetzt hat. Diese Selbstehrerbietung heißt dann Hochmut – aber liegt nicht
auch Pietät darin?[83]

In das Waffenzimmer meines Onkels Candid Baron von Suttner,
das nicht einer gewissen Ästhetik entbehrte, gelangte man durch
einen langen mit edlen Perserteppichen ausgelegten Gang, dessen
Wände mit imposanten Jagdtrophäen verziert waren. Von ausge-
stopften Auerhähnen über den obligaten Gamsbock bis zu dem prächtigen Sechzehnender fehlte da nichts, was die Phantasie des alpinen
Jägers und dessen Lust am Töten beflügelte. Im Waffenzimmer standen in edlem Holz gerahmte Glasschränke, in denen teure, eng neben-
einander gehängte Jagdwaffen darauf warteten, in die Wildnis getragen zu werden, in der das Recht des Stärkeren zu walten schien. An
der Fensterseite des hellen Raumes und in der Mitte des Raumes
selbst befanden sich große Glasvitrinen, deren zur Schau gestellter
Inhalt von »Waidmannsheil« zu »Sieg-Heil« reichte: Nicht nur
nagelneue Revolver und Pistolen konnten da bestaunt werden, sondern auch diverse Fabrikate aus dem Zweiten Weltkrieg, zudem
Granaten, Teile von Panzerfäusten und offenbar schon vor langer Zeit
leergeschossene Magazine.

Als Bub hat mir dieses Waffenzimmer, das auch Herrenzimmer
genannt wurde, besonders gut gefallen. Hier schien man wirklich

sicher und abgeschottet von der übrigen Welt zu sein und rauchen durfte man hier auch. Als Zwölfjähriger hatten mich meine Eltern für einen ganzen Monat in die Obhut der Suttners auf Sommerfrische geschickt. Für mich war es zweifelsohne ein aufregendes Monat. Nicht nur, dass mir das Dienstmädchen Susi seine »verbotenen Zonen« vorführte, auch mit meinem Onkel Candid durfte ich regelmäßig »hinters Haus gehen«, nämlich zu mehr oder weniger atavistischen Schießübungen.

Das Plastikgewehr, das mir Onkel Georg, der unlängst verstorbene jüngste Bruder meiner Mutter, vor Jahren geschenkt hatte, war schon toll und ein Heiligtum gewesen, aber das, was sich in Wilfersdorf ereignen sollte, war eine erhebliche Steigerung der zerstörungswilligen Libido. Es knallte und vibrierte und stank. Die Hülsen der Patronen schwirrten durch die Luft und von dem Rückstoß der Gewehre tat mir noch nach Tagen die Schulter weh. Aber keine richtige Initiation ohne richtigen Schmerz. Nach der ersten Schießübung fuhren Candid und ich in seinem neuen Mercedes in das Dorfwirtshaus. Mein Onkel bestellte sich ein Viertel Rot. Als ich auf seine Frage, was ich denn trinken wolle, »Auch ein Viertel Rot« erwiderte, gefiel das meinem Onkel sehr und er erzählte diese Episode später immer wieder als Anekdote. Ich aber trank den Wein in der Pose des Siegers.

Dass es nicht günstig, zumindest pädagogisch bedenklich ist, einen pubertierenden Zwölfjährigen der Obhut eines schießwütigen Onkels zu überlassen, dämmerte meinen Eltern erst nach und nach. Natürlich wussten sie vorerst nichts von den ballistischen Exzessen, die sich »hinter dem Haus« zugetragen hatten, aber selbst als sie später – durch mich – davon erfuhren, musste um des »Friedens in der Familie willen« darüber Stillschweigen bewahrt werden. Meine Eltern hatten mich in einer aufrechten antifaschistischen und vor allem auch pazifistischen Gesinnung erzogen – nicht einmal eine Plastikpistole durfte ich als Bub haben –, und so musste sie meine Beichte wirklich entsetzt haben. Jedenfalls wurde nie wieder über diesen Sommer gesprochen. Zur Sommerfrische auf das Gut Suttner wurde ich auch nicht mehr geschickt, was mir damals wenig sinnvoll erschien.

»Die Waffen nieder!« Aus mir wurde – sehr zum Leidwesen meines Onkels – kein aufrechter Recke, sondern ein Zivildiener, ein, in seiner Wahrnehmung, linker Romantiker, der auch vor »Rassenschande« – die Mutter meiner zweitgeborenen Tochter Amba-Sophie stammt aus der Karibik – nicht zurückschrecken sollte. Ein hoffnungslos törichter Idealist, der seine wertvolle Zeit in der »Entwicklungshilfe« für die »Bloßhaperten« verschwendete. Dieser Offizier, der die Nachfolge jahrhundertelang mehr oder weniger erfolgreicher Offiziere angetreten hatte – egal welchen politischen Systemen, egal welchen Autoritäten sie dienten –, brauchte weder Empathie, noch relativierende Erfahrungen, nicht einmal Bildung und schon gar nicht Weltoffenheit. Er war und er blieb sich selbst genug – auch und besonders legitimiert durch das Adelsprädikat.

Militarismus, ein patriarchal-männliches Ideal und ein gehöriges Waffenarsenal bildeten auch bei meinem Onkel jenes Rüstzeug der Unbelehrbarkeit, die Bertha von Suttner in ihrem literarischen Werk so eingehend, tiefgründig und offenbar zeitlos beschrieben hat. In dieser Weltsicht gibt es weder Einsicht, noch Entschuldigung, kein Verzeihen und schon gar nicht den Blick auf eine Zukunft, die vielleicht ganz anders beschaffen sein könnte als die Gegenwart, in der sich die Reichen und Mächtigen gut eingerichtet haben.

Der waffenstrotzende Männerwahn war keine europäische Erfindung. Aber Europa hatte ihn seit der Neuzeit zu dem Fundament weltweiter Herrschaftssysteme gemacht, die zu enormer Kapitalakkumulation geführt hatten – von der Soldateska durchgesetzt und geschützt. Die Niederländische Ostindien-Kompanie ist ein Paradebeispiel dieser Verbindung von Waffengewalt, Aneignung fremden Gutes und Entbindung von persönlicher Verantwortung. Sie war die erste Aktiengesellschaft der Geschichte. Ab 1602 wurden auf der neu gegründeten Effektenbörse in Amsterdam die Wertpapiere und Anteilsscheine der Kompanie gehandelt und die Haftung der Anteilseigner war allein auf den Wert der Aktie beschränkt. Eine ungeheuerliche Neuigkeit – denn erstmals in der Wirtschaftsgeschichte waren Investoren per verbrieftem Recht für Verluste, Schäden oder strafrechtliche Folgen nicht haftbar zu machen. Dafür hatten sie auch kein

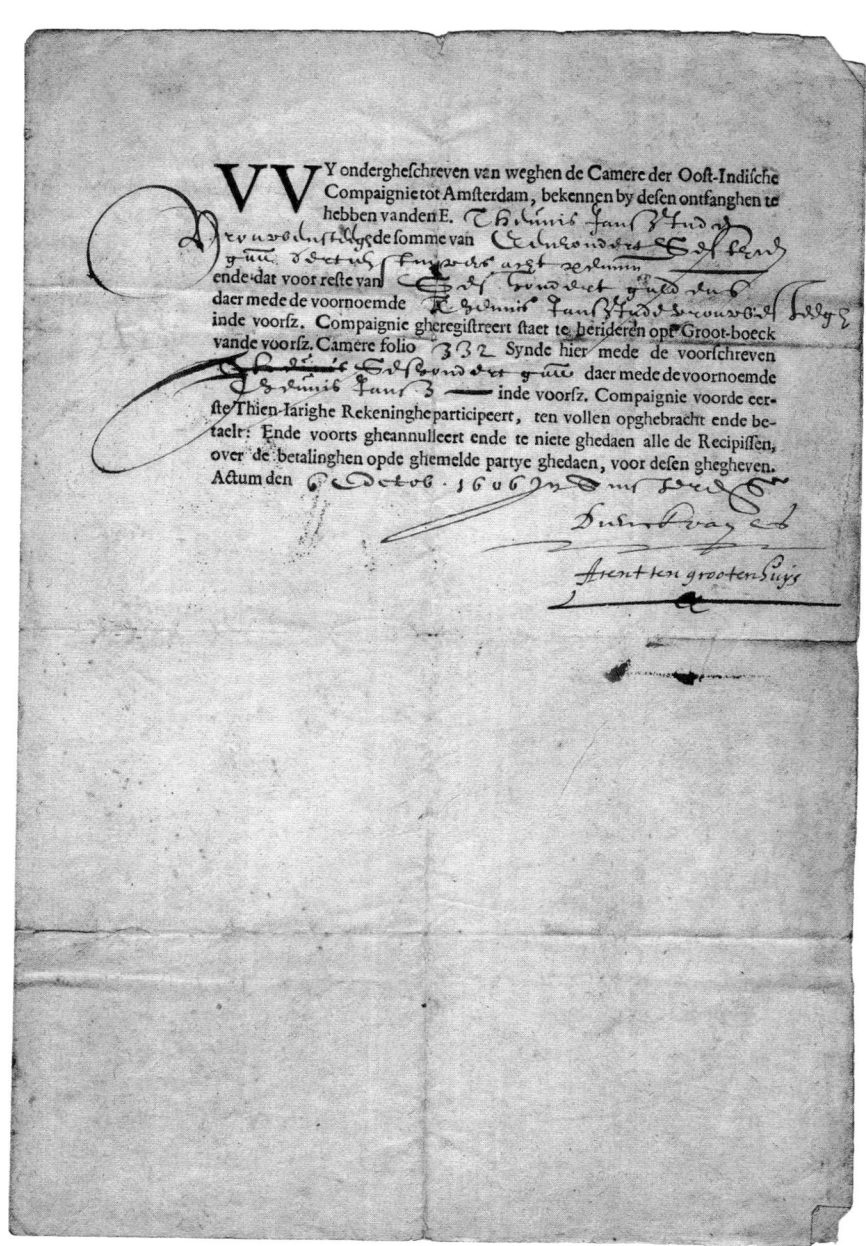

WY onderghefchreven van weghen de Camere der Ooft-Indifche Compaignie tot Amfterdam, bekennen by defen ontfanghen te hebben vanden E. *[handwritten]*

[handwritten] gede fomme van *[handwritten]*
[handwritten]
ende dat voor refte van *[handwritten]*
daer mede de voornoemde *[handwritten]*
inde voorfz. Compaignie gheregiftreert ftaet te bereideren opt Groot-boeck
vande voorfz. Camere folio *[handwritten]* Synde hier mede de voorfchreven
[handwritten] daer mede de voornoemde
[handwritten] inde voorfz. Compaignie voorde eer-
fte Thien-Iarighe Rekeninghe participeert, ten vollen opgebracht ende be-
taelt: Ende voorts gheannulleert ende te niete ghedaen alle de Recipiffen,
over de betalinghen opde ghemelde partye ghedaen, voor defen ghegheven.
Actum den *[handwritten]*

[signatures]

Eine der ersten Aktien der Niederländischen Ostindien-Kompanie, gezeichnet im Jahr 1606

Mitspracherecht an den Aktivitäten der Kompanie. Die garantierte Dividende lag bei 16% – bei einer Laufzeit von zehn Jahren –, und konnte bedenkenlos eingestrichen werden.

Die Landnahme, die Kolonialisierung gingen nicht ohne Einsatz extremer physischer Gewalt vonstatten. Schon bei der Gründung war der Kompanie eine eigene Armee zugestanden worden. Während Amsterdam im 17. Jahrhundert zur reichsten europäischen Stadt aufstieg, wütete die Soldateska der Kompanie im Raum des Indischen und Pazifischen Ozeans, für den sie mit einem Handelsmonopol ausgestattet worden war. Der überwiegende Teil dieser Armee bestand aus Söldnern – aus aller Herren Länder. Junge Männer, die ein gefährliches Leben auf sich nahmen, um sich in der Rolle der Kolonialisten und Welteroberer zu gefallen. Ein auch durchwegs heute noch anzutreffendes Motiv!

Auf meinen vielen Reisen, bei meinen vielen Forschungen – vor allem im subsaharischen Afrika, in Südostasien und im Südpazifik, insbesondere im Hochland von Papua Neuguinea – begegnete mir immer wieder der waffenstrotzende Männerwahn in den unterschiedlichsten kulturellen Varianten. Freilich nie in einer derart systematisierten Form wie in meiner eigenen europäischen Vergangenheit. Mir schien das Tragen von Waffen, das Gebrüll der Schlachtordnung und das Töten anderer Menschen immer anachronistisch, aber ich lebte in einer Welt, die Antworten der Vergangenheit auf dringliche Fragen der Zukunft gab, und so jedes Bemühen, besser und lebenserhaltungsfähiger zu werden, zum Scheitern verurteilte. Erst wenn sich eine grenzen- und waffenlose Welt vor unseren Augen eröffnet – so wie sie Bertha phantasierte und proklamierte – wird es möglich werden, die lebensbedrohenden ökologischen, ökonomischen und militärischen Krisen tatsächlich zu meistern. Und in eine Zukunft zu gehen, in der nationalistisch gesinnte Männer und ihre hochgerüsteten Staaten nicht mehr durch jene Angst regieren können, die bislang in Szene gesetzt wird.

Charity – und Besuch aus dem Jenseits

Einige Jahre vor ihrem Tod hat meine Großmutter Annemarie begonnen, in der karitativen Organisation »Soziales Hilfswerk« mitzuarbeiten, die sich um sozial benachteiligte Kinder, verwahrloste Jugendliche, um Behinderte und Alte kümmert. Sie betrieb dieses Engagement mit ungeheurem Elan, die Unterstützung von Seiten der Politik, also der Unsrigen hatte sie ja, und sie konnte auch Politikern, Industriellen, Wirtschaftreibenden, Universitätsprofessoren, Aktionären, Bauunternehmern und auch anderen nicht gerade armen Menschen so unglaublich auf die Nerven gehen, dass diese ordentlich in die Tasche griffen. Aber das war nicht genug, denn so ein Unterfangen, will es Breitenwirkung entfalten, kostet natürlich eine Menge Geld, und das nicht einmalig, sondern laufend.

Also begann meine Großmutter als Grande Dame der Wiener Gesellschaft sich selbst in ihrer inszenatorischen Organisationsfreudigkeit zu übertreffen – und nach amerikanischem Vorbild große Veranstaltungen mit Künstlern, Sponsoren und Hunderten von betuchten Menschen auf die Beine zu stellen. Diese Charity-Veranstaltungen fanden von Anfang an im Prunksaal des »Hauses der Industrie« am Schwarzenbergplatz statt, wo die Österreichische Industriellenvereinigung ihren Hauptsitz hat. Und tatsächlich: Die Leute kamen, gaben beträchtliche Summen für Karten aus, beteiligten sich an Tombolas und Versteigerungen von irgendwelchem Krimskrams, wie meine Großmutter zu sagen pflegte, und waren bereit dafür extrem hohe Summen zu berappen. Aber der Zweck heiligt ja die Mittel – und dieser war die Festigung des Sozialen Hilfswerks als angesehene und gut institutionalisierte karitative Organisation.

Noch heute findet jedes Jahr das große Fest des »Annemarie Imhof Komitees« statt – eben in dem Prunksaal der Industriellenvereinigung.[84] Und jeder der »besseren Gesellschaft«, der gesehen werden will und selber sehen will, beeilt sich daran teilzunehmen. Und obgleich meine Großmutter schon seit 27 Jahren tot ist, trägt dieser gesellschaftliche Anlass noch immer ihren Namen. Ich denke, das freut sie wirklich sehr! Mittlerweile hat sich das ehemals distinguierte Fest zu einem rechten Spektakel gewandelt. Prominente Künstler von Weltrang treten auf, ohne Gage zu verlangen, in anderen Räumlichkeiten wird Roulette gespielt, und die Caterings sind von erlesener Qualität, natürlich auch von den besten kulinarischen Adressen der Stadt kostenlos zur Verfügung gestellt. Erwin Schrott, Anna Netrebkos ehemaliger Lebensgefährte, hat im Jahr 2013 ein fulminantes Tango-Konzert gegeben und im Jahr 2015 hat Elina Garanca den Saal mit ihrer außerweltlich schönen Stimme in atemlose Verzückung versetzt. Wenn ich in Wien bin, ist der Besuch dieser Veranstaltung für mich ein Fixpunkt geworden. Das Publikum hat sich ein wenig verjüngt und ich denke achtzig Prozent der hier Anwesenden haben keine Ahnung mehr, wer Annemarie Imhof ist oder war.

Das Annemarie-Imhof-Komitee
bittet herzlich zum

31. Festabend
für das Wiener Hilfswerk

am Freitag, dem 1. April 2016 um 18.30 Uhr

Im Haus der Industrie
Schwarzenbergplatz 4, 1030 Wien

u.A.w.g.
Tel.: 01/512 36 61–431 | E-Mail: imhofkomitee@wiener.hilfswerk.at
Anmeldung via Anwortkarte oder www.imhofkomitee.at

Einladung zum Annemarie-Imhof-Fest am 1. April 2016

Im Jahr 2016 findet das »Annemarie-Imhof-Fest« am Freitag, dem 1. April statt. Natürlich bin ich zur Stelle und lasse mir die erlesenen Köstlichkeiten und die ausgezeichneten Weine gut schmecken. Grete und Plete, die Dings und der Dangs haben sich eingefunden, und man konversiert über vielerlei Nichtigkeit zwischen den qualitativ hochwertigen künstlerischen Programmpunkten. Da haben sich der Kammerschauspieler Peter Simonischek und seine Frau, die Charakterdarstellerin Brigitte Karner, ebenso angesagt wie der Weltklassegeiger Yury Revich, der sich an diesem Abend von zwei besonders schönen jungen Damen, die beide zwei Köpfe größer sind als er, begleiten lässt. Die Schauspieler lesen Gedichte und dialogische Szenen aus Arthur Schnitzlers Reigen und dazwischen verzaubert Yury Revich mit seiner Stradivari-Geige aus dem Jahre 1702 gemeinsam mit dem genialen Akkordeonisten Nikola Djoric das Publikum. Alles ist wunderschön – aber diesmal muss ich früher gehen als in den Jahren zuvor, denn ich habe noch ein Rendezvous. Und zwar um Mitternacht. Ich verabschiede mich von den Veranstalterinnen, eile die marmornen Treppen hinab und springe in ein Taxi, das mich um 23.30 sicher bei meiner Wohnung absetzt.

Ich habe den ganzen heutigen Tag, bevor ich zu dem Fest gefahren bin, damit verbracht meine Wohnung zu putzen und auf Vordermann zu bringen. Insbesondere meine Bibliothek. Deren Stellagen und die schönen antiken Möbel habe ich mit Holzbienenwachs poliert und veredelt, habe die alten hinter Glas hängenden Kupferstiche der hier zur Schau gestellten Imhofs mit einem speziellen Glasreiniger angesprüht und ordentlich geschrubbt, bis sie so sauber und strahlend und neu waren wie selten zuvor. Dann habe ich die Eiskastentür geöffnet um zu sehen ob der eingekühlte Champagner tatsächlich kalt genug ist und zudem habe ich ein paar Sandwiches zubereitet, mit Lachs, Kaviar und Beinschinken. Welche Musik soll ich auflegen? Erst jetzt, nachdem ich mich schon eine geraume Zeit mit meiner Großmutter beschäftigt habe, realisiere ich, dass sie eigentlich gar keine Lieblingsmusik hatte, ja, dass ihr Musik wahrscheinlich ziemlich gleichgültig war. Sie ist halt ins Konzert und in die Oper gegangen, weil man eben in die Oper und ins Konzert geht. Also besser keine Musik!

Dann zünde ich noch die zwei dicken roten Kerzen in den verschlungenen schmiedeeisernen Haltern an, und platziere vor mir auf dem Mahagonitisch die vortrefflich restaurierte Dienstbotenklingel des Generalgouverneurs. So werde ich bis um Punkt Mitternacht warten – so wie ich es mit meiner Großmutter in einem Traum vor einigen Nächten besprochen habe. Ich werde warten, bis ich das Zeichen gebe.

Ich habe Großmutter, die Baronin, in diesem Traum gebeten, das Manuskript, das ich in den letzten eineinhalb Jahren geschrieben und das über weite Strecken mit ihrem Leben zu tun hat, durchzusehen und allenfalls zu korrigieren. Irgendetwas ihr sehr Geläufiges, Bekanntes, Vertrautes soll sie aus dem Jenseits zurück in die irdische Welt befördern. Und so hatte ich in diesem Traum die Idee mit der schnarrenden Dienstbotenklingel. Es würde alles ganz einfach sein. So wie ich als Ministrant die Glocken jedes Mal von neuem ertönen ließ, um Wein und Brot in Blut und Leib Christi verwandeln zu lassen, brauche ich nur die Dienstbotenklingel schnarren zu lassen, um das Wunder in Szene zu setzen und Annemarie – zumindest kurzfristig – auferstehen zu lassen. Der Magier in mir ist im Traum wieder erwacht. Er hat schon lange keine Wunder erwirkt. Zwar ist Großmutter in diesem Traum vorerst etwas konsterniert gewesen, dass ich ausgerechnet sie, die Baronin, mit einer Dienstbotenklingel ins Diesseits zu holen gedenke, aber schließlich hat sie doch eingewilligt. Immerhin hatte sie das edle Stück doch selbst ein Lebtag verwendet und war ihr das Schnarren der Elefantenmechanik mehr als nur vertraut.

Punkt Mitternacht drücke ich die elfenbeinernen Stoßzähne nieder und das sofort einsetzende Schnarren erfüllt meine herrlich saubere Bibliothek. Das Wunder bleibt auch jetzt nicht aus. Kaum habe ich die Stoßzähne losgelassen schrillt die Glocke meiner Wohnungstür. Ich gehe nach draußen in den Vorraum, öffne die Tür und bin nicht wenig erstaunt:

»Aber Großmutter, du bist ja pünktlich heute!«

Sie bietet mir wie ehedem die noble Stirn zum Kuss dar, tritt ein mit mindestens einem halben Dutzend schwarzen Zöchern in ihrer schlanken, knöchrigen rechten Hand. Darin verbergen sich wohl all die Zeitungen, die sie im Jenseits nicht müde wird zu lesen. Großmutter wirkt geschäftig wie immer. Und eigentlich sieht sie gar nicht schlecht aus, wenn man bedenkt, dass sie seit 27 Jahren in der Israelitischen Abteilung des Döblingers Friedhofs ruht. Aber das Jenseits ist ja nicht die Familiengruft – da müssen die Ebenen, wie es sich gehört, sauber auseinandergehalten werden. Sie hat dasselbe Kleid an wie auf dem Ölgemälde aus den 1920er Jahren, das bei meinem Cousin Peter in Santa Barbara hängt.

Im Jenseits könne sie es sich richtig gut gehen lassen, erzählt sie gestikulierend, während ich sie in meine Bibliothek führe. Obwohl es natürlich nicht einfach sei, jetzt zwei Männer zu haben, ist es doch schon mit einem schwierig genug, und überhaupt werde sie nicht nur von ihren Männern, sondern auch von der Dangs und dem Dings viel zu häufig unterbrochen – selbst im Jenseits ließe man sie nie so richtig ausreden! Ein wahrer Redeschwall flutet aus ihr hervor, kein Wunder, denke ich, nach all der langen Zeit, in der sie sich keinem Irdenen mitteilen konnte.

Jedenfalls gieße ich uns Champagner ein und, wie sie es auch zu Lebzeiten getan hat, nippt Großmutter bedächtig an der Viole. Dann lade ich sie ein, doch auf dem großen, mit tiefrotem Brokat bespannten Fauteuil Platz zu nehmen, den ich von ihr geerbt habe. Nachdem ich ihr den Stapel Papier gereicht habe, beginnt sie – bewaffnet mit einem minutiös gespitzten Bleistift – das Manuskript aufmerksam zu lesen. Ich beobachte sie dabei, trinke Champagner, ich glaube alles in allem gefällt es ihr recht gut. Ab und an bessert sie die Jahreszahlen aus, oder merkt an, dass ich hier Dings mit Dangs verwechselt hätte, dann lacht sie wieder schrill auf. Nur bei den letzten Kapiteln befindet sie, dass ich der Kinsky-Suttnerischen nicht soviel Platz hätte einräumen sollen, denn wie eine Gräfin habe sich die nun einmal wirklich nicht benommen. An einer Stelle der Lektüre hat sich das Gesicht meiner Großmutter aber verfinstert, traurige Schatten haben sich um ihre Züge gelegt.

»Was los, Großmutter?«

»Ich bin das Kind meiner Eltern«, erwidert sie tonlos, »aber die Nazis haben es ja nicht anders wollen!«

Dann nimmt sie die letzte Seite zur Hand. Sie liest sie sonderbar konzentriert, als hätte sie die vergangenen Stunden nur auf diese Seite gewartet. Sie legt das letzte Blatt auf den Stapel Papier, und diesen behutsam auf den vor ihr stehenden Mahagonitisch. Großmutter nimmt die Brille ab und schaut mich mit strahlend blauen Augen verschworen, aber irgendwie auch seltsam ruhig und befreit an. Ein Lächeln – durch das ich mir sie fortan immer vergegenwärtigen werde – umspielt jetzt ihre dünnen uralten Lippen. Und während sie mich so seltsam hingebungsvoll, durch und durch jenseitig anblickt, wiederholt sie den letzten Satz meines ihr zugedachten Manuskriptes: »Ja mein Enkel, so hätte alles gewesen sein können!«

1/I Eckardus de curia

1246 (erste urkundliche Erwähnung) Besitzer des Gutes Karsau
∞ Heilgge v. Kienberg, wiede ∞ Werner v. Maersberg in Altkirch

1/II Ulricus in curia

*1282

1/III Rudolf im Hofe

zu Rheinfelden
1341 Lehensübertragung

1/IV Hartmann im Hof

1412 Lehensträger des Imhof'schen
Gutes zu Walen, Waldshut

6/XII Matthias Imhof

* 24. II 1663 in Waldshut † 17. X 1727 in Waldshut
I ∞ 21. V 1685 in Waldshut Anna Maria Weingariner
II ∞ 9. IV 1690 Regina Wagnera, III ∞ 6. IV 1691 Maria Elisabeth Motzger

7/XII Bernhard

* 8. V 1664 in
Waldshut
† 1710

8/XII Georg

* 11. X 1667 in
Waldshut
† 1710

13/XIII Marcus Jacob

* 19. II 1685
in Waldshut
† 1777

14/XIII Maria Anna

* 13. VII 1687
in Waldshut

15/XIII Josef

* 13. X 1689 in Waldshut
† 1 XII 1757 in Waldshut
∞ 25. I 1733 Agnes Weng

16/XIII Anna Catharina

* 15. XI 1690
in Waldshut

17/XIII Anna Catharina

* 18. I 1692
in Waldshut

18/XIII Marcus Jacob Imhof

* 7. IX 1693 in Waldshut
† 6. IV 1742 in Grub,
Niederösterreich ∞ Elisabeth

Stammtafel
der familie
Imhof
beziehungsw.
Imhof Ritter von Geißlinghof

Zusammengestellt auf Grund von Lehensakten, Matrikeneinträgen und anderen urkundlichen Nachrichten
durch
Karl Friedrich v. Frank
zu Döfering
Schloß Senftenegg.
1935.

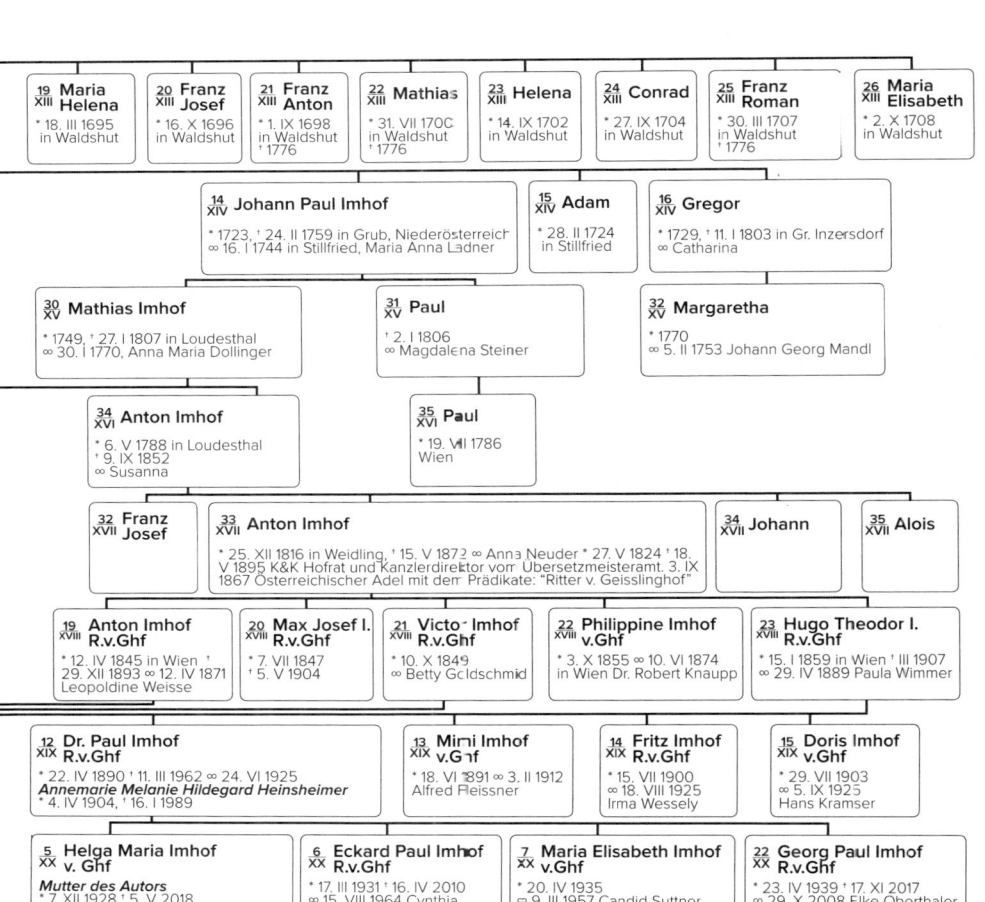

19 XIII **Maria Helena**
* 18. III 1695 in Waldshut

20 XIII **Franz Josef**
* 16. X 1696 in Waldshut

21 XIII **Franz Anton**
* 1. IX 1698 in Waldshut † 1776

22 XIII **Mathias**
* 31. VII 1700 in Waldshut † 1776

23 XIII **Helena**
* 14. IX 1702 in Waldshut

24 XIII **Conrad**
* 27. IX 1704 in Waldshut

25 XIII **Franz Roman**
* 30. III 1707 in Waldshut † 1776

26 XIII **Maria Elisabeth**
* 2. X 1708 in Waldshut

14 XIV **Johann Paul Imhof**
* 1723, † 24. II 1759 in Grub, Niederösterreich ∞ 16. I 1744 in Stillfried, Maria Anna Ladner

15 XIV **Adam**
* 28. II 1724 in Stillfried

16 XIV **Gregor**
* 1729, † 11. I 1803 in Gr. Inzersdorf ∞ Catharina

30 XV **Mathias Imhof**
* 1749, † 27. I 1807 in Loudesthal ∞ 30. I 1770, Anna Maria Dollinger

31 XV **Paul**
* 2. I 1806 ∞ Magdalena Steiner

32 XV **Margaretha**
* 1770 ∞ 5. II 1753 Johann Georg Mandl

34 XVI **Anton Imhof**
* 6. V 1788 in Loudesthal † 9. IX 1852 ∞ Susanna

35 XVI **Paul**
* 19. VII 1786 Wien

32 XVII **Franz Josef**

33 XVII **Anton Imhof**
* 25. XII 1816 in Weidling, † 15. V 1872 ∞ Anna Neuder * 27. V 1824 † 18. V 1895 K&K Hofrat und Kanzlerdirektor vom Übersetzmeisteramt. 3. IX 1867 Österreichischer Adel mit dem Prädikate: "Ritter v. Geisslinghof"

34 XVII **Johann**

35 XVII **Alois**

19 XVIII **Anton Imhof R.v.Ghf**
* 12. IV 1845 in Wien † 29. XII 1893 ∞ 12. IV 1871 Leopoldine Weisse

20 XVIII **Max Josef I. R.v.Ghf**
* 7. VII 1847 † 5. V 1904

21 XVIII **Victor Imhof R.v.Ghf**
* 10. X 1849 ∞ Betty Goldschmid

22 XVIII **Philippine Imhof v.Ghf**
* 3. V 1855 ∞ 10. VI 1874 in Wien Dr. Robert Knaupp

23 XVIII **Hugo Theodor I. R.v.Ghf**
* 15. I 1859 in Wien † III 1907 ∞ 29. IV 1889 Paula Wimmer

12 XIX **Dr. Paul Imhof R.v.Ghf**
* 22. IV 1890 † 11. III 1962 ∞ 24. VI 1925 *Annemarie Melanie Hildegard Heinsheimer* * 4. IV 1904, † 16. I 1989

13 XIX **Mimi Imhof v.Ghf**
* 18. VI 1891 ∞ 3. II 1912 Alfred Fleissner

14 XIX **Fritz Imhof R.v.Ghf**
* 15. VII 1900 ∞ 18. VIII 1925 Irma Wessely

15 XIX **Doris Imhof v.Ghf**
* 29. VII 1903 ∞ 5. IX 1925 Hans Kramser

5 XX **Helga Maria Imhof v. Ghf**
Mutter des Autors * 7. XII 1928 † 5. V 2018 ∞ 6. IX 1950 Herwig Rudolf Obrecht

6 XX **Eckard Paul Imhof R.v.Ghf**
* 17. III 1931 † 16. IV 2010 ∞ 15. VIII 1964 Cynthia Watson

7 XX **Maria Elisabeth Imhof v.Ghf**
* 20. IV 1935 ⚭ 9. III 1957 Candid Suttner

22 XX **Georg Paul Imhof R.v.Ghf**
* 23. IV 1939 † 17. XI 2017 ∞ 29. X 2008 Elke Oberthaler

Namensregister

Quellen und Anmerkungen

1 Bis heute existieren sieben Hauptlinien der Imhof(f)s. Bis zur Begründung des österreichischen Zweiges durch Marcus Jacob von Imhof (1693–1742) wird in vorliegendem Buch von allen Linien berichtet, hernach vorwiegend von direkten Verwandten der österreichischen Linie. Über die Jahrhunderte ist die Schreibweise des Namens Imhoff (Imhof) uneinheitlich geblieben. Dazu der Historiker Gerhard Koch, der ein sehr schönes Buch über Christoph Carl Adam von Imhoff geschrieben hat: »*Unverändert bleiben die Schreibungen deutscher Eigennamen. Das gilt auch für die im 18. Jahrhundert noch sehr uneinheitliche Schreibweise des Familiennamens »Imhoff« (auch »Imhof«, »im Hof«, »Hoff«). Die Regelung, wonach die Schreibweise »Imhoff« für die drei in Franken und den Niederlanden beheimateten evangelischen Familienzweige zu gelten habe und »Imhof« für die katholischen in Schwaben und Österreich, geht auf die 1870er Jahre zurück« Gerhard Koch (Hg.) (2001): Imhoff Indienfahrer – Ein Reisebericht aus dem 18. Jahrhundert in Briefen und Bildern. Wallstein Verlag, Göttingen 2001, S. 347.* In den Chroniken und Archiven herrscht bezüglich der Schreibweisen der Familiennamen ein wahres Durcheinander. So schreibt Johann Wolfgang von Goethe beispielsweise stets von dem Imhof mit einem »f«, wobei es sich bei Christoph Carl Adam um einen mit zwei »ff« gehandelt hat. Sein Onkel Gustav Wilhelm, der Generalgouverneur von Niederländisch-Ostindien und glühender Protestant war, wird in der englischen und indischen Kolonialliteratur, in den Chroniken und Archiven zumeist mit einem »f« geführt, wobei er derselben Linie wie Christoph Carl Adam entstammt. Bei dem Begründer der österreichischen Linie wiederum ist es genau umgekehrt: Vater Matthias (1663–1727) wird oft mit zwei »ff« ausgewiesen, Marcus Jacob, der sich im niederösterreichischen Grub niedergelassen hatte, mit einem »f«. Das mag ebenfalls am katholischen Umfeld gelegen haben. Der Versuchung einer Vereinheitlichung der Schreibweise zwecks leichterer Lesbarkeit hat der Autor nicht nachgegeben. Es wird bei jenen Schreibweisen verblieben, die sich historisch am ehesten durchgesetzt haben.

2 Eine ausgezeichnete Darstellung der Nürnberger Linie findet sich in: *Christoph Freiherr von Imhoff: Die Imhoff – Handelsherren und Kunstliebhaber. Überblick über eine 750 Jahre alte Nürnberger Patrizierfamilie. In: Mitteilungen des Vereins für Geschichte der Stadt Nürnberg. Band 52. Nürnberg 1975. S. 1-43*

3 *Gerhard Koch (Hg.)(2001): Imhoff Indienfahrer – Ein Reisebericht aus dem 18. Jahrhundert in Briefen und Bildern. Wallstein Verlag, Göttingen 2001, S. 10.* Diesem detailreich recherchiertem historischen Werk verdankt der Autor wesentliche Einsichten über das Leben von Christoph Carl Adam von Imhoff und seiner Beziehung zu Anna Maria Apollonia Chapuset de St. Valentin bzw. zu Warren Hastings, der Imhoff's Geliebte schließlich ehelichte. Die Briefkorrespondenzen zu Christoph Carl Adam sind diesem Werk entnommen.

4 ebenda, S.23

5 https://de.wikipedia.org/wiki/Mörlach_Hilpoltstein (22.02.2016)

6 Gerhard Koch (Hg.)(2001): S. 242f

7 Goethe an Charlotte von Stein, 16. Juli 1776, zit. n. ebenda S. 244

8 Goethe, Tagebuch, 26. August 1776, zit. n. ebenda S. 245

9 ebenda S. 245f

10 ebenda S. 244f

11 ebenda S. 319

12 ebenda S. 322

13 ebenda S. 319f

14 ebenda S. 337

15 Johann Wolfgang von Goethe zit. n. *Manfred Osten (2008): Konfuzius oder Chinas neue Kulturrevolution. In: China-Insel Almanach auf das Jahr 2009. Frankfurt/M., Insel Verlag, S. 266*

16 Zu hören auf You Tube unter https://www.youtube.com/watch?v=IPvp Xg7pPXM

17 Hans Heinsheimer wird in einer Titelgeschichte der New York Times bezeichnet als: »*One of the most influential classical-music publishers of the 20th century.*« (https://en.wikipedia.org/wiki/Hans_Heinsheimer; 29..02.2016) Er hat als junger Impressario in den 20er Jahren – vor seiner Emigration – wesentlichen Werken der zeitgenössischen Musik zur Uraufführung verholfen; u.a. »Schwanda, der Dudelsackpfeifer« von Jaromír Weinberger, »Jonny spielt auf« von Ernst Krenek und vor allem »Aufstieg und Fall der Stadt Mahagonny« von Kurt Weill und Bert Brecht. Ein berührender Briefwechsel zwischen Heinsheimer und Weill zeugt noch heute von den Schwierigkeiten der Erstaufführung dieser heute aus dem Repertoire nicht mehr wegzudenkenden, bahnbrechenden Oper: http://musiksalon.universaledition.com/de/artikel/mahagonny-und-die-folgen. Hans Heinsheimer hat zwei wunderbare Bücher über seine viele Jahrzehnte umfassende Tätigkeit als Förderer und Verleger zeitgenössischer Musik verfasst: *Menagerie in F Sharp, New York 1947*, wiederverlegt bei *Greenwood Press 1979*; und *Best Regards to Aida, New York 1968*, deutsch erschienen unter dem Titel *Schönste Grüße an Aida – ein Leben nach Noten, Nymphenburg Verlag, München 1969*. Ein von Bruce Duffie geführtes, musikhistorisch besonders interessantes Interview mit Hans Heinsheimer findet sich unter: http://www.bruceduffie. com/heinsheimer.html (30.02.2016). Hans Heinsheimer ist im Jahr 1993, im Alter von 93 Jahren in New York verstorben.

18 Gerhard Koch (Hg.)(2001): S. 20f

19 ebenda S. 331

20 ebenda S. 333

21 ebenda S. 335

22 ebenda S. 63

23 ebenda S. 57

24 ebenda S.340

25 ebenda S. 340

26 ebenda S. 332

27 ebenda S. 336

28 ebenda S. 127

29 Richard Ehrenberg (1990): Das Zeitalter der Fugger: Geldkapital und Kreditverkehr im 16. Jahrhundert. Band I. Die Geldmächte des 16. Jahrhunderts. Georg Olms Verlag. Hildesheim, Zürich, New York, S. 237

30 Gerhard Koch (Hg.)(2001): ebenda S. 238

31 Richard Ehrenberg (1922/2015): Die Geldmächte des 16. Jahrhunderts. Historisches Wirtschaftsarchiv/Imprint der Salzwasser GmbH, Paderborn. S. 243

32 ebenda S. 239

33 Zit. n. http://www.abil.at/Datenbank_Scheder/Bruckner_Chonologie.php?we_objectID=12726&pid=408 (15. April 2016) Die Beförderung Anton Bruckners dürfte mit dieser Widmung in engem Zusammenhang stehen. Die elektronische Enzyklopädie weiß darüber Folgendes zu berichten: The composer dedicated the piece to Hofrat Anton Ritter von Imhof-Geisslinghof at »the last minute«. Vgl. dazu auch Ferdinand Redlich (1967): Vorwort zu – Anton Bruckner MESSE F MOLL. Edition Eulenburg. London, Zürich, New York

34 Die Karriere von Gustav Wilhelm Baron von Imhoff und seine bemerkenswerten kolonialpolitischen Zugänge und Reformen sind in einer ganzen Reihe von historischen Werken beschrieben. Der Autor bezieht sich auf folgende Bücher, die insbesondere auch das Wirken von Gustav Wilhelm in dem Kontext der holländischen Kolonialisierungsgeschichte Ceylons beschreiben. M.G. Francis (ed.) (1913/1999): History of Ceylon. An Abridged Translation of Professor Peter Courtenay's Work. First published in Colombo, reprinted by Asian Educational Services, New Delhi, Madras; T. Blaze (1933/2004): History of Ceylon. First published in Colombo, reprinted by Asian Educational Services, New Delhi, Chennai, S. 121–199; R. G. Anthonisz (1929/2003): The Dutch in Ceylon: an Account of their Early Visits to the Island, their Conquests, and their Rule over the Maritime Regions during a Century and a half. First published in Colombo, reprinted by Asian Educational Services, New Delhi; D. Obeyesekere (1911/1999): Outlines of Ceylon History. First publsihed in Colombo, reprinted by Asian Educational Services, New Delhi; D. Ferguson (1927/1998): The Earliest Dutch Visits to Ceylon. First published in Colombo, reprinted in New Delhi, Madras; P.E. Pieris (1918/1999): Ceylon and The Hollanders 1658–1796. First published in Colombo, reprinted by Asian Educational Services, New Delhi.

35 Diese Grausamkeiten sind dokumentiert u.a. in T. Blaze (1933/2004): History of Ceylon. First published in Colombo, reprinted by Asian Educational Services, New Delhi, Chennai, S. 183f

36 https://en.wikipedia.org/wiki/Adriaan_Valckenier (7.6.2018)

37 Felix Wilhelm Beielstein (1939): Der Große Imhoff. Ein Deutscher Kolonisator. Roman. Verlag Ludwig Kichler, Darmstadt

38 In den angelsächsischen und indischen Kolonialchroniken und -literaturen wird Gustav Wilhelm von Imhof vorwiegend mit einem »f« geschrieben, der Konsistenz willen bleibe ich in der weiteren Erzählung bei der kontinentaleuropäischen Schreibweise mit zwei »ff« – also Imhoff.

39 Gerhard Koch (Hg.) (2001): Imhoff Indienfahrer. Ein Reisebericht aus dem 18. Jahrhundert in Briefen und Bildern. Wallstein Verlag, Göttingen, S. 79

40 ebenda S. 132

41 *Robert Knox (1681/2004): Nineteen Years' Captivity in the Kingdom of Conde Uda in the Highlands of Ceylon, sustained by Captain Robert Knox; between March 1660 and October 1679: together with his Singular Deliverance from this Strange and Pagan Land. First published in London, reprinted in New Delhi.* Zu Robert Knox, seiner Gefangenschaft in Conde Uda und zu seinem Bericht, der das damalige Publikum begeisterte siehe auch: *Andreas J. Obrecht (2006): Ethnotourismus und die Suche nach dem »Authentischen« in den Kulturen. In: Herbert Baumhackl/Gabriele Habinger/Franz Kolland/Kurt Luger (Hg.): Tourismus in der »Dritten Welt«. Zur Diskussion einer Entwicklungsperspektive. Promedia Verlag, Wien,* S. 76-98

42 Robert Knox (*Nineteen Years' Captivity*) zit. n. *M.G. Francis (ed.) (1913/1999): History of Ceylon. An Abridged Translation of Professor Peter Courtenay's Work. First published in Colombo, reprinted by Asian Educational Service, New Delhi, Madras,* S. 457

43 *John M. Senaveratne (1918/2000): Royality in Ancient Ceylon during the Period of the »Great Dynasty«. First published in Colombo, reprinted in New Delhi*

44 *Raymond C. Beazley (1903): Voyages and Travels: Introdution to Nineteen Years' Captivity in the Highlands of Ceylon. In: Robert Knox (1681/1903): Nineteen Years' Captivity in the Kingdom of Conde Uda in the Highlands of Ceylon, sustained by Captain Robert Knox; between March 1660 and October 1679: together with his Singular Deliverance from this Strange and Pagan Land. Reprint London Westminster.*

45 *M.G. Francis (ed.)(1913/1999): History of Ceylon. An Abridged Translation of Professor Peter Courtenay's Work. First published in Colombo, reprinted by Asian Educational Services, New Delhi, Madras,* S. 438

46 *John M. Senaveratne (1918/2000): Royalty in Ancient Ceylon during the Period of the »Great Dynasty«. First published in Colombo, reprinted in New Delhi*

47 M.G. Francis (ed.)(1913/1999): ebenda S. 408

48 ebenda S. 502f

49 Eine beeindruckende Darstellung dieses schrecklichen historischen Ereignisses findet sich bei Vicki Baum (2014): Morgen werden wir den Himmel betreten. In: *Lucien Leitess (Hg.): Bali fürs Handgepäck. Unionsverlag Zürich,* S. 132–169

50 *Eckart Vancsa/Inge Podbrecky (Hg.)(1990): Menschen – Schicksale – Monumente. Döblinger Friedhof Wien. Csöngei & Partner,* S. 173

51 Brief an Friedrich Löhr, Ende 1894 oder Januar 1895. Zitiert nach: *Herta Blaukopf (Hg.)(1996): Gustav Mahler Briefe. Zsolnay,* S. 140

52 *Alma Mahler-Werfel (1963/1991): Mein Leben. Fischer Taschenbuch Verlag, Frankfurt am Main,* S. 46f

53 Zitiert *nach Jens Malte Fischer (2003): Gustav Mahler Der fremde Vertraute. Zsolnay,* S. 803

54 ORF-Ö1-Sendung »Von Tag zu Tag« am 25.05.2005 mit dem Titel »Die Waffen nieder«. Andreas Obrecht im Gespräch mit Dr. Brigitte Hamann, Historikerin, Bertha von Suttner Biographin, und Univ.-Prof. Dr. Erich Glawischnig, Organisator des Bertha von Suttner Symposiums und damals Schlossherr von Harmannsdorf.

55 *Bertha von Suttner (1909/2013): Memoiren. Deutsche Verlagsanstalt, Stuttgart, S. 64-68; u. a. wieder aufgelegt im Severus Verlag Hamburg, 2013*

56 Vgl. dazu *Brigitte Hamman (1996): Bertha von Suttner. Ein Leben für den Frieden. Piper Verlag München, S. 63f*

57 Bertha von Suttner (1909): S. 25

58 Brigitte Hamann (1996): S. 47-53

59 ebenda S. 57

60 ebenda S. 57f

61 ebenda S. 51

62 ebenda S. 54

63 Bertha von Suttner (1909): S. 72

64 Brigitte Hamann (1996): S. 82

65 *Bertha von Suttner (1904): Inventarium einer Seele, E. Pierson's Verlag Dresden, S. 101*

66 *Collection Suttner-Fried, UNO-Bibliothek Genf, 28.4.1883*

67 *Österreichische Nationalbank, Bertha von Suttner Archiv, Brief vom 9./21.7.1988*

68 *Bertha von Suttner (1907): High Life. Gesammelte Schriften, Band 1, E. Pierson's Verlag, Dresden, S. 209*

69 Bertha von Suttner (1909): S. 58

70 Bertha von Suttner (1888): Schriftsteller-Roman, Dresden S. 272f, zit. n. Brigitte Hamann (1996): S. 94

71 *Adolf Hitler (1932): Mein Kampf. Zentralverlag der NSDAP, München, S. 54f*

72 Bertha von Suttner (1909): S. 326. zit. n. Brigitte Hamann (1996): S. 217

73 Nachlass Alfred Nobel, Riksarivet Stockholm, zit. n. ebenda S. 217

74 Nussenblatt 101 – 7.3.1896, zit. n. ebenda S. 218

75 Brief Bertha von Suttner's an Theodor Herzl zit. n. ebenda S. 219

76 Bertha von Suttner (1909): S. 499 zit. n. ebenda 300f

77 Bertha von Suttner (1909): S. 499 zit. n. ebenda 301

78 Tagebuch 14.07.1898

79 Tagebuch 20.10.1898

80 Tagebuch 03.03.1900

81 Tagebuch 09.–16. 05.1900

82 Bertha von Suttner (1909): S. 539 zit. n. Brigitte Hamann (1996): S. 308

83 Bertha von Suttner (1907): High Life. Gesammelte Schriften, Band 1., S. 214 zit. nach ebenda S. 15

84 Informationen über das Annemarie Imhof-Komitee: http://www.imhofkomitee.at/

Nachweis der Abbildungen

Umschlag: Annemarie Imhof 1926 Portrait / Foto Archiv des Autors

S. 7: oben: Annemarie Imhof 1988 Portrait / Wiener Hilfswerk Archiv
unten: Familiensitz Salmannsdorf in den 1920 Jahren – Postkartenmalerei Archiv des Autors

S. 9: Annemarie Imhof mit Gatten Dr. Paul Imhof und der Mutter des Autors Helga Imhof im Jänner 1929 – Foto Archiv des Autors

S. 18: Familienwappen – Archiv Peter Imhof, Santa Barbara, Kalifornien

S. 31: Portrait Gustaaf Willem Baron van Imhoff 1742, Generalgouverneur von Niederländisch-Ostindien, Jan Maurits Quinkhard, Öl auf Leinwand, 340 x 270 mm – Rijksmuseum Amsterdam, Signatur: SK-A-4549

S. 39: Anna Maria Apollonia Chapuset de St. Valentin alias Mrs. Imhoff, spätere Mrs. Hastings, mit Sohn Carl. Mezzotinto von William Dickinson, „Mrs Imhoff and Child", 315 x 245 mm, 1770 – British Museum, Eigentümer: Freiherrlich Imhoffsches Familienarchiv Hohenstein, Germanisches Nationalmuseum Nürnberg, Historisches Archiv

S. 43: Christoph Carl Adam von Imhoff: Ausschnitt „Selbstbildnis mit Wahlspruch in Reimen" Bleistift, Aquarell, Feder und braune Tinte, 141 x 115 mm. Undatiert. Wahlspruch: „Allen zu gefallen ist unmöglich. Einen zu gefallen ziemlich kläglich. Niemandt zu gefallen unerträglich. Ich will also lieber mir gefallen als anderen." – Freiherrlich Imhoffsches Familienarchiv Hohenstein, Germanisches Nationalmuseum Nürnberg, Historisches Archiv, Faszikel 117, Seite 124

S. 46: Warren Hastings gemalt von Sir Joshua Reynolds, 1768, Öl auf Leinwand – National Portrait Gallery London, Primary Collection

S. 59: Anna Obrecht, Urgroßmutter des Autors väterlicherseits, Öl auf Leinwand, 67 x 52, um 1890, unsigniert – Sammlung des Autors

S. 67: Christoph Carl Adam von Imhoff: Louise von Imhof und ihre Schwester Charlotte von Stein. Miniaturbildnisse in verglaster achteckiger Messing- medaillonkapsel am Armband. Gouache auf Elfenbein 32 x 21 mm. Nach 1775 – Klassik Stiftung Weimar

S. 87: Johann Zoffany: „Warren Hastings with his Wife Marian in their Garden at Alipore". Öl auf Leinwand, 1784 – By kind permission of the Victoria Memorial Hall, Kolkata

S. 90: „The Trail of Warren Hastings" 1788, Zeichner unbekannt, erschienen in Hutchinson`s Story of Nations, London 1930

S. 99: Ausschnitt der Bibliothek des Autors, in die das originale Imhof-Mobilar aus dem Jahr 1900 und ein Teil der alten Folianten integriert sind – Foto Ronald Zak

S. 102: Kap der Guten Hoffnung – Foto Bas Leenders, CC BY-SA 2.0

S. 104: Epitaph Margaretha Imhoff, geb. Thürler (Imhoff-Madonna), 1449 (St. Lorenz, Nürnberg) – mit freundlicher Genehmigung der Kirchenge- meinde St. Lorenz

Andreas J. Obrecht ist habilitierter Soziologe, Entwicklungsforscher, Schriftsteller, Moderator der ORF-Ö1-Live-Sendung Punkt Eins und Leiter der Kommission für Entwicklungsforschung (KEF, www.kef-research.at) sowie des Austrian Partnership Programme in Higher Education and Research for Development (APPEAR, www. appear.at) – beides Programme zur Förderung wissenschaftlicher Kooperation in Forschung und Lehre zwischen österreichischen Hochschulen und wissenschaftlichen Institutionen in Lateinamerika, Afrika und in Himalaya-Staaten. Mehr als 25 Jahre universitäre Lehrtätigkeit und Feldforschungen im Südpazifik, in Subsahara-Afrika, in der südöstlichen Karibik und in Himalaya-Staaten, Gestaltung von rund 450 kultur- und wissenschaftspublizistischen Radiosendungen für den ORF, zahlreiche wissenschaftliche und literarische Publikationen, zuletzt erschien: Wozu wissen wollen? Wissen – Herrschaft – Welterfahrung. Ein Beitrag zur Wissensdiskussion aus kultur- und wissenssoziologischer Perspektive. Edition Ausblick, Wien 2014

Verlag Bibliothek der Provinz

Literatur, Kunst und Musikalien